全国中等职业技术学校汽车类专业教材

汽 车 空 调

人力资源和社会保障部教材办公室组织编写

中国劳动社会保障出版社

简介

本书主要内容包括：汽车空调的使用与日常维护、汽车空调制冷系统的检查与补给、空调制冷系统主要部件的检修、手动空调控制电路的故障诊断与排除、空调暖风及通风配气系统的检修、自动空调电控系统的故障检测与诊断等。

本书由卫云贵主编，籍银香、傅文超参加编写，邓锦军主审。

图书在版编目(CIP)数据

汽车空调/人力资源和社会保障部教材办公室组织编写. —北京：中国劳动社会保障出版社，2016

全国中等职业技术学校汽车类专业教材

ISBN 978-7-5167-2643-3

Ⅰ.①汽… Ⅱ.①人… Ⅲ.①汽车空调-中等专业学校-教材 Ⅳ.①U463.85

中国版本图书馆 CIP 数据核字(2016)第 172802 号

中国劳动社会保障出版社出版发行

(北京市惠新东街 1 号 邮政编码：100029)

*

北京玥实印刷有限公司印刷装订 新华书店经销

787 毫米×1092 毫米 16 开本 9.75 印张 207 千字

2016 年 7 月第 1 版 2021 年 8 月第 8 次印刷

定价：18.00 元

读者服务部电话：(010) 64929211/84209101/64921644

营销中心电话：(010) 64962347

出版社网址：http://www.class.com.cn

http://jg.class.com.cn

前　言

为了更好地适应中等职业技术学校汽车类专业教学要求，全面提升教学质量，人力资源和社会保障部教材办公室组织有关学校的骨干教师和行业、企业专家，在充分调研企业生产和学校教学情况、广泛听取教材用户反馈意见的基础上，对全国中等职业技术学校汽车类专业教材进行了修订和补充开发。

本次教材修订和补充开发工作的重点主要体现在以下几个方面：

第一，完善教材体系，更好地满足教学需求。

结合职业院校汽车类专业设置和办学特点，调整并完善了教材体系，与专业通用基础教材相衔接，开发了汽车维修、汽车电器维修、汽车钣金与美容、汽车检测、汽车营销等专业方向教材，构建了“通用基础平台＋不同专业方向平台”的教材体系。此外，还针对学校对电控技术、车载网络技术、新能源汽车等高新技术的教学需求，开发了相应的教材。

第二，反映技术发展，适应岗位职业能力需求变化。

随着汽车制造水平的不断提高，汽车维修的内容和工艺发生了相应变化；伴随着私家车保有量的不断增长，汽车营销、汽车美容等相关从业人员的职业能力要求也在发生相应变化。因此，本次修订工作注重在教材中增加新知识、新技术、新材料、新工艺等方面的内容，体现教材的先进性。同时，根据中级工从事相关岗位工作的实际需要，合理确定学习目标，对教材内容的深度、难度做了适当调整，同时注重综合职业能力的培养。

第三，融入先进教学理念，创新教材表现形式。

专业通用基础教材的编写以汽车及其零部件为载体，充分体现专业特色；专业方向教材的编写根据学校教学实际，充分体现一体化教学思路，增加了实训内容在教材中的比重。为了增强教材的表现效果，提高学生的学习兴趣，教材中使用了大量高质量的实物图片，部分教材采用双色或彩色印刷。

第四，开发辅助产品，提供教学服务。

为了方便教学，配套开发了习题册、教学参考书和电子课件。电子课件可通过职业教育教学资源和数字学习中心（http：//zyjy. class. com. cn）免费下载。

本次教材修订工作得到了河北、江苏、浙江、山东、山西、广东、广西、陕西等省、自治区人力资源和社会保障厅及有关学校的大力支持，在此表示诚挚的谢意。

人力资源和社会保障部教材办公室

2016 年 7 月

目　录

项目一　汽车空调的使用与日常维护

一、学习目标

1. 能说出汽车空调功能、基本组成，并能就车识别各元件的安装位置。
2. 能运用汽车空调的工作原理为客户提出正确使用和维护汽车空调的建议。
3. 能查阅汽车维修手册，规范制订计划并完成汽车空调日常维护作业。

二、相关知识

1. 汽车空调的功能

汽车空调是对汽车车厢内空气进行调节的装置，可以将车内的空气温度调节到使人感到舒适的程度，还可以对空气进行净化和去湿。

（1）调节车内空气的温度

汽车空调通过暖风装置使车内温度在冬季达 18℃以上，并能除去风窗玻璃上的霜（雾）；在夏季制冷装置使车内温度保持在 25℃左右，如图 1—1 所示。

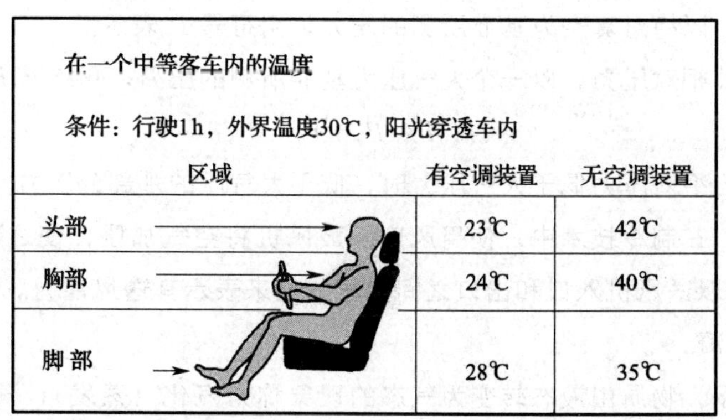

在一个中等客车内的温度

条件：行驶1h，外界温度30℃，阳光穿透车内

区域	有空调装置	无空调装置
头部	23℃	42℃
胸部	24℃	40℃
脚部	28℃	35℃

图 1—1　汽车空调调节温度对比

（2）调节车内空气的湿度

通过制冷装置和暖风装置可以进行除湿，它通过制冷装置冷却降温去除空气中的水分，再由采暖装置升温以降低空气的相对湿度，保持车内湿度合适。

（3）调节车内空气流动

用于调节车内的空气，使其以一定的风速和方向流动，并进行换气，保持车内有足够的新鲜空气和合适的风速。

（4）净化车内空气

车内空气中含有的灰尘及一些有害物质，可通过空调的净化装置滤除或吸附，从而对空气进行消毒处理。

2. 空调系统制冷原理

（1）温度

温度是衡量物体冷热程度的一个物理量，是大量分子运动动能的平均值的标志。测量温度的标尺称作温标。常用温标有摄氏温标、绝对温标，有些国家用华氏温标，见表 1—1。摄氏温标单位是摄氏度（℃）。

表 1—1 温标的标定方法

温标	表示方法	单位	三种温标之间的关系
摄氏温标	T_c	℃	$T_c=5/9\ (T_f-32)$
华氏温标	T_f	℉	$T_f=9/5\times T_c+32$
绝对温标	T	K	$T=T_c+273.15$

（2）湿度

日常所说的湿度，表示空气里含水蒸气的多少，一定体积和温度的空气中含有的水蒸气越多空气越潮湿；反之，含有的水蒸气越少空气越干燥。这个水蒸气含量多少，叫作湿度。空气中能容纳的水蒸气量与温度高低有关，温度越高空气能容纳的水蒸气量也就越大。

（3）压力与真空度

1）大气压力：由大气层对地面造成的压力称为大气压力，用符号 P_a 表示。

2）绝对压力：以绝对真空为基准所测的压力，用符号 P 表示。

3）表压力：即相对压力，以一个大气压为基准所测的压力，用符号 P_g 表示。

$$P=P_a+P_g$$

4）真空度：当绝对压力低于大气压力时，低于大气压的那部分压力。

5）送风压力：在制冷技术中，使用风扇、鼓风机将空气加压，使之通过蒸发器、冷凝器、散热器。一般以送风机入口和出口之间的压力差来表示其送风能力。

（4）汽化与冷凝

如图 1—2 所示，物质由液态转变为气态的现象称为汽化（蒸发），汽化时要吸收热量。制冷过程是利用制冷剂在蒸发器内低压下蒸发，不断吸收周围空气的热量进行汽化的过程来制冷的。冷凝是指气态物质转变为液态的过程，冷凝过程是放热过程。在制冷技术中，制冷剂在冷凝器中由气态凝结为液态，要放出热量，所以用手感觉冷凝器是热的。

3. 汽车空调的基本组成和作用

（1）制冷系统的作用与组成

如图 1—3 所示，汽车空调制冷系统由压缩机、冷凝器、储液干燥器（或集液器）、膨胀阀（或孔管）、蒸发器、鼓风机、压力开关、高低压检修阀和制冷管道等组成。

制冷系统的作用是利用制冷剂蒸发时吸收热量，实现降低车内温度的目的。图 1—4 所示为制冷系统结构原理。

图 1—2　水的三种状态变化

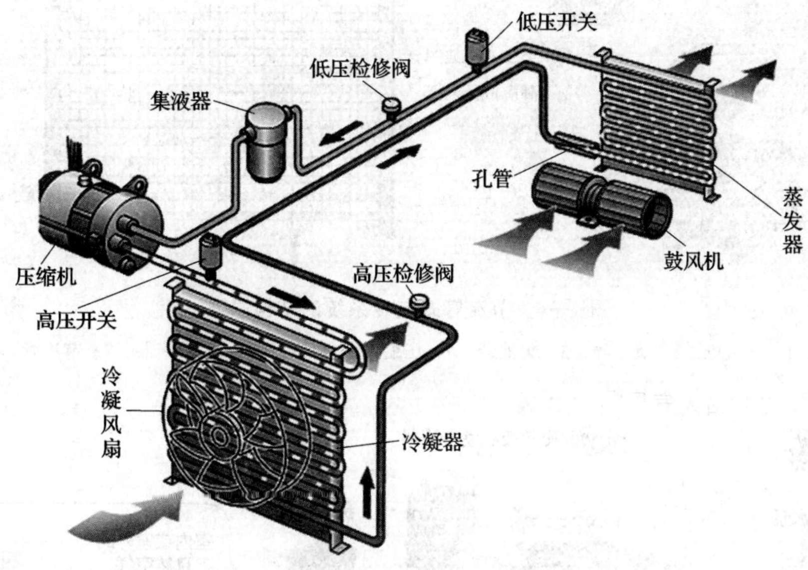

图 1—3　制冷系统的结构组成

(2) 取暖系统的作用与组成

汽车取暖系统的作用是将冷空气送入加热器芯，吸收冷却水的热量将冷空气加热，并将热空气送入车厢内进行取暖。

汽车取暖系统主要由热交换器、管带式散热器、冷却风扇和加热器芯组成，结构组成如图 1—5 所示。

汽车空调的采暖装置按热量来源可分为余热式和独立式两类。余热式采暖利用汽车发动机工作时产生的剩余热量采暖，它又分为水暖式和气暖式两种。现代轿车上大多采用水暖式取暖系统。

(3) 通风配气系统的作用与组成

如图 1—6 所示，汽车空调通风系统的作用是将外部新鲜空气引入车内，并将车内的污浊空气排出车厢外，同时还可以防止风窗玻璃起雾。

汽车空调配气系统的作用是将通风装置引入车内的新鲜空气与冷气、暖风进行有机的配合调节，形成冷暖适宜的气流从不同的出风口吹出。

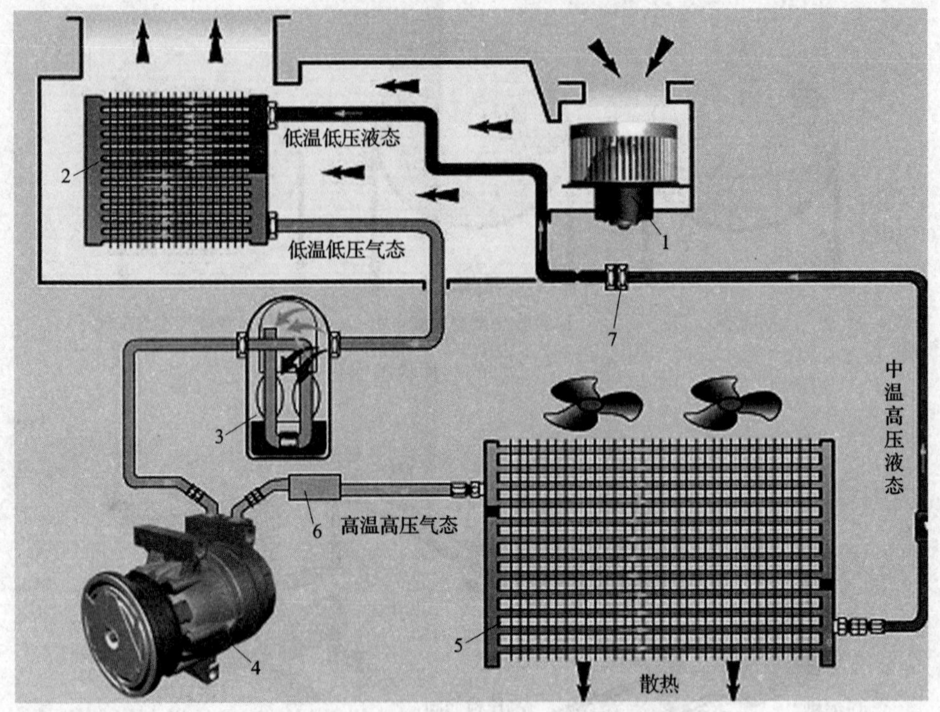

图 1—4　节流管式制冷系统的结构原理

1—鼓风机　2—蒸发器　3—集液器　4—压缩机　5—冷凝器　6—消声器　7—节流管

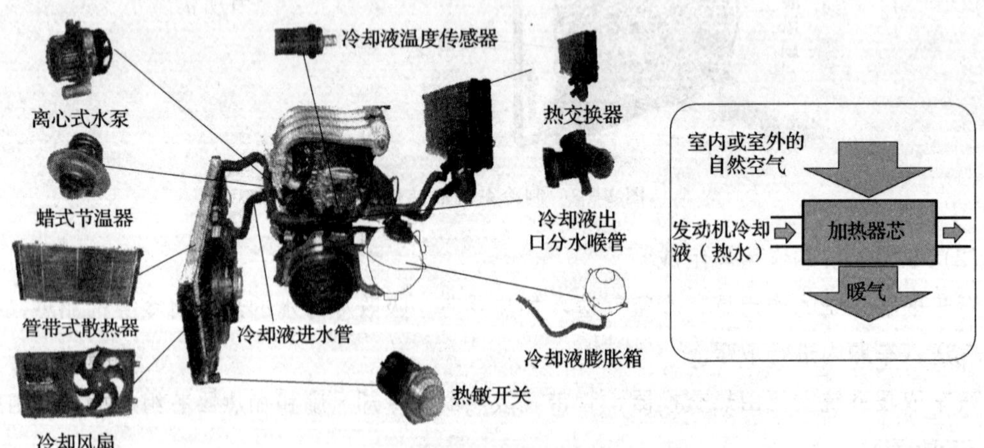

图 1—5　水暖式取暖系统实物图

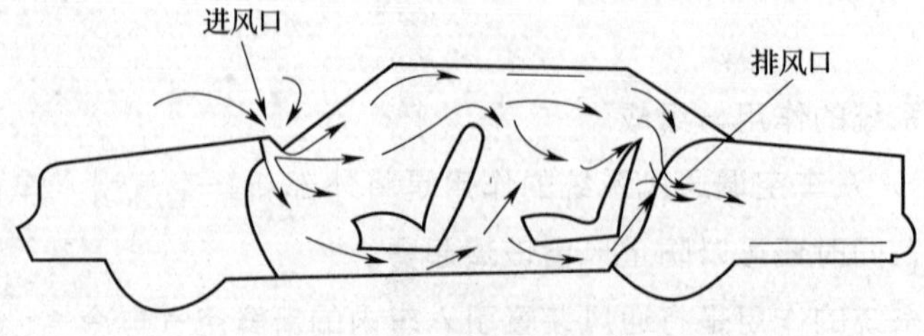

图 1—6　轿车空调通风循环

汽车空调配气系统一般由空气进入段、空气混合段和空气分配段三部分组成，结构如图 1—7 所示。

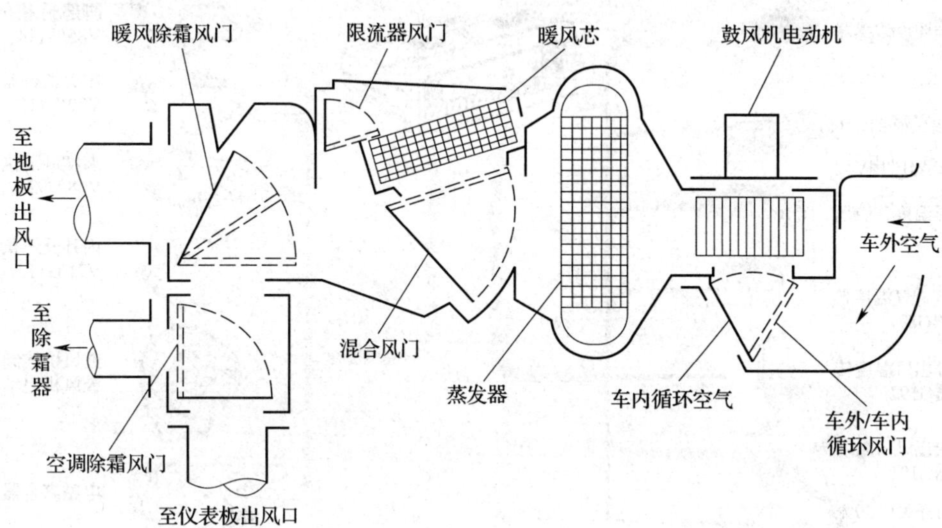

图 1—7　汽车空调配气系统

空气进入段：由进风口、车内外循环风门和鼓风机组成，用来控制再循环空气和室外新鲜空气进入。

空气混合段：由蒸发器、加热器芯和调温风门组成，用来调节所需温度的空气。

空气分配段：主要由中央风门、脚部风门、除霜风门和上、中、下出风口组成，使空气可吹向面部、脚部和风窗玻璃上。

(4) 空气净化装置的作用与组成

空气净化系统一般由鼓风机、空气过滤器、杀菌器、负氧离子发生器和进、出风口等组成。其作用是使车厢内空气保持清新洁净。

空气净化方式有过滤式和静电集尘式两种。在一些高级轿车上，除了使用以上的除尘方法外，还装有负氧离子发生器，以增加空气中负离子含量，改善车内空气质量，提高舒适性，使车内空气更加清新洁净，利于人体健康。

(5) 控制装置的作用与组成

汽车空调系统控制装置主要由控制面板和空调电气控制系统两大部分组成。电气控制系统根据驾驶员操作空调控制面板的指令来控制各个执行元件的工作情况。

自动空调装置中的所有执行部件都由控制系统来控制，自动空调的调节控制系统按其结构与功能可分为四部分。图 1—8 所示为帕萨特轿车自动空调控制原理图。

1) 传感器部分专门负责信息的采集和反馈。

2) 空调控制器 ECU 也称空调电子控制单元，负责信息处理和发出动作指令。

3) 执行装置包括空调系统的各种阀、继电器、离合器、电动机和显示器，用来按 ECU 的指令发挥各自的动作功能。

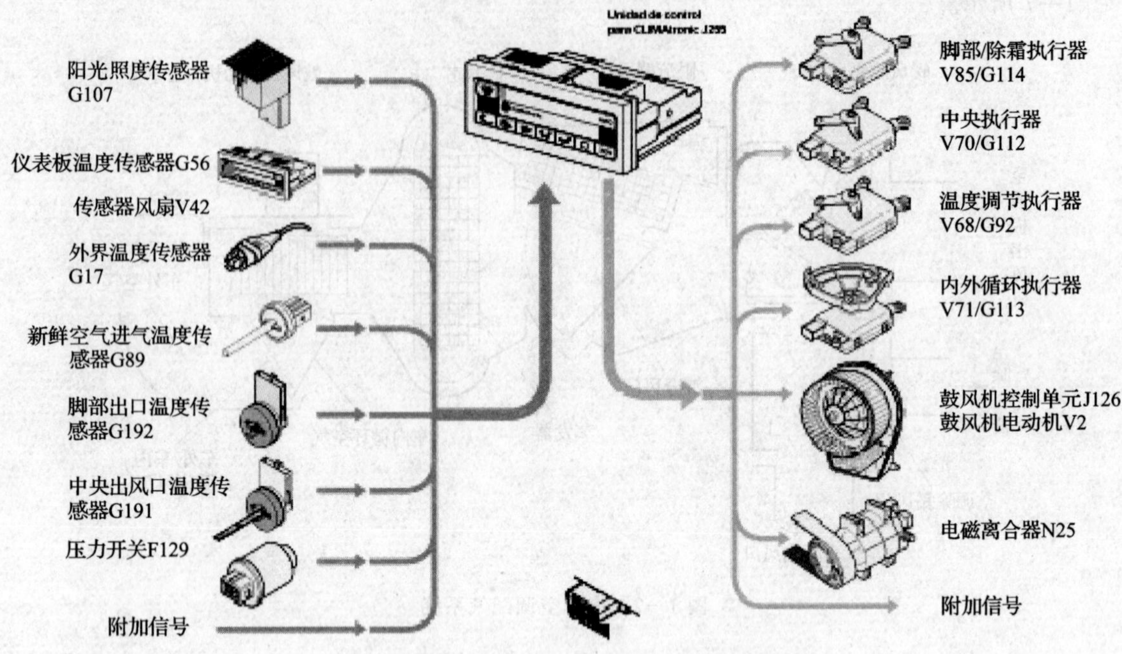

图 1—8 帕萨特轿车自动空调控制原理图

4）自检诊断部分具有存储记忆功能，空调 ECU 通过电信号随时对系统电路的状态进行检测，并把出现的情况以数字、字母或图形形式存储起来，当维修人员需要时，以一定操作指令将其提取显示在屏幕上。另外，当系统电路中出现故障时，ECU 根据故障情况发出指令使空调系统进入相应的故障安全状态以致发出报警指示，防止故障进一步扩大。

4. 汽车空调的类型

汽车空调根据是否由发动机驱动的不同分为独立式空调和非独立式空调，有专门的动力源（如第二台内燃机）驱动整个汽车空调的运行的空调系统为独立式空调系统，一般用于长途货运类车上；直接利用汽车的行驶动力来运转的汽车空调系统为非独立式汽车空调，其由发动机带动压缩机运转，并由电磁离合器进行控制，目前轿车、面包车上等大多采用非独立式空调。

汽车空调根据调节控制方式可分为手动空调、半自动空调及自动空调，其区别见表1—2。

表 1—2 不同调节控制方式空调的区别

序号	类别	应用车型	功能及特点
1	手动空调	上海大众 2000	制冷系统采用膨胀阀系统，温度的调节通过拉索控制热水阀的开度直接调节。各个功能的调节都是由驾驶员手动调节

续表

序号	类别	应用车型	功能及特点
2	半自动空调	上海大众 3000	制冷系统采用膨胀阀系统，温度的调节通过空调控制单元 J127 采集各个信号控制调节温度门的开度。有自我诊断功能，通过控制面板可以直接调取故障码，但是不能使用诊断仪调取故障
3	自动空调	上海大众帕萨特	制冷系统采用孔管系统，采用变排量压缩机，温度的调节是通过空调控制单元根据采集的各个信号进行自动调节，可通过诊断仪进行故障的诊断排除

5. 汽车空调控制面板结构与功能

(1) 手动空调控制面板

图 1—9 所示为帕萨特汽车手动空调控制面板，表 1—3 为控制面板各操作控制按钮的名称和功用。

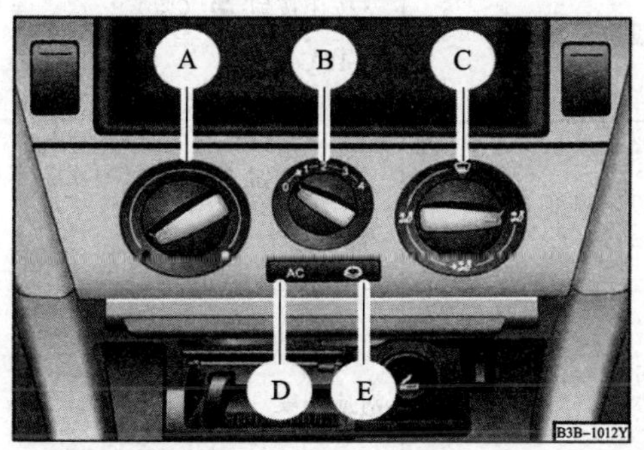

图 1—9　帕萨特汽车手动空调控制面板

表 1—3　帕萨特汽车手动空调控制面板各操作控制按钮的名称和功用

代号	名称	功用
A	温度调节旋钮	顺时针转动温度增加，逆时针转动温度降低
B	鼓风机挡位旋钮	顺时针转动挡位增加，鼓风机转速增加，出风量增加
C	空气分布旋钮	调节不同空气出风口出风
D	制冷设备按钮	空调开关控制制冷设备的工作与否
E	空气内循环按钮	内外空气循环选择

(2) 半自动空调控制面板

图 1—10 所示为桑塔纳 3000 车型半自动空调控制面板，表 1—4 为控制面板操作按钮的名称和功用。

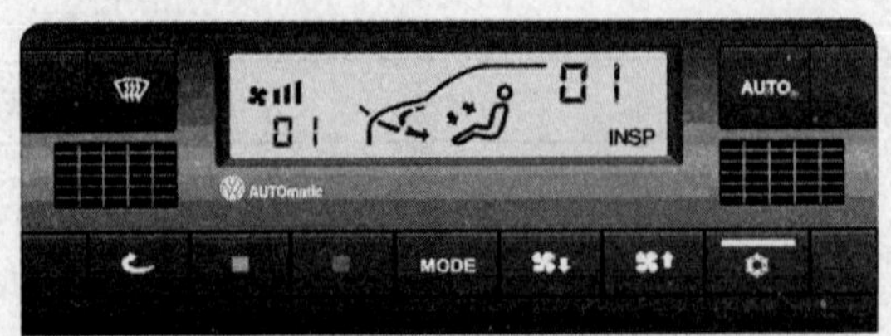

图 1—10 桑塔纳 3000 车型半自动空调控制面板

表 1—4 桑塔纳 3000 车型半自动空调控制面板操作按钮的名称和功用

序号	图标	名称	功用
1		前风窗除霜/除雾按钮	如果环境温度低于 2℃则运行除霜功能；反之，则运行除雾功能
2		循环空气模式按钮	按下此键，循环空气模式强制开启或关闭，在控制器屏幕的对应位置会有相应显示
3	■（蓝）	设定温度下降	按压按钮 ■（蓝）一次，车内设定温度调低 1℃。最低温度为 18℃
4	■（红）	设定温度上升	按压按钮 ■（红）一次，车内设定温度增加 1℃。最高温度为 28℃
5	MODE	选择出风气流分布按钮	按 MODE 按钮，在各出风模式间进行切换，并在屏幕上显示对应图案
6		风速下降按钮	按风速下降按钮一次，鼓风机转速降低 1 级。一直按住，控制器连续接受指令，鼓风机转速连续降低
7		风速上升按钮	按风速上升按钮一次，鼓风机转速升高 1 级。一直按住按钮，鼓风机转速连续上升
8		压缩机开关按钮	按下此按钮时，按钮上的黄色指示灯点亮，启动压缩机，若鼓风机未运转，则以最低挡运转；当再次按下此按钮时，按钮上的指示灯熄灭，关闭压缩机
9	AUTO	自动运行按钮	按下 AUTO 按钮，系统进入全自动运行状态，空调可以根据当前所处的环境（环境温度、阳光辐射强度、当前的车内温度、车速和发动机冷却水温度等）及使用者的设定，自动调节所有的空调设备

(3) 自动空调控制面板

图 1—11 所示为帕萨特汽车自动空调控制面板，表 1—5 为控制面板操作按钮的名称。

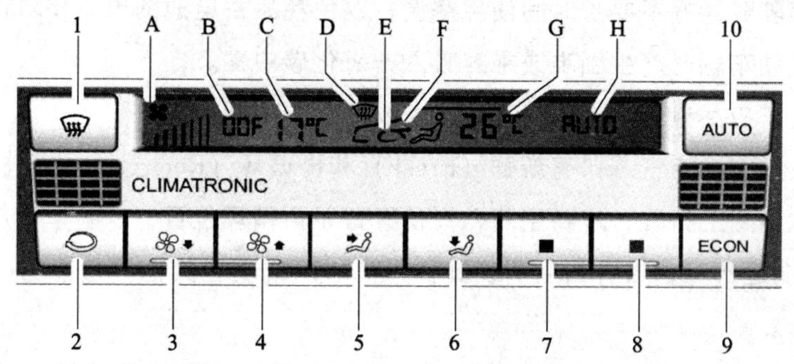

图 1—11　帕萨特新领驭汽车自动空调控制面板

表 1—5　帕萨特新领驭汽车自动空调控制面板操作按钮的名称和功用

指示区域	说明	按钮	名称
A	鼓风机挡位指示	1	前风窗玻璃除雾按钮
B	空调系统关闭指示	2	空气内循环按钮
C	外部环境温度指示	3	降低鼓风机转速按钮
D	前风窗玻璃除雾指示	4	升高鼓风机转速按钮
E	空气内循环指示	5	气流吹向身体上部按钮
F	气流出风模式指示	6	气流吹向脚部空间按钮
G	车内设定温度指示	7	降温按钮
H	自动工作模式（AUTO）或经济运行模式（ECON）	8	升温按钮
		9	经济运行按钮
		10	自动运行按钮

1）如果按键按下除霜挡时，内循环空气运行就自动切断。

2）如果汽车要迅速取暖或制冷，可以选择内循环空气运行。

3）在自动空调中，如果打开点火开关时，显示屏幕内所有符号闪烁约 15 s，说明空调系统有故障。

6. 汽车空调的使用

(1) 使用空调前，应了解空调操作面板上各推杆和按钮的作用，按操作面板准确进行操作。

(2) 起动发动机时，应确认空调开关是关闭的，待发动机稳定地工作几分钟后，打开鼓风机至某一挡位，然后再按下空调开关 A/C 以启动空调压缩机，调整送风温度和选择送风口，空调机即可正常工作。需要注意的是，当温度调节推杆处于最大冷却位置时，应尽量使用风机的高速挡，以免空调系统的蒸发器因过冷而结冰。

(3) 制冷时必须关闭车窗和车门，以尽快达到满意的温度，节省能量。

(4) 调整好冷风口的风向，使冷风均匀地吹入车厢。

(5) 在只需换气而不需冷气时，如春、秋两季，只需打开鼓风机开关即可换气。

(6) 在爬长坡或高速超车时应暂时关闭空调，以免发动机动力不足。

(7) 汽车停驶时最好不要长时间使用空调，以免耗尽蓄电池的电能和防止废气被吸入车内，造成再次起动车辆时产生困难或乘客吸入一氧化碳中毒。

(8) 夏日停车应尽量避免在阳光下暴晒，以免加重空调负担。

(9) 有些汽车空调空气入口有新鲜 (Fresh) 和再循环 (Recircle) 两个控制位置。若汽车在尘土较多的道路上行驶，应将空气入口位置置于再循环位置，以防车外灰尘进入。

(10) 在空调运行时，若听到空调装置有异常响声或发生其他异常情况，应立即关闭空调，并及时检修。

(11) 使用中，当功能选择键选在 MAX 或 A/C 时，不要将调风键置于“LO”位置。这样使冷气排不出去，蒸发器易结霜，而且也有使压缩机发生“液击”的危险。另外 MAX 挡使用时间也不能过长。

(12) 应经常按照汽车空调常规检查方法进行检查。

三、实训操作

1. 实训工具、设备及耗材

整车、空调总成、汽车空调专用拆装工具，万用表，空调诊断仪、防护手套、护目镜，冷冻机油、制冷剂、熔丝、密封圈等。

2. 安全要求

(1) 遵守实训场地的各项安全制度。

(2) 未经教师同意不得擅自起动或驾驶实训车辆。

(3) 未经教师同意不得擅自动用实训设备和工具。

(4) 起动车辆进行实训操作时要严格按照操作步骤去操作。

3. 实训操作

实训 1：手动空调的识别与使用

(1) 上海大众 2000 轿车手动空调各部件的认识 (见表 1—6)。

表 1—6　　上海大众 2000 轿车手动空调各部件的认识

名称或代码	类别	图形	安装位置及功用
手动空调 开关：E35	传感器或 开关信号	0 1 2 3 4 AC	

续表

名称或代码	类别	图形	安装位置及功用
冷却液温度（开关）传感器：G62	传感器或开关信号		
空调压力开关（压力传感器）：F129		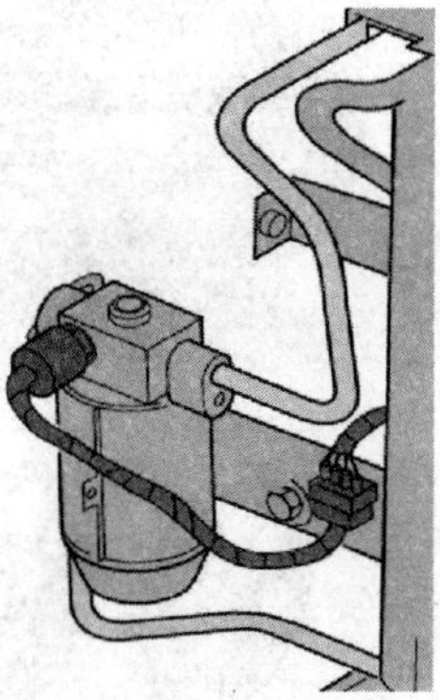	
蒸发器温度传感器（蒸发器温度开关）：G153			
散热器热敏开关：F18		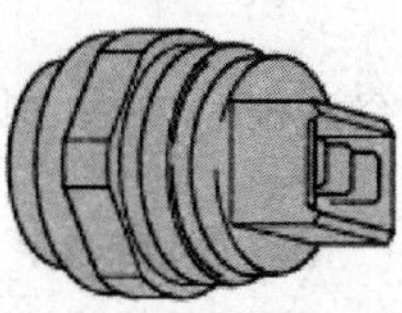	
散热风扇控制器（空调控制单元）：J301	控制单元		
发动机控制单位：J257			

续表

名称或代码	类别	图形	安装位置及功用
装有电磁离合器的压缩机	执行元件	电磁离合器 N25	
新鲜空气用鼓风机			
散热器风扇：V7			
空调继电器			

(2) 上海大众 3000 轿车半自动空调控制面板（见图 1—12）的使用。

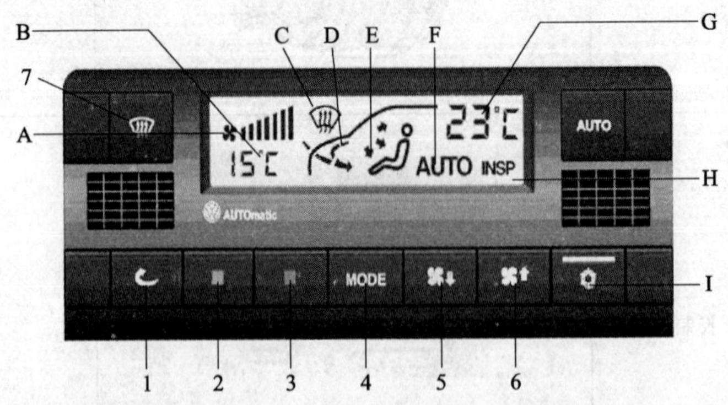

图 1—12　上海大众 3000 轿车半自动空调控制面板

A. 风速显示　B. 环境温度显示　C. 除霜/除雾状态显示　D. 内外循环状态显示　E. 出风模式显示　F. 自动运行显示　G. 设定温度显示　H. 设备故障显示　I. 压缩机开关按钮运转显示

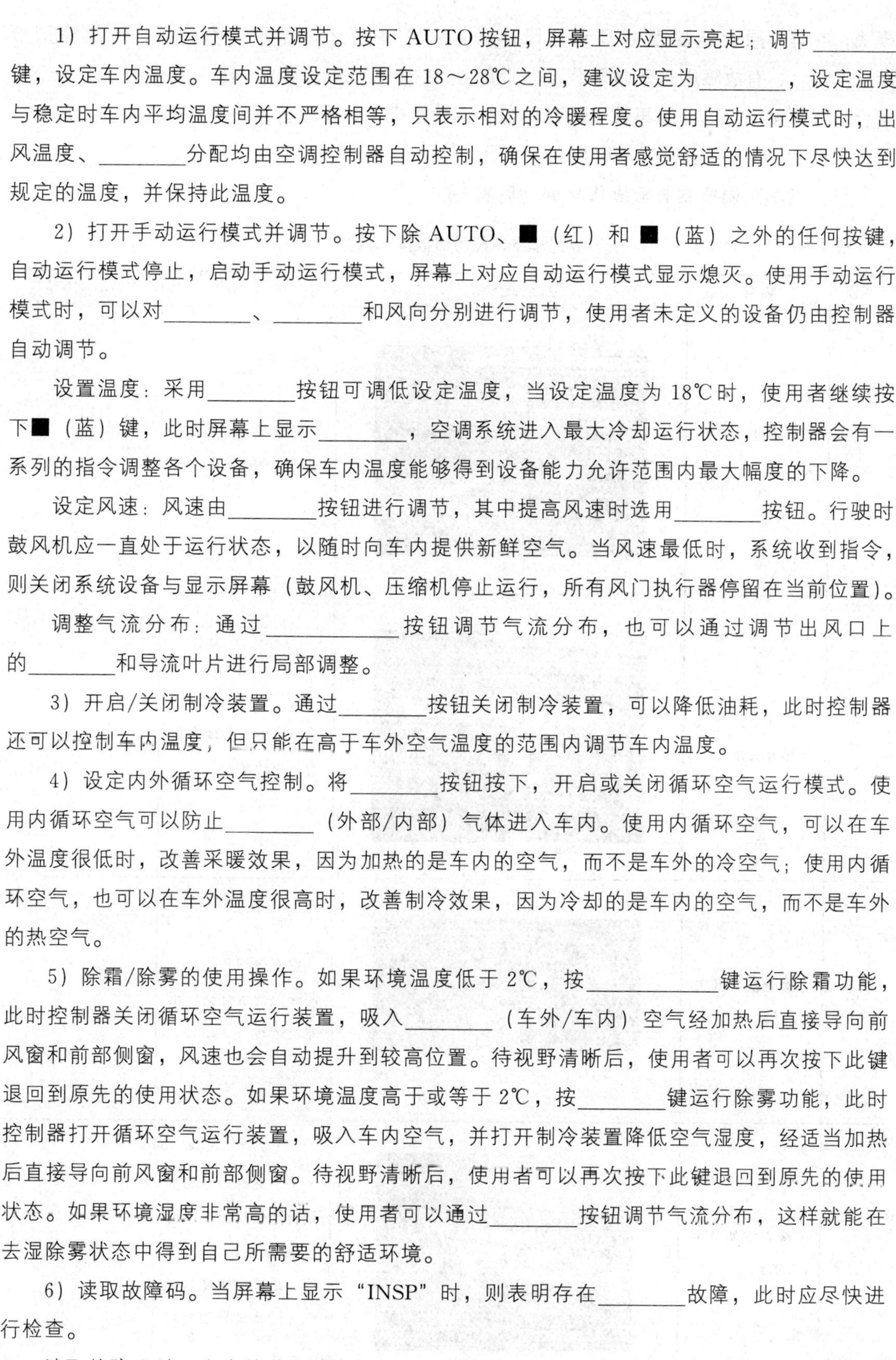

1）打开自动运行模式并调节。按下AUTO按钮，屏幕上对应显示亮起；调节________键，设定车内温度。车内温度设定范围在18～28℃之间，建议设定为________，设定温度与稳定时车内平均温度间并不严格相等，只表示相对的冷暖程度。使用自动运行模式时，出风温度、________分配均由空调控制器自动控制，确保在使用者感觉舒适的情况下尽快达到规定的温度，并保持此温度。

2）打开手动运行模式并调节。按下除AUTO、■（红）和■（蓝）之外的任何按键，自动运行模式停止，启动手动运行模式，屏幕上对应自动运行模式显示熄灭。使用手动运行模式时，可以对________、________和风向分别进行调节，使用者未定义的设备仍由控制器自动调节。

设置温度：采用________按钮可调低设定温度，当设定温度为18℃时，使用者继续按下■（蓝）键，此时屏幕上显示________，空调系统进入最大冷却运行状态，控制器会有一系列的指令调整各个设备，确保车内温度能够得到设备能力允许范围内最大幅度的下降。

设定风速：风速由________按钮进行调节，其中提高风速时选用________按钮。行驶时鼓风机应一直处于运行状态，以随时向车内提供新鲜空气。当风速最低时，系统收到指令，则关闭系统设备与显示屏幕（鼓风机、压缩机停止运行，所有风门执行器停留在当前位置）。

调整气流分布：通过__________按钮调节气流分布，也可以通过调节出风口上的________和导流叶片进行局部调整。

3）开启/关闭制冷装置。通过________按钮关闭制冷装置，可以降低油耗，此时控制器还可以控制车内温度，但只能在高于车外空气温度的范围内调节车内温度。

4）设定内外循环空气控制。将________按钮按下，开启或关闭循环空气运行模式。使用内循环空气可以防止________（外部/内部）气体进入车内。使用内循环空气，可以在车外温度很低时，改善采暖效果，因为加热的是车内的空气，而不是车外的冷空气；使用内循环空气，也可以在车外温度很高时，改善制冷效果，因为冷却的是车内的空气，而不是车外的热空气。

5）除霜/除雾的使用操作。如果环境温度低于2℃，按__________键运行除霜功能，此时控制器关闭循环空气运行装置，吸入________（车外/车内）空气经加热后直接导向前风窗和前部侧窗，风速也会自动提升到较高位置。待视野清晰后，使用者可以再次按下此键退回到原先的使用状态。如果环境温度高于或等于2℃，按________键运行除雾功能，此时控制器打开循环空气运行装置，吸入车内空气，并打开制冷装置降低空气湿度，经适当加热后直接导向前风窗和前部侧窗。待视野清晰后，使用者可以再次按下此键退回到原先的使用状态。如果环境湿度非常高的话，使用者可以通过________按钮调节气流分布，这样就能在去湿除雾状态中得到自己所需要的舒适环境。

6）读取故障码。当屏幕上显示“INSP”时，则表明存在________故障，此时应尽快进行检查。

读取故障码时，应先按住MODE不放，再按下________，维持3 s后系统进入自诊断模式，在屏幕原设定温度处显示故障序号，原环境温度处显示故障代码，无故障则显示________，有故障则显示故障代码。此时按 ❁ 或 ↺ 进行翻页，显示上一个或下一个故障代码和故障序号。此时再按 AUTO 则退出自诊断模式，恢复至系统原状态。

实训 2：汽车空调检查与维护

(1) 汽车空调控制面板操作检查（见表 1—7）。

表 1—7　　汽车空调控制面板操作检查

序号	内容	方法或图示	技术标准	结果记录及结论
1	检查鼓风机开关		操作鼓风机开关，鼓风机转动无异常	
2	检查车内空气分配模式开关		按下内外循环开关，能正常实现内外循环的转换	
3	检查空调开关（手动）		按下空调开关，空调开关指示灯亮，压缩机运转	
4	检查空调开关（自动）		按下此键，自动空调自动保持所选择的车内温度，出风温度、鼓风机速度和空气分配将被自动控制	

续表

序号	内容	方法或图示	技术标准	结果记录及结论
5	检查温度控制情况（制冷与加热）		操作温度控制按钮，出风口温度应变化	
6	检查前风窗除霜开关		按下此键，在显示单元显示，并且风向为前风窗除霜	
7	检查送风模式开关		按下此键，可打开或关闭脚部空间的风向显示	
8	检查经济模式开关		在“ECON”模式下，压缩机被关闭，暖风和通风继续被自动控制	
9	检查空调关闭开关	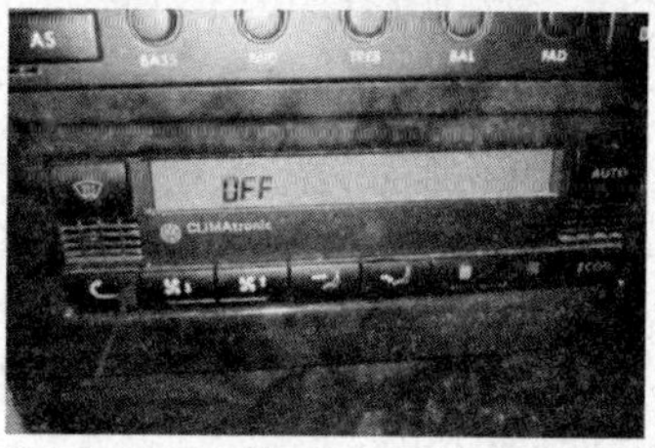	按下鼓风机减速开关并保持，所有装置全部被关闭	

(2) 汽车空调制冷系统工作情况检查。

打开汽车空调开关，待汽车空调正常运行一段时间后，可通过目视与触摸的方式检查汽车空调的工作状况是否符合正常技术要求，见表1—8。

表1—8　　汽车空调制冷系统工作情况检查

序号	作业内容	作业方法	技术要求	结果记录及结论
1	低压回路结霜观察	目视	低压管应凝结水珠，但不应出现结霜	
2	蒸发器淌水观察	目视	制冷系统工作时，应有冷凝水从蒸发器流出	
3	储液干燥器视液镜观察	目视	制冷系统工作时，观察视液镜，会看到有少量的气泡流动现象	
4	制冷系统高低压管路触摸体验	手摸	低压端的部件和管路，连接部分表面都会结有水珠，高压端为热却不烫手，可视为正常	
5	冷凝器触摸体验	手摸	冷凝器进出口应有温差，温差在20～30℃之间	
6	储液干燥器触摸体验	手摸	储液干燥器进出口温度均匀，无温差	
7	热力膨胀阀触摸体验	手摸	进出口温差明显，进口处为热的，出口处为凉的	
8	管路及接头泄漏检查	目视	检查管路接头有无松动、渗漏或油污痕迹，各软管有无老化、裂纹、磨损、挤压等现象	

实训3：汽车空调日常维护作业（见表1—9）

表1—9　　汽车空调日常维护作业

序号	作业内容	作业方法	技术要求	结果记录及结论
1	目视软管	目视	应无损坏或摩擦	
2	检查冷凝器翅片	目视	应无堵塞或倾倒	
3	检查冷凝器风扇	目视	开启空调，风扇应低速运转	
4	检查发动机水温	诊断仪检查数据流	发动机水温在105℃以下	
5	检查空调泵传动带	用张紧器检测	压缩机传动带的张紧度应正常	
6	检查压缩机固定	目视	压缩机应固定良好无松动	
7	检查蒸发器出水管	目视	蒸发器出水管应无堵塞，开启空调一段时间后，应有冷凝水流出	

续表

序号	作业内容	作业方法	技术要求	结果记录及结论
8	检查电气线路连接	目视	线路连接良好，应无断路、虚接现象	
9	清洁或更换空调空气滤清器	目视	应定期清洁或更换空调空气滤清器	

四、评价分析

学习活动过程评价表见表 1—10。

表 1—10　　学习活动过程评价表

班级		姓名		学号		日期	年　月　日
序号	评价要点				配分	得分	总评
1	能在教师的指导下完成车辆防护装置安装，并能正确识别空调类型				5		A□（86～100） B□（76～85） C□（60～75） D□（60 以下）
2	能查阅资料，写出汽车空调使用的注意事项				5		
3	能就车识别汽车空调部件名称及功用				10		
4	能描述空调系统的组成及功用				20		
5	能正确解释空调控制面板各开关的使用方法				5		
6	能查阅待检车辆相关资料，制定其空调功能检查方案并实施				15		
7	能查阅资料，制定汽车空调日常维护方案并实施				10		
8	能遵守劳动纪律，以积极的态度接受工作任务				10		
9	能积极参与小组讨论，发挥团队合作精神				10		
10	能及时完成教师布置的任务及工作				10		
总分					100		
小结建议							

五、知识拓展

上海大众全自动双区空调控制面板

上海大众全自动双区空调可分别控制车内前部与后部的温度，且前部也能实现左右温度独立控制，因此舒适性很高。

如图 1—13 所示，前部区域操作控制面板上的座椅加热按钮是用来以三个不同加热级别形式打开和关闭座椅加热装置。“AC MAX”按钮是专门用来自动将空气鼓风机开关切换到最高挡，将温度设置转换到“LOW”，且控制循环空气风门处于关闭状态，出风口布置在仪表板中部，使空调制冷效果达到最好。

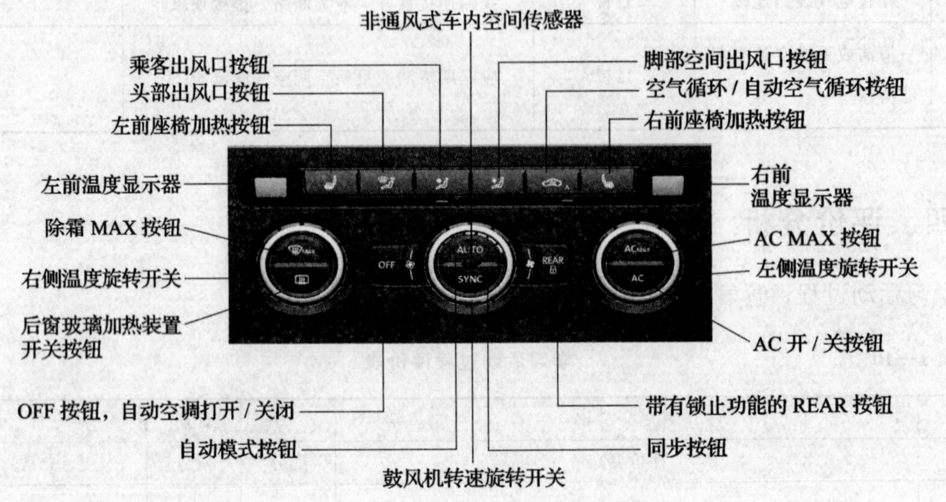

图 1—13 双区空调前部控制面板

前部区域操作控制面板上的“SYNC”按钮是用来保证驾驶员侧的温度设置与副驾驶员侧温度设置同步。“REAR”按钮是用来专门将后部区域空调操纵元件启动或锁定。

如图 1—14 所示，后部区域控制面板上设有调节温度大小的温度旋转开关，设有调节风量大小的鼓风机旋转开关，从而改进后座区域的空气舒适度，使得后座乘客更加舒适。后部操作按钮关闭自动空调后，车厢内部形成一个统一的温控区。

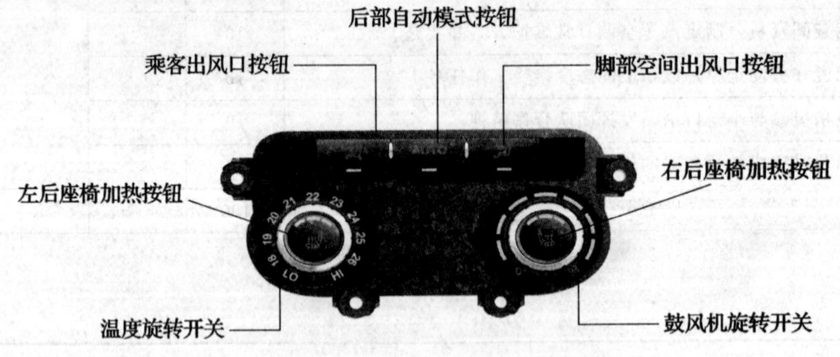

图 1—14 双区空调后部控制面板

项目二　汽车空调制冷系统的检查与补给

一、学习目标

1. 能正确使用汽车空调维修的各种专用仪器和工具。

2. 能描述汽车空调制冷剂、冷冻机油的类型及特性，并能正确选用。

3. 能利用汽车空调制冷系统工作原理向客户解释操作要领与检修项目，并完成常规基本检查。

4. 能查阅汽车空调相关维修手册，规范完成空调制冷系统的检查与补给。

二、相关知识

1. 汽车空调制冷系统类型、组成及工作原理

(1) 制冷系统的分类

现代汽车空调根据制冷系统中所采用的节流元件不同分为膨胀阀系统和孔管（节流管）系统两类。图 2—1 所示为膨胀阀系统，图 2—2 所示为孔管系统。

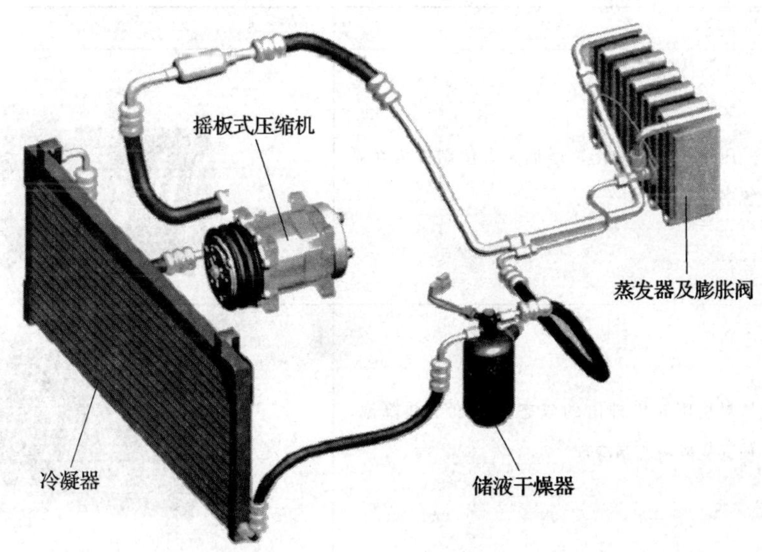

图 2—1　膨胀阀系统

两者之间的主要区别在于所采用的节流元件不同及干燥器的安装位置也不同。膨胀阀系统配合储液干燥器使用，安装在系统高压侧，可防止气态制冷剂进入蒸发器。孔管系统配合集液器使用，安装在系统低压侧，可防止液态制冷剂进入压缩机，产生“液击”现象。

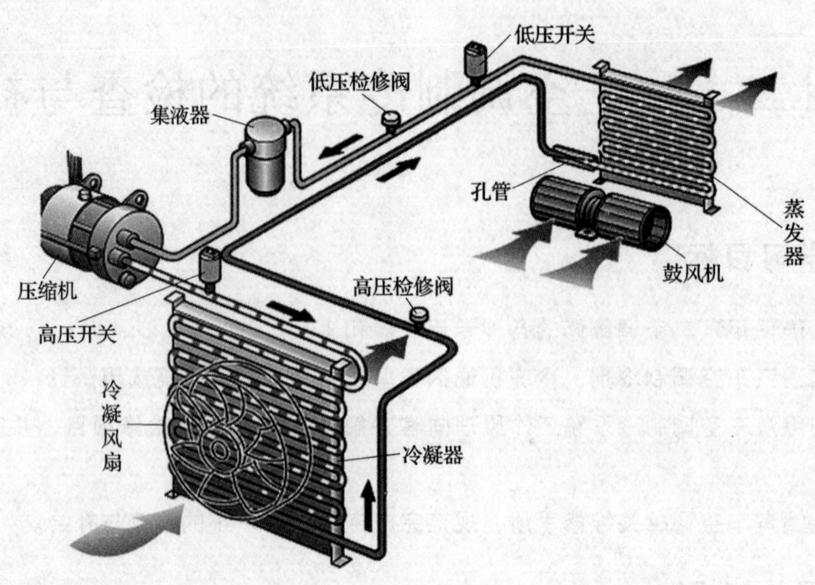

图 2—2 孔管（节流管）系统

(2) 汽车空调制冷系统的组成

如图 2—1 所示，空调制冷系统的主要部件有压缩机、冷凝器、储液干燥器、膨胀阀、蒸发器、导管与软管、压力开关等，其功用及实物图见表 2—1。

表 2—1 汽车空调制冷系统主要部件的名称、功用及图示对照表

元件	功用	图示
压缩机	压缩气态制冷剂，增加压力使制冷剂在系统中循环	
冷凝器	对从压缩机排出的气态制冷剂散热降温，使其变成液态制冷剂	
储液干燥器	储存制冷剂、吸收水分、过滤杂质	

续表

元件	功用	图示
膨胀阀	节流降压	
蒸发器	使制冷剂膨胀并吸收空气中的热量	
压力开关/压力传感器	检测制冷系统高压侧压力，当压力过高或过低时，使制冷系统停止工作	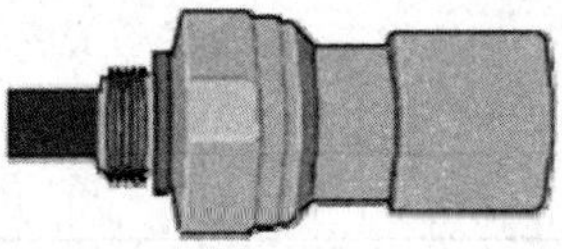

(3) 制冷系统的工作原理

压缩机运转时，将蒸发器内产生的低压低温蒸气吸入气缸，经过压缩，使蒸气的压力和温度分别增高到（70～80℃，1 500 kPa）后排入冷凝器。

在冷凝器中，高温高压的制冷剂气体与外面的空气进行热交换，放出热量使制冷剂冷凝成高压液体（50～60℃，1 500 kPa），然后流入储液干燥器，并经过过滤干燥后流出。

经过膨胀阀的节流作用，制冷剂以低压的气液混合状态进入蒸发器。在蒸发器里，低压制冷剂液体沸腾汽化，吸收车厢内空气的热量，然后又进入压缩机进行下一轮循环。这样，制冷剂便在封闭的系统内经过压缩、冷凝、节流和蒸发四个过程，完成了一个制冷循环。各部件的作用和制冷剂的循环状态如图 2—3 和图 1—4 所示。

2. 汽车空调制冷剂的特性与选用（见表 2—2）

汽车空调制冷剂俗称“冷媒”或“雪种”，它可以根据空调系统的要求变化状态，实现制冷循环，车用空调制冷剂主要是 R12 和 R134a。

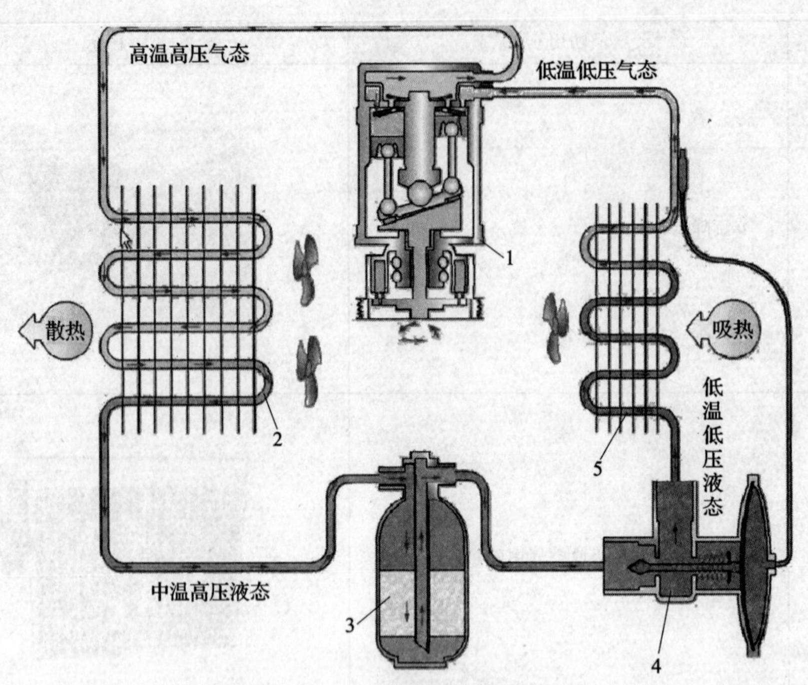

图 2—3　膨胀阀式制冷系统原理

1—压缩机　2—冷凝器　3—储液干燥器　4—膨胀阀　5—蒸发器

表 2—2　**制冷剂特性对比**

制冷剂	R12	R134a
中文名称	二氟二氯甲烷	四氟乙烷
物理性质	不易燃、无色、无味、无毒，对金属或橡胶无腐蚀作用，吸湿性较强	不易燃、无色、无味、无毒，对金属或橡胶无腐蚀作用，吸湿性较强
优点	安全制冷效率高，价格便宜	不会破坏大气臭氧层
缺点	破坏大气臭氧层	和冷冻机油混合后会腐蚀钢铁类元件，成本高
制冷温度范围	－60～10℃	
系统润滑剂	采用矿物油作为系统的润滑剂	不能与矿物润滑油亲和，需采用聚酯合成润滑油
适用范围	现在已经基本不用	广泛应用
使用安全措施	制冷剂蒸发快，任何东西接触后均会结冰；其为天然油溶剂，皮肤接触会引起刺激和烧伤；另外其高压泄漏易造成眼睛伤害；制冷剂罐不得用力碰撞，不得将其置于高温处，应将其放在低温干燥的地方	

3. 汽车空调冷冻机油的特性

汽车空调冷冻机油也称为压缩机油，它是一种在高、低温工况下均能正常工作的特殊润滑油。冷冻机油为浅黄色无味的液体，混入杂质后变成棕色或黑色，并且有一定的气味。如果发现机油变色或有气味，则冷冻机油已变质，应该更换新机油。冷冻机油通常按制冷剂类型分类，其型号见表 2—3。

表 2—3　　制冷剂及冷冻机油的类型

制冷剂类型	R12 制冷系统	R134a 制冷系统
冷冻机油类型	矿物油	聚烷撑乙二醇（合成油）

4. 汽车空调制冷系统维修工具

(1) 歧管压力表

如图 2—4 所示，歧管压力表是由高压表、低压表、高压手动阀、低压手动阀、阀体及 3 根维修软管组成。歧管压力表配有 3 根不同颜色的连接软管，一般规定蓝色软管用于低压侧（接低压工作阀），红色软管用在高压侧（接高压工作阀），黄色（也有绿色）软管接在中间，连接真空泵或制冷剂罐。一般压力表为弹簧管式压力表，既用于显示压力，又用于显示真空度。

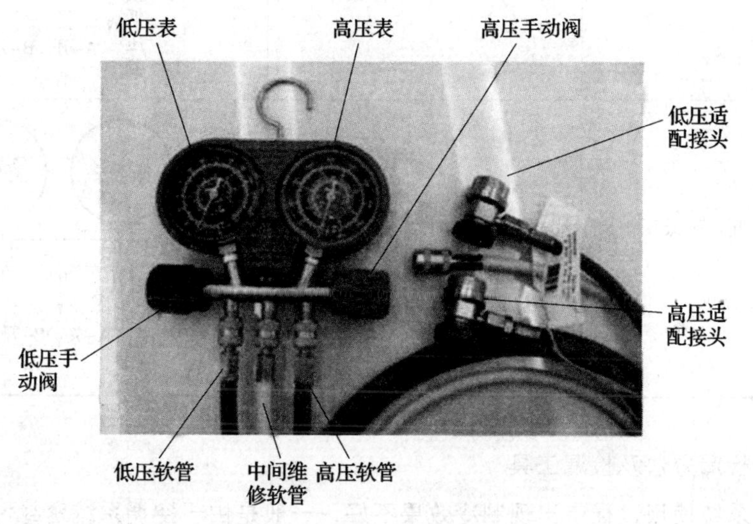

图 2—4　歧管压力表组件

歧管压力表的结构原理及功能见表 2—4。

表 2—4　　歧管压力表结构原理与功能

工作状态	功能	图示
高压手动阀（HI）和低压手动阀（LO）同时关闭	可对高、低压侧压力进行检测	A关　B关 低压表　高压表 A　B 接低压侧　加盖　接高压侧

续表

工作状态	功能	图示
高压手动阀和低压手动阀同时打开	全部管道连通，此时接上真空泵则可对系统进行抽真空	A关 B关 低压表 高压表 A B 接低压侧 加盖 接高压侧
高压手动阀关闭，而低压手动阀打开	可从低压侧加注气态制冷剂	低压表 高压表 A B 接低压侧 A–开 B–开 接高压侧
高压手动阀打开，而低压手动阀关闭	可从高压侧加注液态制冷剂，也可排出制冷剂，使系统放空	低压表 高压表 A B 接低压侧 A–关 B–开 接高压侧

(2) 空调检漏方法及检漏工具

空调制冷系统使用过程中出现制冷效果不好，一般是由于空调系统密封性变差导致制冷剂泄漏引起的，这就需要进行空调制冷系统的检漏。汽车空调系统常用的检漏方法有外观检漏、皂泡检漏、染料检漏、荧光检漏、压力检漏、真空检漏、电子检漏仪检漏、卤素灯检漏等。下面主要介绍几种常用的检漏方法。

1) 外观检漏。观察法检漏是指用眼睛查看制冷系统（特别是制冷系统的管接头）部位是否有冷冻机油渗漏痕迹的一种检漏方法。因制冷剂与冷冻机油可互溶，所以泄漏处必也带油迹，因此，有油迹的部位就必然是泄漏处。

2) 真空检漏。先把歧管压力表高压软管接到空调系统高压维修阀上，再把低压软管接到低压维修阀上，把中间管接到抽真空机上。打开歧管压力表高压手动阀与低压手动阀，启动真空泵，并观察低压表上的真空部分，直到将压力抽真空至 90 kPa 左右，保持一段时间(一般数十分钟)。然后，关闭歧管压力表上的高、低压手动阀，观察真空表压力是否回升，如回升则表示空调系统有泄漏。

注意：

真空检漏不能确定泄漏点。

3）荧光检漏。它是利用荧光检漏剂在紫外检漏灯照射下会发出亮光的原理，对各类系统中的流体渗漏进行检测的。在使用时，只需将荧光剂按一定比例加入系统中，系统运行 20 min 后检测人员戴上专用眼镜，用检漏灯照射系统的外部，泄漏处将呈黄色荧光。

荧光检漏的优点是定位准确，渗漏点可以直接用眼睛看到，而且使用简单，携带方便，代表了汽车空调系统检漏的发展方向。荧光检漏的操作步骤见表 2—5。

表 2—5　　荧光检漏的操作步骤

操作步骤	操作方法及内容	图示
1	正确连接荧光剂瓶与注射管	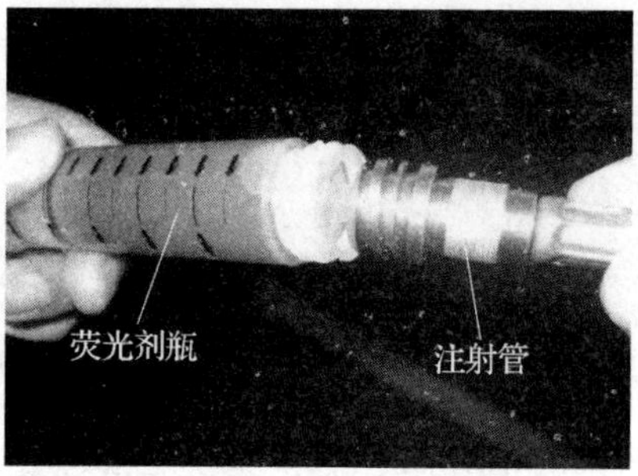 荧光剂瓶　注射管
2	安装荧光剂瓶与注射枪	
3	加注荧光剂，确保管路中无较高压力	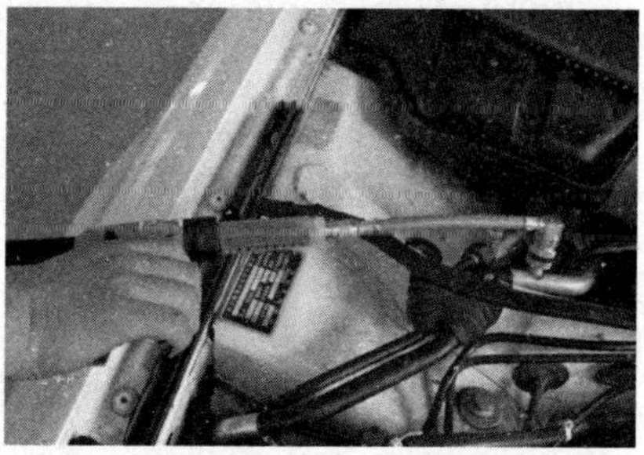

续表

操作步骤	操作方法及内容	图示
4	连接射灯	
5	戴上滤光镜	
6	查找漏点：空调系统运行 20 min 以上，以便荧光剂与制冷剂充分混合	

4）电子检漏仪检漏。电子检漏仪的结构如图 2—5 所示，其使用操作要按照检漏仪生产厂家的说明书进行检查，尽管不同的检漏仪操作步骤可能不同，但其基本操作流程见表 2—6。

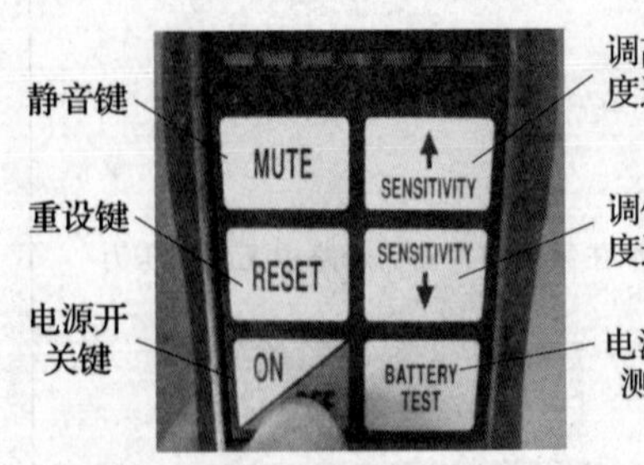

图 2—5　电子检漏仪的结构

表 2—6　　　　电子检漏仪操作使用方法

操作步骤	操作方法及内容	图示
1	按电源键 ON/OFF，开机	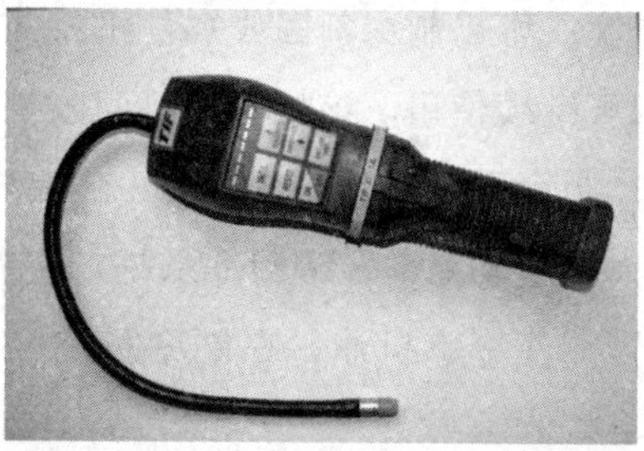
2	调节灵敏度，使第一个 LED 灯点亮，仪器发出低频嘀嘀声	
3	探头指向被检区域（不要接触）若点亮的 LED 灯增多，声音频率增高，则说明有泄漏。当仪器报警时，按重设键 RESET，则此后只在有更高浓度的制冷剂含量时，才会报警。可重复此步骤，直到找到漏源	

（3）真空泵

空调系统初次加注制冷剂前，或拆卸更换系统零部件后，必须对系统进行抽真空操作，然后才能加注制冷剂。抽真空的目的是把系统中的空气和水分排出。抽真空并不能直接把水抽出。而是系统内产生真空后降低了水的沸点，水在较低的温度下沸腾或汽化，以水蒸气形式从系统内抽出。

真空泵是系统抽真空的必备设备。由于在充注制冷剂时小罐中要有剩余，可用真空泵将剩余的制冷剂抽到大罐中，以减少浪费。

真空泵的使用注意事项：

1）检查真空泵冷冻机油液面是否达到规定高度，否则应加注冷冻机油。

2）检查吸、排气管是否畅通。

3）一般中、小型汽车空调维修时所用真空泵的抽气速率为 1.5 m^3/h。

(4) 制冷剂回收加注机

在修理汽车空调的过程中经常要拆开空调系统，如果将制冷剂排入到大气中，既浪费又污染环境；可用制冷剂回收加注机将制冷剂回收，在对制冷剂没有严格要求的场合，回收的制冷剂可继续使用。该机不但可回收制冷剂，还有如下用途：

1）制冷系统抽真空，维修工作完成后，可对制冷系统进行抽真空。

2）加注制冷剂，给制冷系统加注制冷剂。

3）加注冷冻机油，在制冷系统抽真空后，可利用冷媒回收机加注冷冻机油，以便润滑。

4）测量制冷系统压力，可通过面板上的高、低压组合压力表测量系统压力，确定系统中的制冷剂量或判断故障。

各冷媒回收机的回收方法也不一样，结构也不相同，具体操作也有差异，使用时见产品说明书，图 2—6 所示是原 SPX 公司生产的 AC 350C 制冷剂回收加注机的操作流程，图 2—7 所示为其结构。

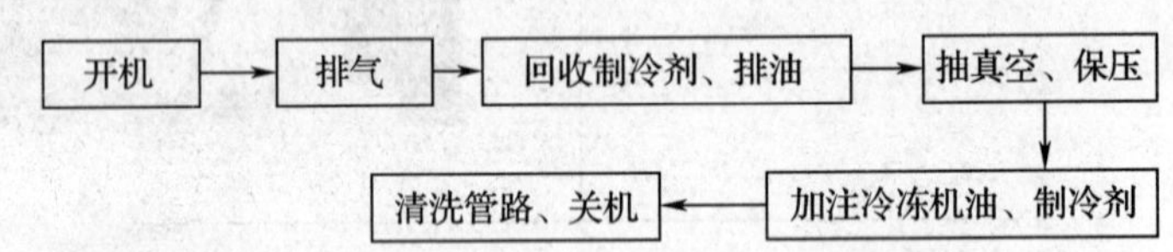

图 2—6 AC 350C 制冷剂回收加注机的操作流程

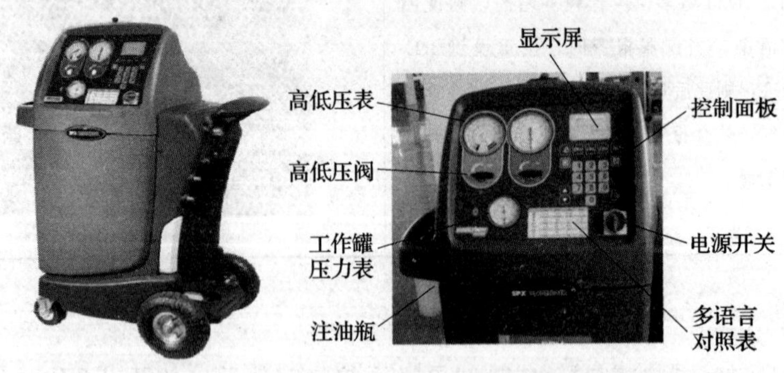

图 2—7 制冷剂回收加注机的结构

(5) 风速计

风速计是专门用于检测出口风量多少的仪器，其外形如图 2—8 所示。

(6) 温度计（见图 2—9）

(7) 制冷剂鉴别仪

使用假冒伪劣制冷剂不仅会严重影响制冷效果，大大降低压缩机的使用寿命，还会严重腐蚀空调管路，是造成系统泄漏的主要原因之一。图 2—10 所示为制冷剂鉴别仪，是专门用来检测制冷剂的真假的，其检测结果及具体含义见表 2—7。

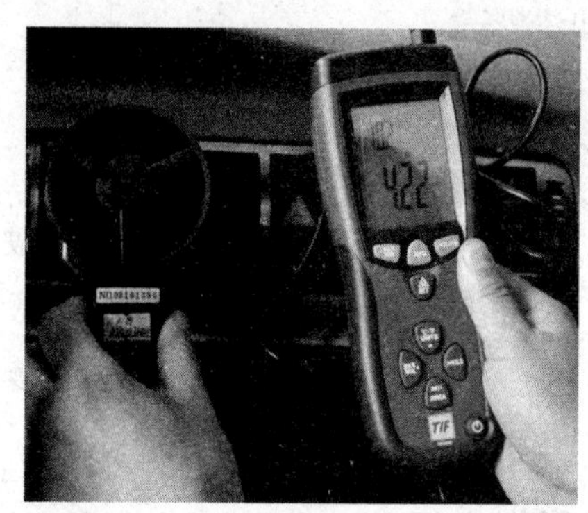

图 2—8　风速计外形及测量

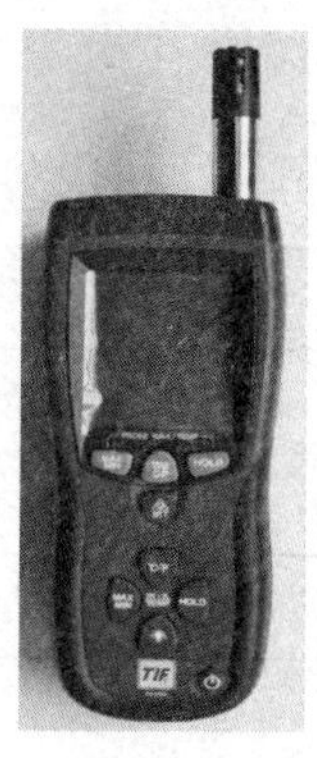

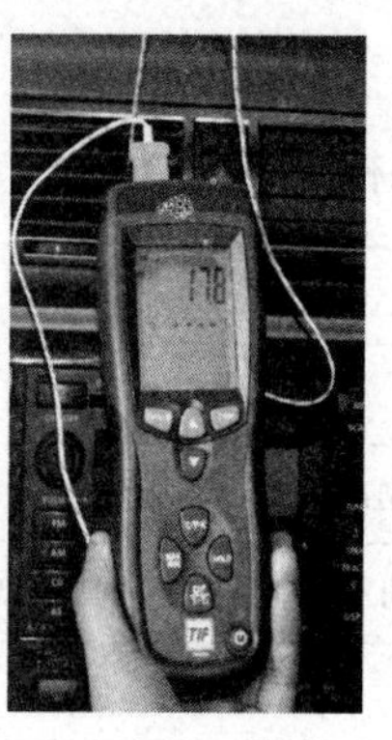

图 2—9　温度计的外形及测量

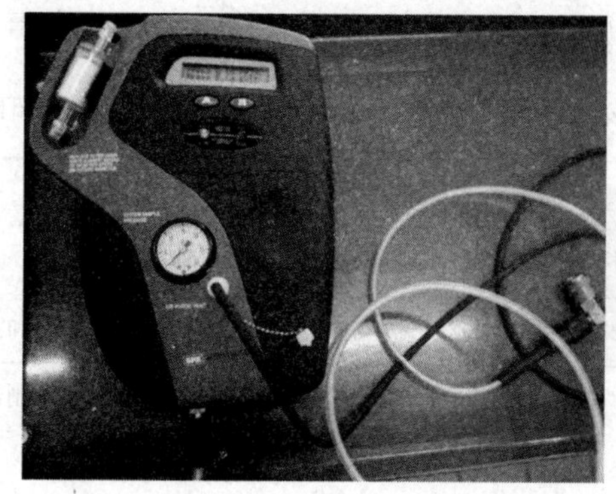

图 2—10　制冷剂鉴别仪

表 2—7　　制冷剂鉴别仪检测结果及含义

序号	内容	含义
1	PASS	说明样品的纯度达到 98%或更高
2	FAIL	说明样品被测定为 R12 和 R134a 的混合物，还将显示 R12、R134a 和空气的百分含量
3	FAIL CONTAMINATED	说明测定的样品有未知制冷剂，如 R22 或碳氢类在混合物中的含量占 4%或更多
4	NO REFRIGERANT-CHK HOSE CONN	说明测定的样品中空气含量达到 90%或更高。通常情况下是因为 R134a 采样管的接头没有打开，采样管没有与样品来源接通，或样品来源中没有制冷剂存在

三、实训操作

1. 实训设备、工具及耗材

整车、传动带张紧器、歧管压力表、制冷剂加注阀、真空泵、空调制冷剂鉴别仪、制冷剂回收加注机等。

2. 安全要求

(1) 遵守实训场地的各项安全制度。

(2) 未经教师同意不得擅自起动或驾驶实训车辆。

(3) 未经教师同意不得擅自动用实训设备和工具。

(4) 在教师的指导下，严格按照实训操作步骤操作。

(5) 爱护实训设备及工具。

3. 实训操作

实训 1：常规检测

(1) 汽车空调制冷系统维修作业注意事项（见表 2—8）。

表 2—8　汽车空调制冷系统维修作业注意事项

序号	注意事项
1	维修车辆前，应该安装车辆防护装置
2	维修空调制冷系统时，要佩戴防护手套和护目镜，防止制冷剂喷出伤人
3	制冷剂不能直接排放到大气中，要使用制冷剂回收加注机把制冷剂进行回收处理，养成环保意识
4	抽真空的时间应该不少于 30 min
5	从高压侧加注制冷剂时，禁止开启空调压缩机
6	禁止用高压水枪直接冲洗冷凝器

(2) 汽车空调制冷系统常规检查（见表 2—9）。

表 2—9　汽车空调制冷系统常规检查

序号	检查内容	检查方法	技术要求
1	检查冷却系统	目视	冷却液位在标准刻度线以上
2	检查风扇及传动带	用传动带张紧器检查	传动带张紧度符合要求
3	检查冷凝器	目视	冷凝器的翅片有无变形、倾倒现象
4	检查真空管路	目视	检查管路有无破损、老化现象
5	检查压缩机及传动带	目视	传动带无损坏，张紧度合适
6	检查制冷剂量	目视	正常时无气泡产生
		压力检测	正常时高、低压侧压力在正常压力范围内
7	检查控制电路	目视	电路各个插头连接良好，无虚接
8	检查软管及连接	目视	各软管无泄漏、弯折现象
9	检查系统运行异味与异响	听、闻	空调系统无异响和异味

(3) 汽车空调制冷剂的检测与鉴别（见表2—10）。

表2—10　　**空调制冷剂鉴别仪操作步骤**

操作步骤	操作内容及要求	操作图示
1	检查采样管口、进气口、净化排气口	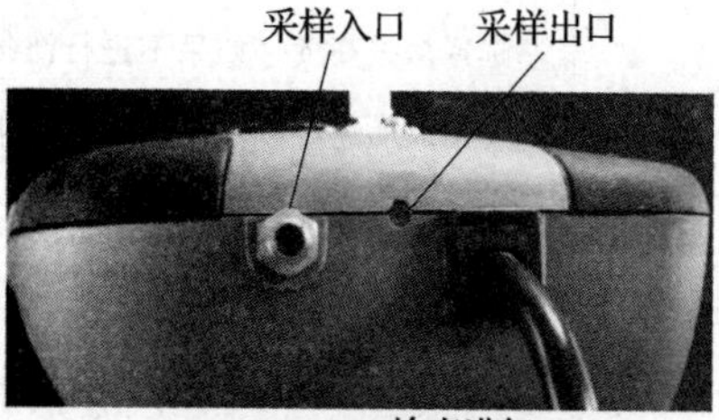 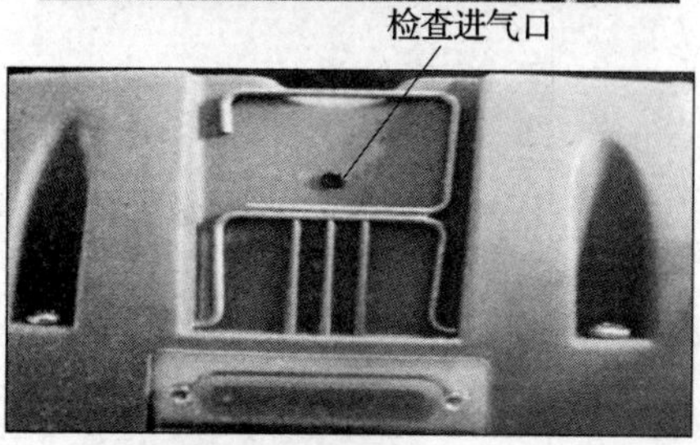 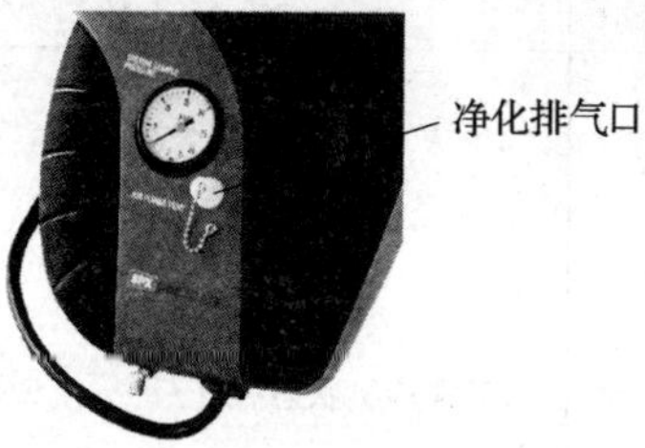 采样入口 采样出口 检查进气口 净化排气口
2	检查过滤器，过滤器不能有红点，若有红点则说明已被污染，需要更换	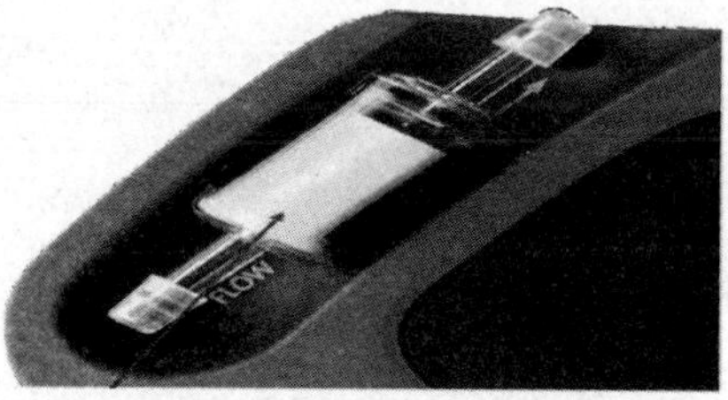
3	把制冷剂鉴别仪电源线连接到电源插座上，自动开机会预热2 min	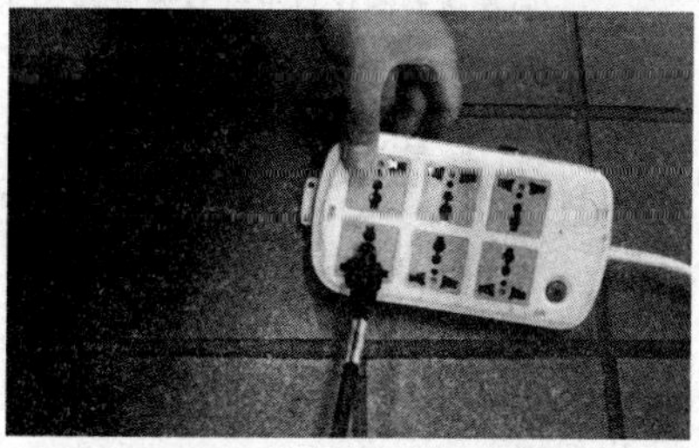

续表

操作步骤	操作内容及要求	操作图示
4	选择海拔高度，如果不进行海拔高度设置，预热完成后将自动进行系统标定	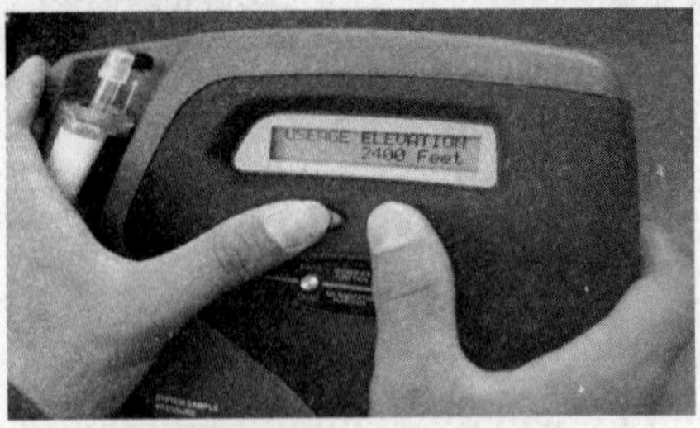
5	预热完成后，系统标定自检，时间为 1 min	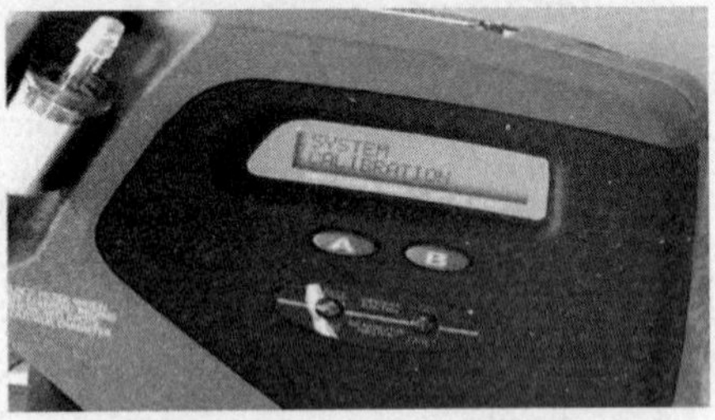
6	正常待机状态	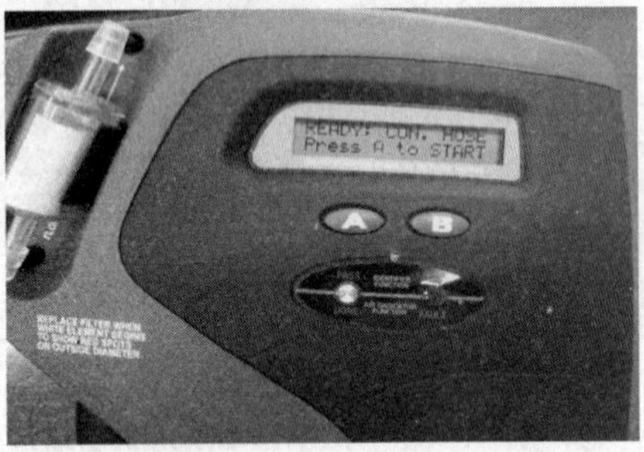
7	连接检测仪与车辆空调管路，注意快速接头的正确连接	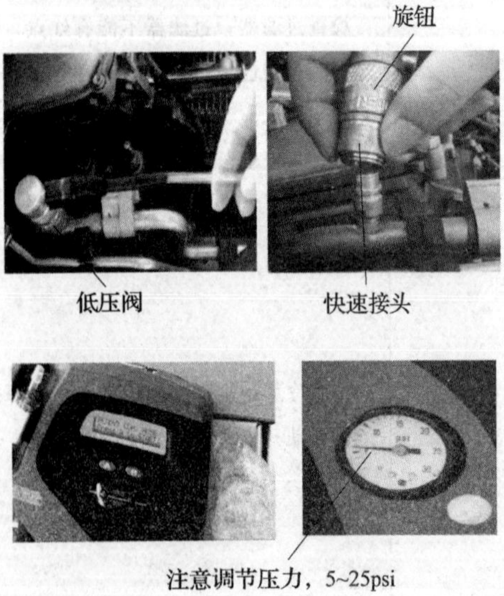 旋钮 低压阀 快速接头 注意调节压力，5~25psi

续表

操作步骤	操作内容及要求	操作图示
8	制冷剂检测，按下 A 开始检测，制冷剂样品流向仪器，检验过程约 1 min	
9	检验过程完成后系统自动显示结果，分析结果保留在显示屏上，直到使用者按下 A 键。检验结果显示说明如下： R134a 为 98.8%　R22 为 1.2% R12 为 0　HC 为 0.0 AIR 为 0.0 PASS：制冷剂纯度达到 98%或更高，检验达标，可以回收	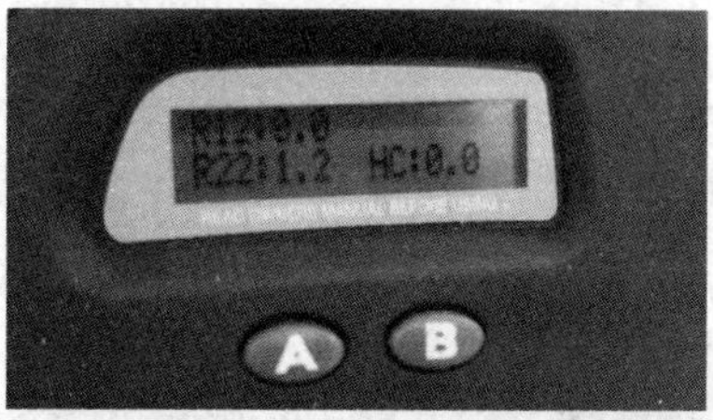 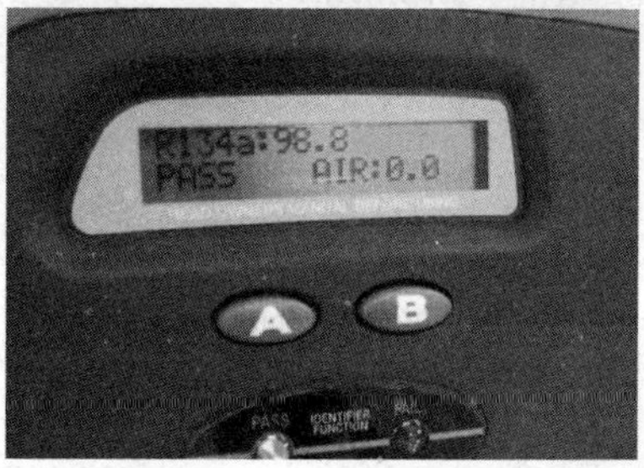

实训 2：汽车空调制冷系统的清扫与补给

汽车空调系统制冷效果不好，如经检查是制冷剂泄漏造成的，就需要对整个制冷系统进行清扫回收、检漏更换并进行加注补给。本训练除使用传统的歧管压力表外，目前多使用制冷剂回收加注机，清扫补给结束后仍需要进行实训项目一的相关检查，最终确认空调系统正常。表 2—11 为运用 AC 350C 制冷剂回收加注机进行制冷系统清扫补给作业操作步骤。

表 2—11　　用制冷剂回收加注机进行制冷系统清扫补给作业流程

操作顺序	操作方法内容	操作图示
1	打开制冷剂回收加注机的电源	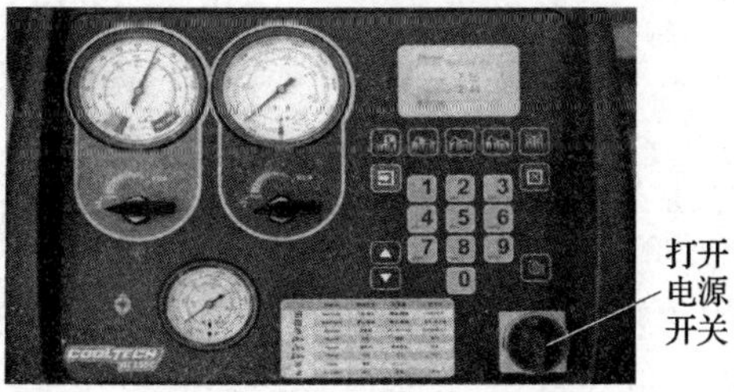 打开电源开关

续表

操作顺序	操作方法内容	操作图示
2	屏幕显示工作罐质量并将回收前的罐重数值记录在作业记录表中 注意：工作罐质量不超过罐体标称质量的 80%	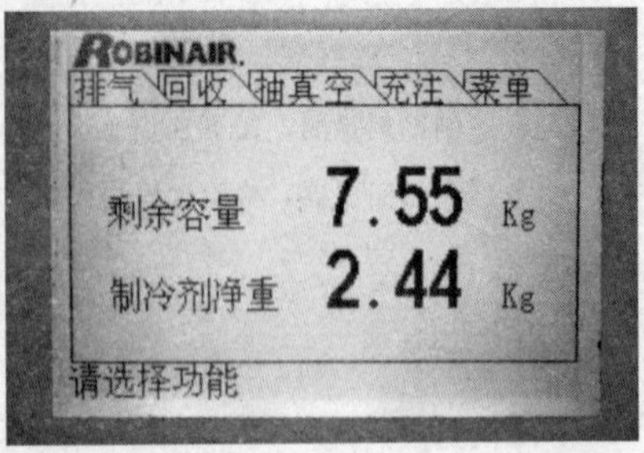
3	启动制冷装置运行 3～5 min	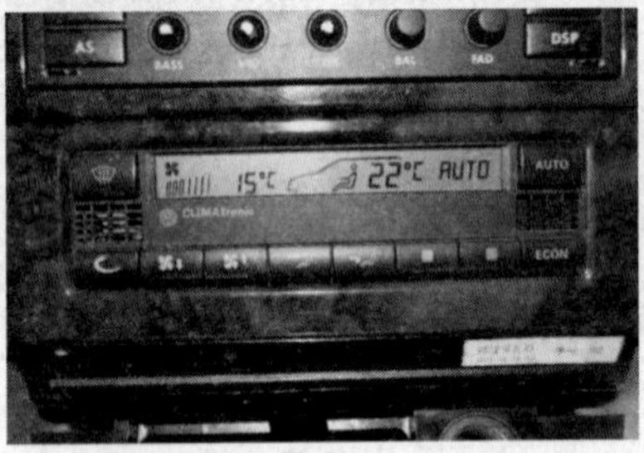
4	按“回收”键，进入回收程序	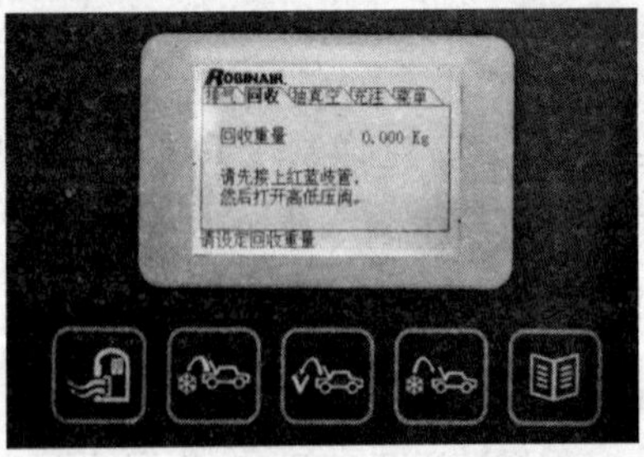
5	选择回收量	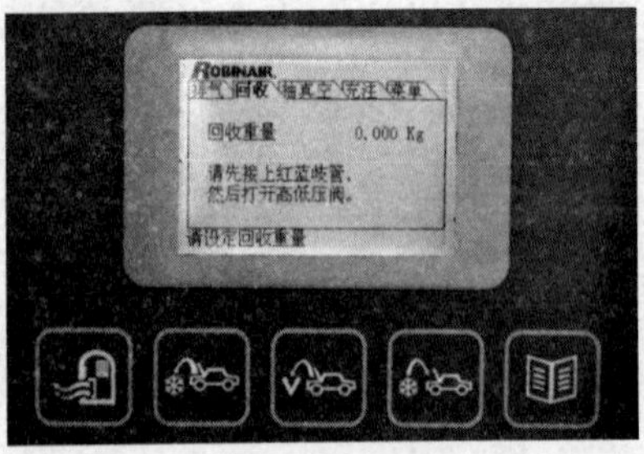

续表

操作顺序	操作方法内容	操作图示
6	连接管路，将高、低压快速接头正确连接至制冷系统的检测接口 注意：顺时针拧开高、低压开关时，速度应慢一些，防止冷冻机油被制冷剂带出系统	  
7	打开仪器上的高、低压阀	
8	设备自动启动，进入自动清理管路功能	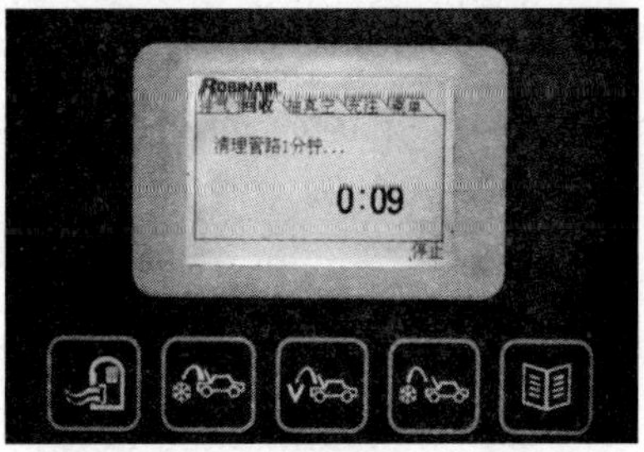

续表

操作顺序	操作方法内容	操作图示
9	进行制冷剂回收 在回收过程中，应不断地观察压力表指针，当压力到达负压时，压缩机在抽真空。应及时按“取消”键，停止回收，防止损坏回收机中的压缩机	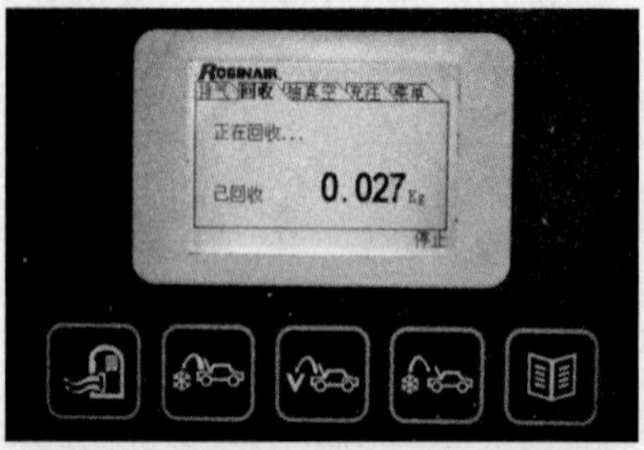 
10	回收结束后，显示回收的制冷剂量，仪器准备进行排废油	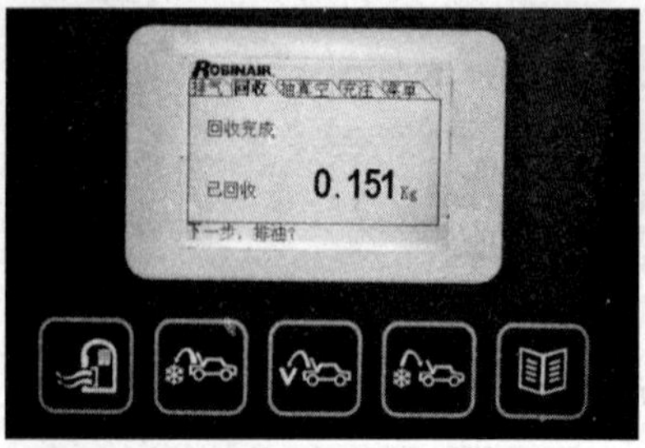
11	排油瓶表面有刻度，查看排油瓶内的废油液面并记录	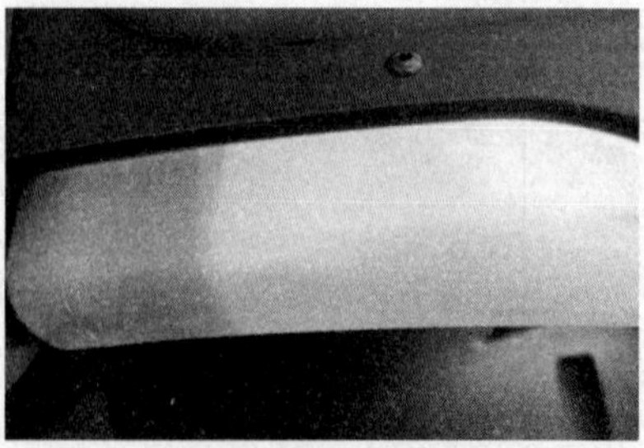

续表

操作顺序	操作方法内容	操作图示
12	显示仪器正在排废油	 ROBINAIR. 排气 回收 抽真空 充注 菜单 正在排油... 已排油 0:03
13	关闭控制面板上的高、低压阀门	
14	等待一段时间，待废油无气泡后，查看排油瓶废油液面并记录，计算出排出的冷冻机油量（废油） 冷冻机油回收量＝回收后的液面－回收前的液面	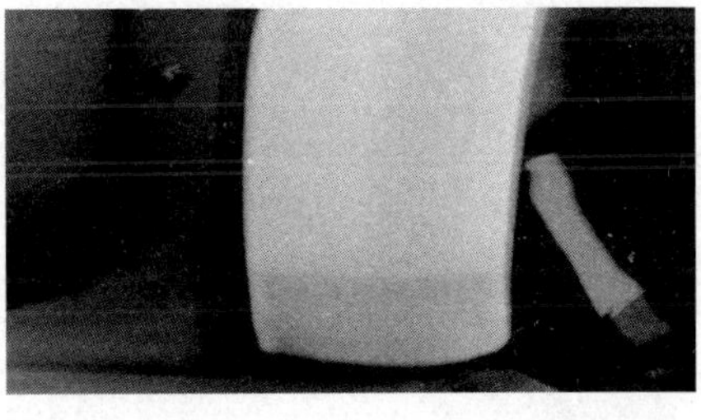
15	查看回收后工作罐质量并记录 制冷剂回收量＝回收后的罐重－回收前的罐重	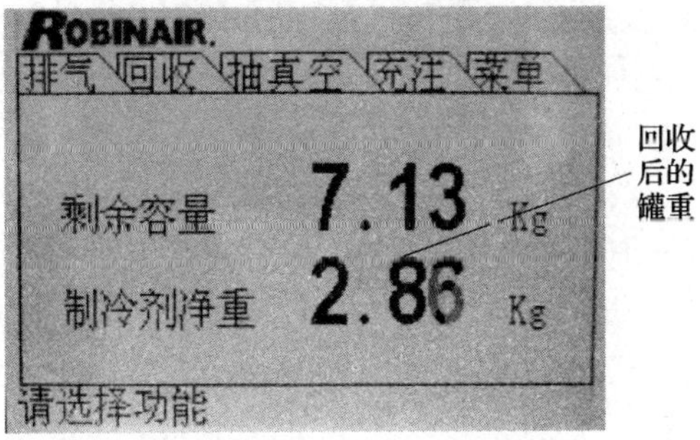 ROBINAIR. 排气 回收 抽真空 充注 菜单 剩余容量 7.13 Kg 制冷剂净重 2.86 Kg 请选择功能 回收后的罐重

续表

操作顺序	操作方法内容	操作图示
16	选择“抽真空”键	
17	按数字键选择抽真空时间。在达到要求的真空度时，应继续抽真空操作，持续时间应不少于 15 min。以充分排除制冷装置中的水分	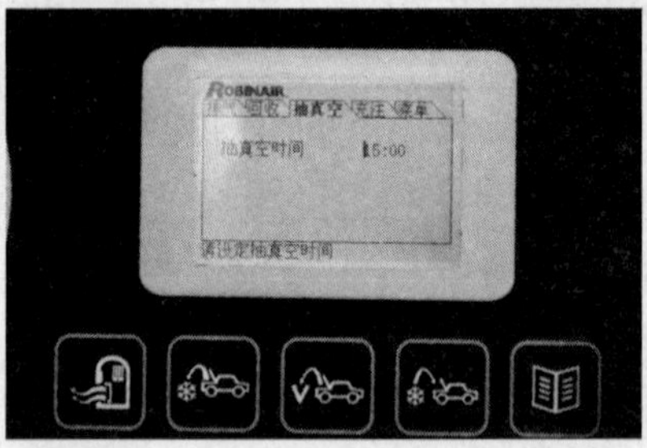
18	打开高、低压阀	
19	抽真空至系统真空度低于－90 kPa 在抽真空时，仪器同时进行工作罐中制冷剂的净化	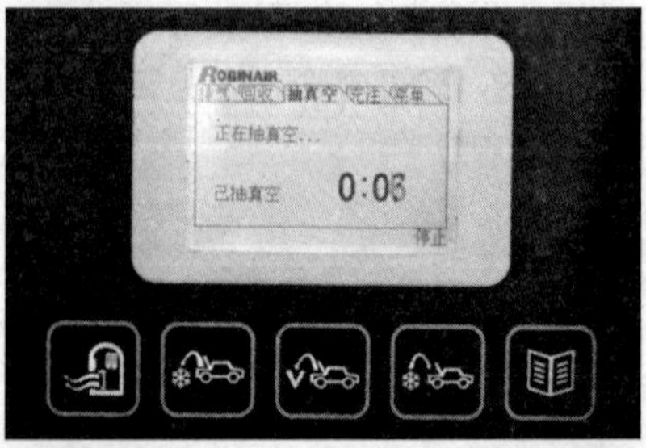 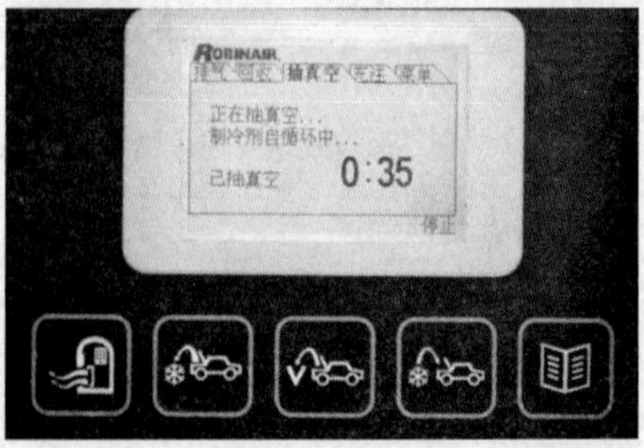

续表

操作顺序	操作方法内容	操作图示
20	抽真空时间到后，仪器自动停止真空泵的工作 按“确认”键，仪器对系统进行泄漏检测 注意：观察高、低压表，表针应无回升	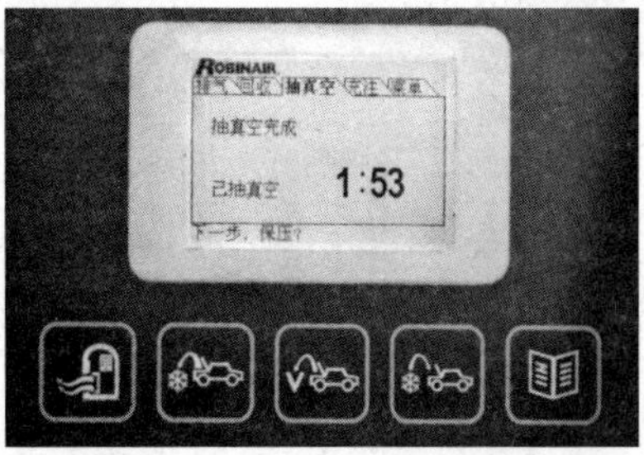 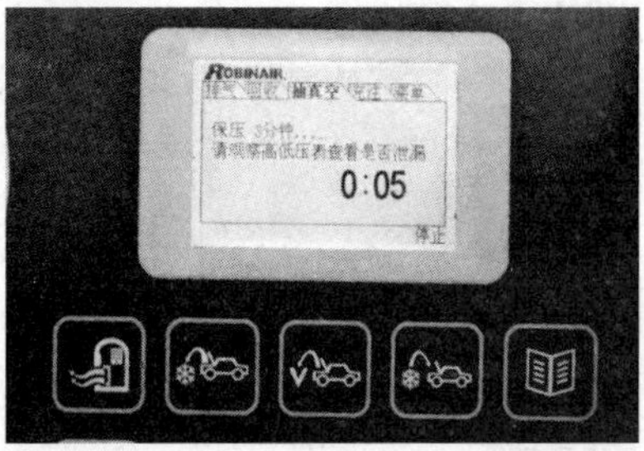
21	检漏结束，准备加注冷冻机油 计算补充量，建议补充量为排出量+20 mL	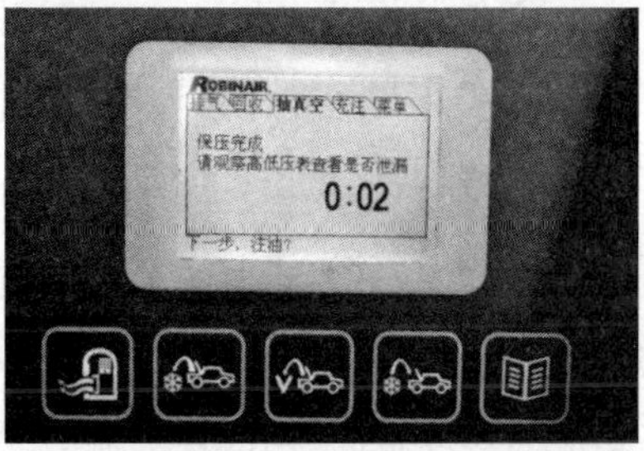
22	加注冷冻机油，采用单管加注，所以关闭低压阀（防止冷冻机油进入压缩机），打开高压阀 在加注过程中，必须一直观察注油瓶内的液面，达到补充量后及时按“确认”键，暂停加注冷冻机油，确认加注量达到要求后，按“取消”键结束加注冷冻机油 查阅《车辆使用手册》或数据库，确认制冷装置中制冷剂的类型及加注量	 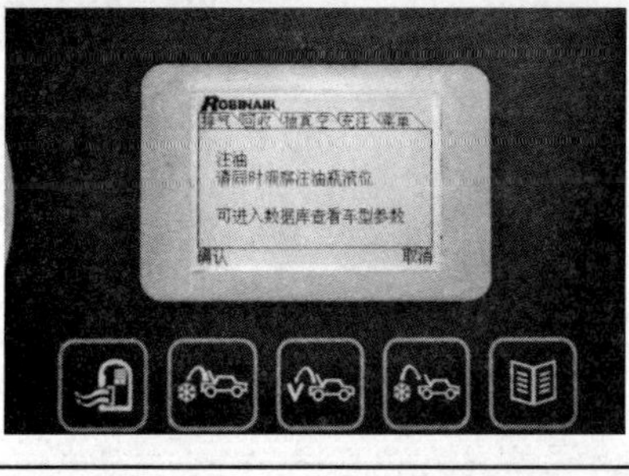

续表

操作顺序	操作方法内容	操作图示
		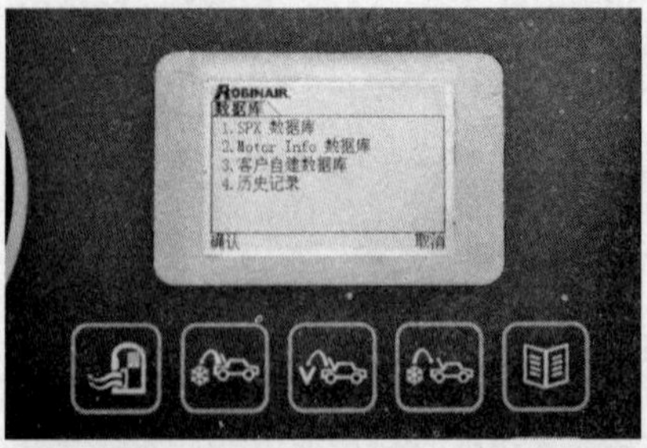 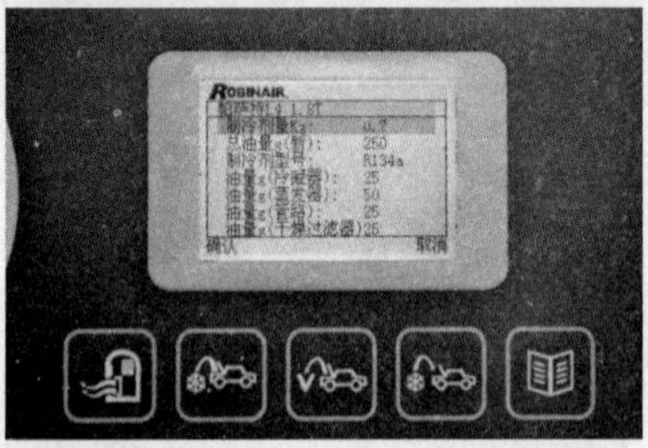 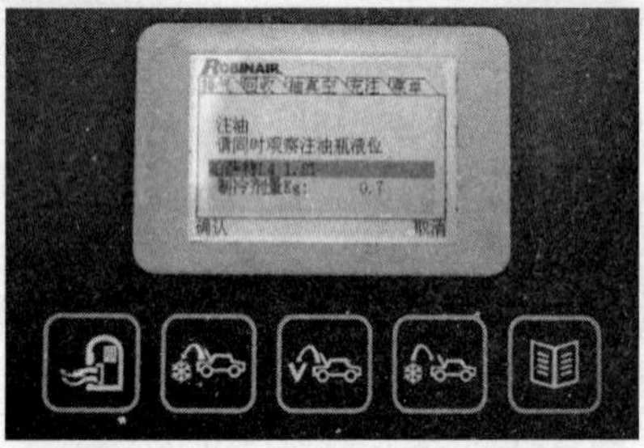 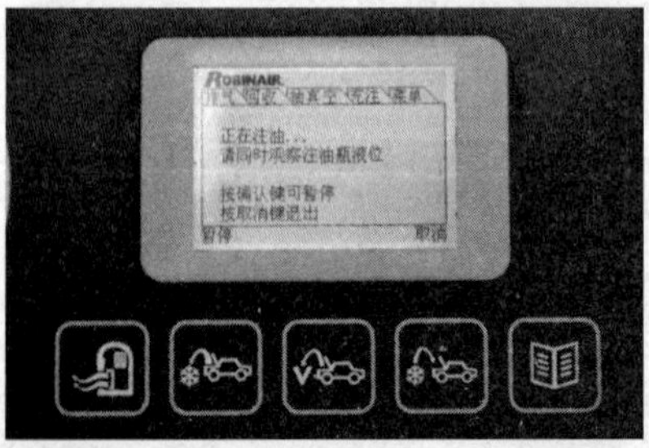 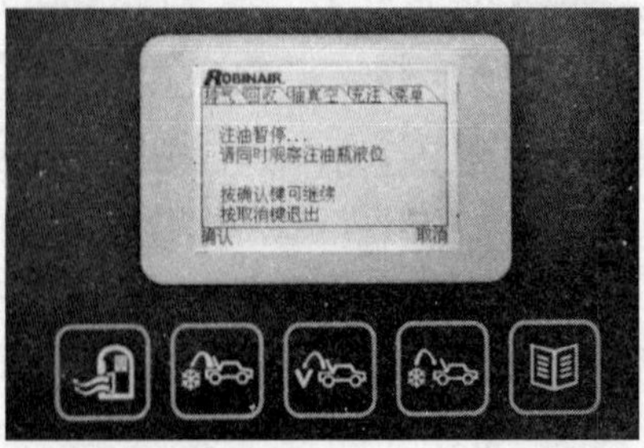

续表

操作顺序	操作方法内容	操作图示
23	加注冷冻机油结束，准备加注制冷剂	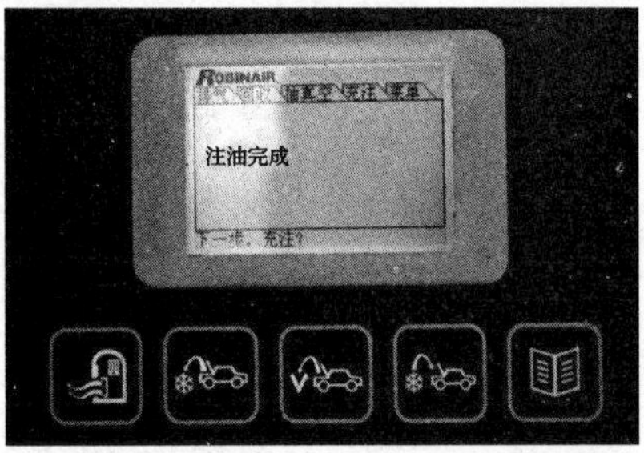
24	按“确认”键，进入制冷剂“充注”界面	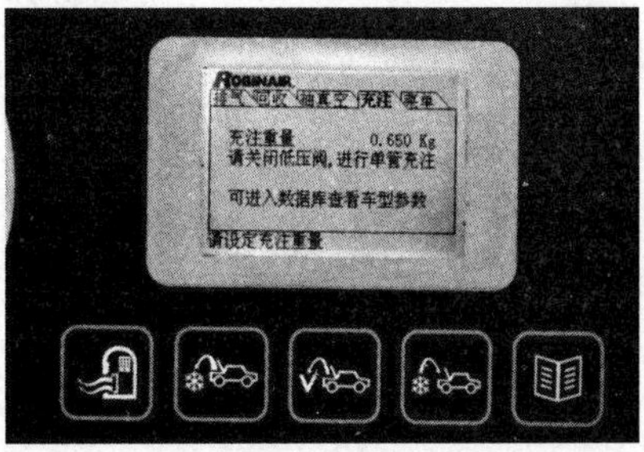
25	根据提示，按“确认”键开始加注制冷剂	
26	加注结束，根据界面显示，逆时针旋转高压快速接头，将加注管与制冷系统断开，准备对管路进行清理	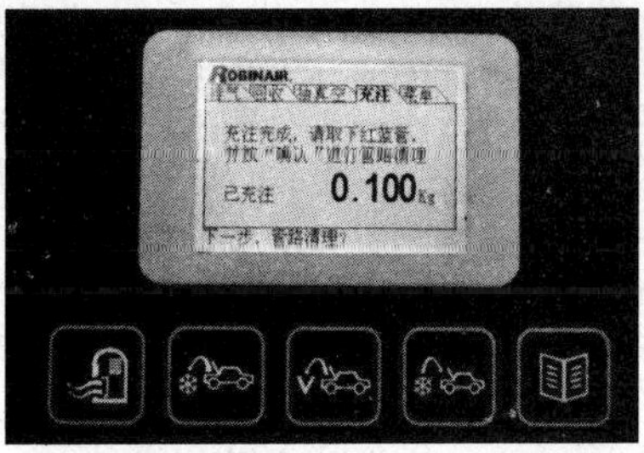

续表

操作顺序	操作方法内容	操作图示
27	按“确认”键进行管路清理 仪器对管路清理后，按“确认”键退出	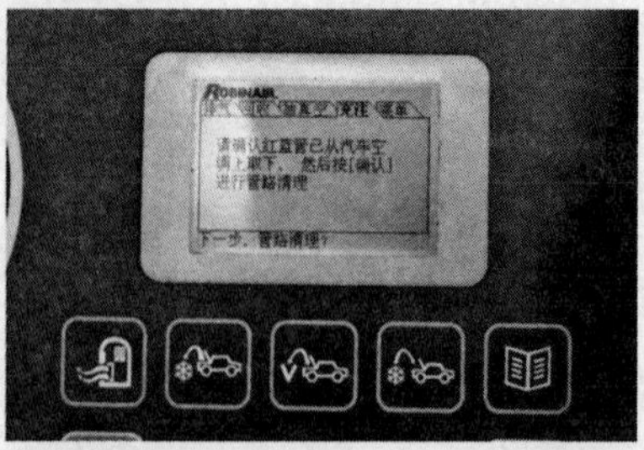 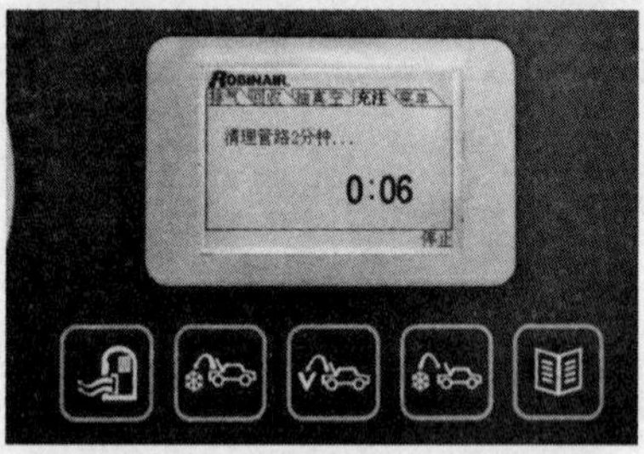 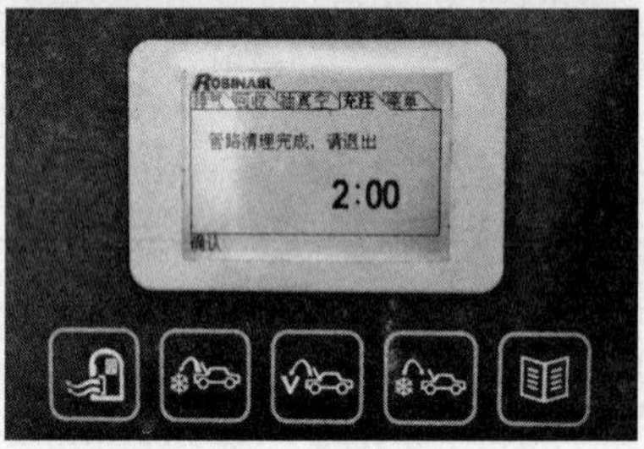

四、评价分析

学习活动过程评价表见表 2—12。

表 2—12　　学习活动过程评价表

班级		姓名		学号		日期	年　月　日
序号	评价要点				配分	得分	总评
1	能在教师的指导下完成车辆防护装置安装，并能正确识别空调类型				5		A□（86～100） B□（76～85） C□（60～75） D□（60 以下）
2	能查阅资料，写出汽车空调维修的注意事项				5		
3	能识别汽车空调各维修设备的名称及功用				10		
4	能描述汽车空调各维修设备的使用方法				20		

续表

序号	评价要点	配分	得分	总评
5	能正确完成汽车空调的常规检查	5		
6	能查阅资料，利用空调维修设备规范完成汽车空调的清扫补给作业	15		
7	能进行空调维修设备的检查与日常维护	10		
8	能遵守劳动纪律，以积极的态度接受工作任务	10		
9	能积极参与小组讨论，发挥团队合作精神	10		
10	能及时完成教师布置的任务及工作	10		
总分		100		
小结建议				

五、知识拓展

用歧管压力表检测制冷系统压力

歧管压力表是维护汽车空调系统最重要的工具，无论是系统抽真空，加注制冷剂，添加冷冻机油，还是系统故障的检查和排除都离不开它。

运用歧管压力表检测压力时，把歧管压力表的高、低压管分别接到制冷系统的高、低压维修接口上，关闭歧管压力表组手动高、低压阀。开启空调，发动机转速为 2 000 r/min，鼓风机以最高转速旋转和制冷选用最强挡的条件下，制冷系统的正常工作压力见表 2—13。通过测量制冷系统的压力来判断制冷系统的故障，具体判断方法见表 2—14。

表 2—13　制冷系统正常压力值

环境温度（℃）	发动机不运转时制冷剂循环压力（kPa）	发动机运转时制冷剂循环压力（kPa）	
		高压	低压
15	390	—	—
20	470	—	—
25	550	—	—
30	660	1 050～1 250	100～150
35	750	1 350～1 550	150～200
40	880	1 450～1 810	200～250
45	980	1 850～2 530	250～300

表 2—14　空调制冷系统检测压力异常状态及原因

序号	压力表异常状态	原因及结论
1	高压高，低压高	制冷剂过量，不能充分发挥制冷效果
2	高压高，低压低	管路不畅
3	高压低，低压高	由压缩机内部密封不良或阀门渗漏等原因导致压缩机性能不良
4	高压低，低压低	制冷剂量不足

项目三　空调制冷系统主要部件的检修

一、学习目标

1. 能描述空调制冷系统主要部件的功用、结构及工作原理。

2. 能查阅维修手册规范完成制冷系统主要部件的检测与拆装更换。

二、相关知识

在项目二汽车空调制冷系统的检查与补给中，已经学习了制冷系统的组成和工作原理。对制冷系统工作原理进行分析，理解制冷系统五个主要部件压缩机、冷凝器、储液干燥器(集液器)、节流装置、蒸发器工作性能的好坏将对空调的制冷效果产生很大的影响。本项目将重点讲述制冷系统的五个组成部件的作用及工作原理。

1. 压缩机的功用、结构与原理

(1) 压缩机的功用

压缩机作为制冷系统中必不可少的部件，主要作用是压缩气态制冷剂，使其达到饱和冷凝压力，并使制冷剂在系统内保持不断循环，达到制冷的目的。压缩机转动时，将蒸发器内产生的低温低压气态制冷剂吸入并压缩成为高温高压气态制冷剂，然后排到冷凝器中。

(2) 空调压缩机的类型和工作原理

根据工作原理的不同，空调压缩机可以分为定排量压缩机和变排量压缩机。

定排量压缩机的排气量是随着发动机的转速的提高而成比例提高的，它不能根据制冷的需求而自动改变功率输出，而且对发动机油耗的影响比较大。它的控制一般通过采集蒸发器出风口的温度信号，当温度达到设定的温度，压缩机电磁离合器松开，压缩机停止工作。当温度升高后，电磁离合器接合，压缩机开始工作。定排量压缩机也受空调系统压力的控制，当管路内压力过高时，压缩机停止工作。

变排量压缩机可以根据设定的温度自动调节功率输出。空调控制系统不采集蒸发器出风口的温度信号，而是根据空调管路内压力的变化信号控制压缩机的压缩比来自动调节出风口温度。在制冷的全过程中，压缩机始终是工作的，制冷强度的调节完全依赖装在压缩机内部的压力调节阀来控制。当空调管路内高压端的压力过高时，压力调节阀缩短压缩机内活塞行程以减小压缩比，这样就会降低制冷强度。当高压端压力下降到一定程度，低压端压力上升到一定程度时，压力调节阀则增大活塞行程以提高制冷强度。

根据工作方式的不同，压缩机一般可以分为往复式和旋转式，常见的往复式压缩机有曲轴连杆式、摆盘式和斜板式，常见的旋转式压缩机有旋转叶片式和涡旋式。

1）曲轴连杆式压缩机。曲轴连杆式压缩机是第一代产品，目前仍然大量应用在公共汽车和旅游汽车上。曲轴连杆式压缩机对制冷剂蒸气的压缩是通过活塞在气缸内往复运动来完成的，它的动力通过带轮从发动机输入。压缩机的工作过程由压缩、排气、膨胀、吸气四个过程组成。

图 3—1 所示为曲轴连杆式压缩机结构，清楚表达出压缩机的各零件的位置和它们之间的装配关系。

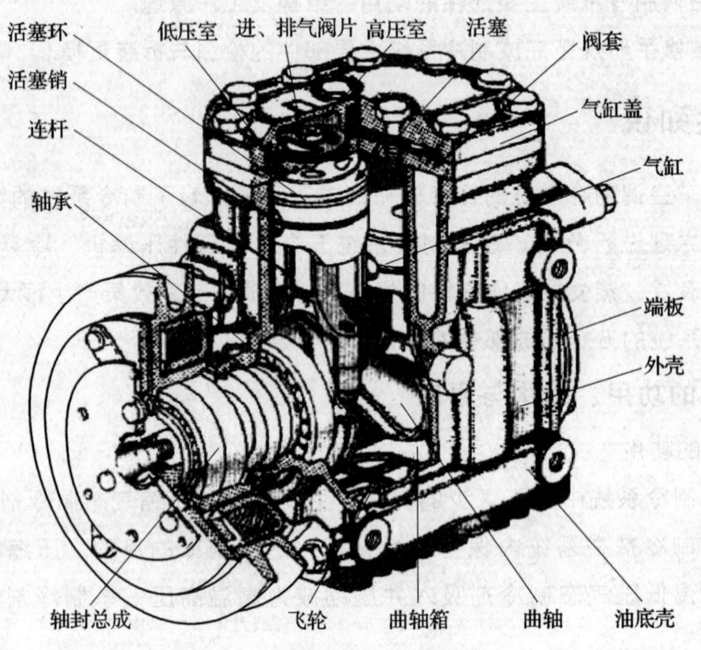

图 3—1　曲轴连杆式压缩机结构

2）摆盘式压缩机。该类压缩机与曲轴连杆式压缩机一样，如图 3—2 所示，均有进、排气阀片，工作循环也具有压缩、排气、膨胀、吸气四个过程。

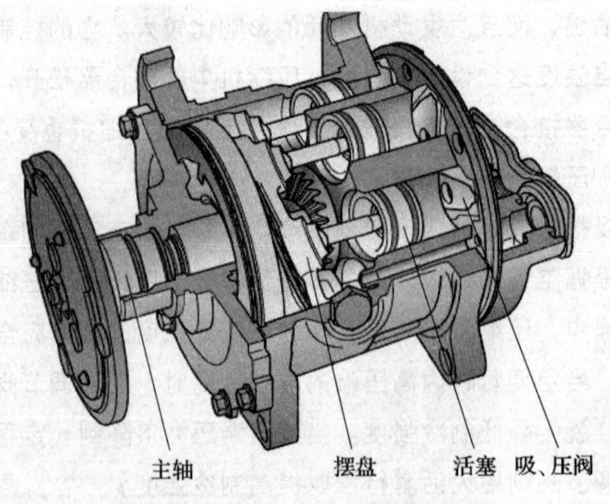

图 3—2　摆盘式压缩机结构

其工作原理如图 3—3 所示，当压缩机主轴带动端面凸轮旋转时，端面凸轮推动摆盘左右摆动，从而带动摆盘另一端的活塞左右移动，主轴每转动一周，一个气缸便要完成上述的压缩、排气、膨胀、吸气的一个循环。一般一个摆盘配有 3～5 个活塞。这样，相应的 3 个（5 个）气缸在主轴转动一周时，就有 3 次（5 次）排气过程。

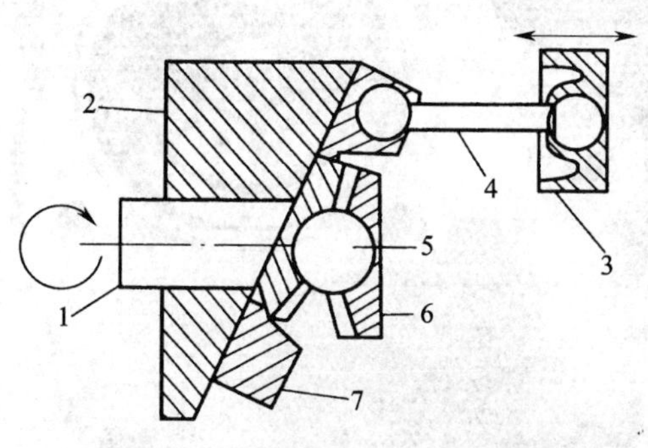

图 3—3　摆盘式压缩机工作原理

1—压缩机主轴　2—楔形传动板　3—活塞　4—连杆

5—支承钢球　6—防转锥齿轮副　7—摆盘

3）斜板式压缩机。斜板式压缩机的主要零件有缸体、前后缸盖、前后阀板、活塞、斜板和主轴。大多数斜板式压缩机的活塞被制成双头活塞，如图 3—4 所示，双头活塞在相对的气缸中一前一后地滑动，一端活塞在前缸中压缩制冷剂蒸气时，另一端活塞就在后缸中吸入制冷剂蒸气。斜板与压缩机主轴固定在一起，斜板的边缘装合在活塞中部的槽中，活塞槽与斜板边缘通过钢球轴承支承。当主轴旋转时，斜板也随着旋转，斜板边缘推动活塞做轴向往复运动。如果斜板转动一周，前后两个活塞各完成压缩、排气、膨胀、吸气一个循环，相当于两个气缸工作。

图 3—4　斜板式压缩机的斜板与活塞

斜板式压缩机比较容易实现小型化和轻量化，而且可以实现高转速工作。它结构紧凑，效率高，性能可靠，在实现了可变排量控制之后，目前广泛应用于汽车空调。

4）旋转叶片式压缩机。旋转叶片式压缩机的气缸形状有圆形和椭圆形两种。如图 3—5

所示，在圆形气缸中，转子的主轴与气缸的圆心有一个偏心距，使转子紧贴在气缸内表面的吸、排气孔之间。在椭圆形气缸中，转子的主轴和椭圆中心重合。

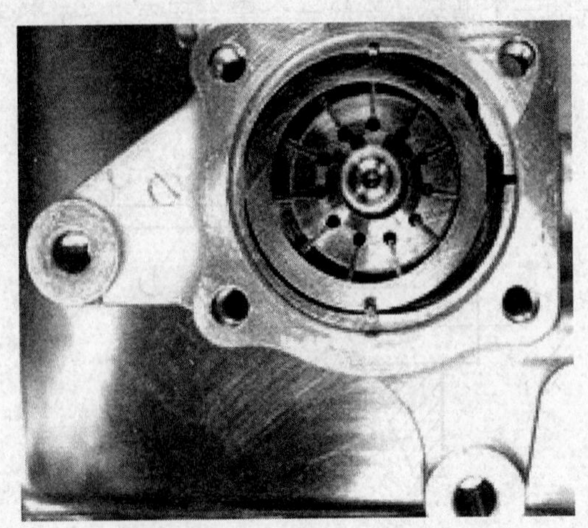

图 3—5　旋转叶片式压缩机

转子上的叶片将气缸分成几个空间，当主轴带动转子旋转一周时，这些空间的容积不断发生变化，制冷剂蒸气在这些空间内也发生体积和温度上的变化。旋转叶片式压缩机没有吸气阀片，因为叶片能完成吸入和压缩制冷剂的任务。如果有两个叶片，则主轴旋转一周有两次排气过程。叶片越多，压缩机的排气波动就越小。

5）涡旋式压缩机。涡旋式压缩机的结构如图 3—6 所示，工作原理如图 3—7 所示，一对相同形式的涡旋盘相互成 180°啮合装配在一起，一个固定在机体上称为涡旋定盘，一个在偏心轴带动下偏心旋转称为涡旋动盘。动盘和定盘线性接触形成四个腔，外腔与吸气口相通，始终处于吸气过程；内腔与排气口相通，始终处于排气过程。两盘间的两个封闭腔，一个完成吸气和开始压缩；另一个完成压缩和开始排气，只要再旋转，即完成排气过程。吸气、压缩、排气三个过程同时在四个腔内进行。

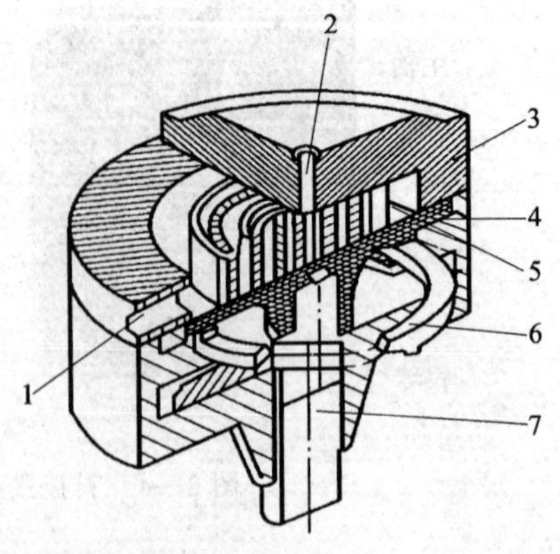

图 3—6　涡旋式压缩机的结构

1—进气口　2—排气口　3—涡旋定盘　4—涡旋动盘

5—缸体　6—涡旋盘端面密封　7—偏心轴

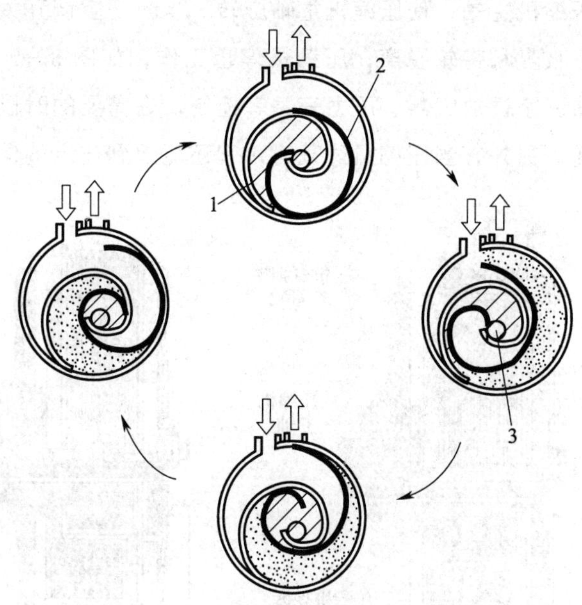

图 3—7　涡旋式压缩机的工作原理

1—涡旋定盘　2—涡旋动盘　3—排气口

(3) 压缩机电磁离合器的作用、结构和原理

1) 电磁离合器的作用。汽车空调压缩机是发动机通过带轮驱动的。电磁离合器的作用是控制压缩机和发动机带轮之间的动力连接。电磁离合器可以按照空调控制面板调整或系统指令的要求使压缩机工作或停止。

2) 电磁离合器的结构。电磁离合器一般都是由吸盘、带轮总成和电磁线圈三个部分组成，如图 3—8 所示。

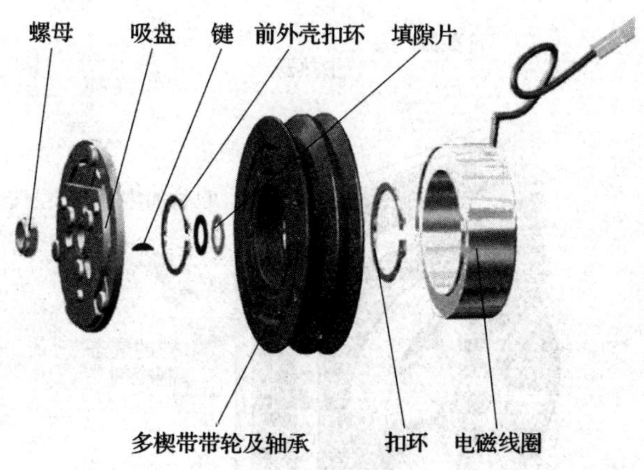

图 3—8　压缩机电磁离合器结构

3) 电磁离合器的工作原理。电磁线圈固定在压缩机的外壳上，从吸盘通过花键与压缩机的主轴相连接，带轮通过轴承安装在压缩机前端盖，可以自由转动。当空调开关接通时，电流通过电磁离合器的电磁线圈，电磁线圈产生电磁吸力，使压缩机的吸盘与带轮结合，将

发动机的扭矩传递给压缩机主轴，使压缩机主轴旋转。当断开空调开关时，电磁线圈的吸力消失，在弹簧片作用下吸盘和带轮脱离，压缩机停止工作，如图 3—9 所示。电磁离合器工作受空调开关、温控器、空调放大器、压力开关等控制，在需要的时候接通或切断发动机与压缩机之间的动力传递。另外，当压缩机过载时，它还能起到一定的保护作用。

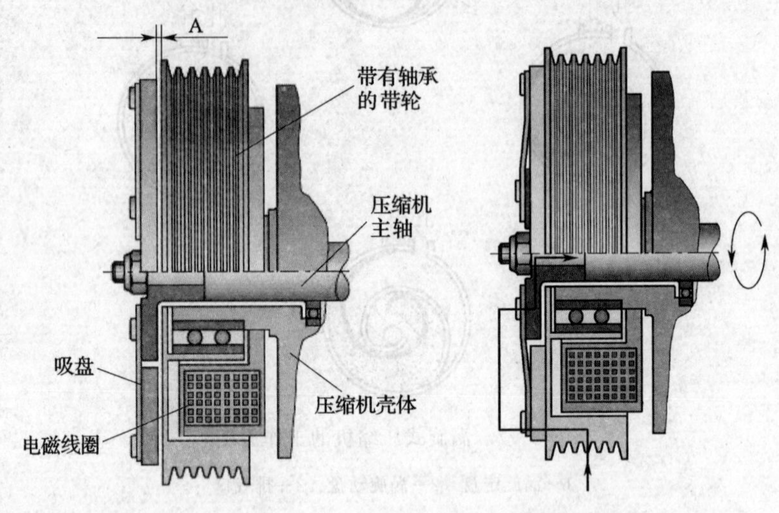

图 3—9　电磁离合器工作原理

2. 冷凝器的结构与原理

(1) 冷凝器的作用、安装位置和工作原理

冷凝器的作用是将来自压缩机的高温高压的气态制冷剂散热冷凝成为中温高压的液态制冷剂。如图 3—10 所示，冷凝器一般都安装在散热器的前方，这样可以提高冷凝器的散热效率。

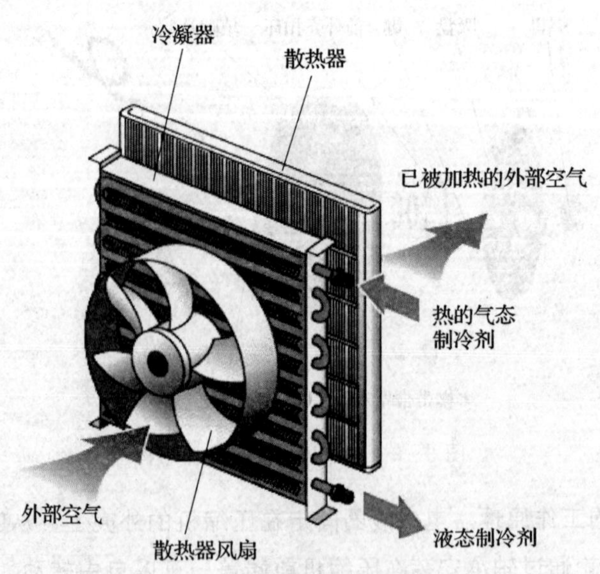

图 3—10　冷凝器的安装位置及工作原理

其工作原理是将从压缩机出来的高温高压气态制冷剂压入到冷凝器的上部，冷凝器的蛇形管和金属薄片会吸收热量，温度较低的外部空气穿过冷凝器会吸收热量，于是气态制冷剂就冷却变成了液态制冷剂，从而使制冷剂液化，完成制冷过程的冷凝。

冷凝器内的热交换通过空气冷却的方式来完成。这种冷却是由行车产生的风和散热器风扇来实现的。在大多数情况下，接通空调的同时风扇就开始工作了。如果冷凝器散热不好，会有大量的制冷剂以气态的形式离开冷凝器，会严重影响制冷效果。

(2) 冷凝器的结构与类型

冷凝器由迂回的蛇形管构成，该管与薄金属片刚性连接在一起，这样就可获得较大的散热面积和更好的热传递效果。在接通空调装置后，冷凝器由散热器风扇来冷却，以保证制冷循环的正常工作。冷凝器的类型见表 3—1。

表 3—1　　冷凝器的类型

形式	特点	图示
管片式	管片式冷凝器由安装在一系列薄散热片上的制冷剂螺旋管组成 它是汽车空调中早期采用的一种冷凝器，制造工艺简单 该种冷凝器由于散热效果差，已经被淘汰	铜管 进口 翅片 出口
管带式	管带式冷凝器一般是将扁管弯成蛇形，在其中安装三角形的翅片或其他类型的散热片 这种冷凝器的传热效率比管片式冷凝器提高了15%～20%	
平行流式	平行流式冷凝器由集流管、扁管、波形散热翅片以及连接管组成，是专为 R134a 提供的一种新型冷凝器 这种冷凝器的传热效率比管带式冷凝器又提高了30%～40%，轿车上广泛使用	

3. 蒸发器的结构与原理

(1) 蒸发器的结构与工作过程

如图 3—11 所示，蒸发器也是一个热交换器，其作用是将经过膨胀阀节流降压后低温低压的雾状制冷剂气吸热汽化，使之成为低温低压的气体，被压缩机吸入。轿车空调的蒸发器一般都安装在仪表台内。

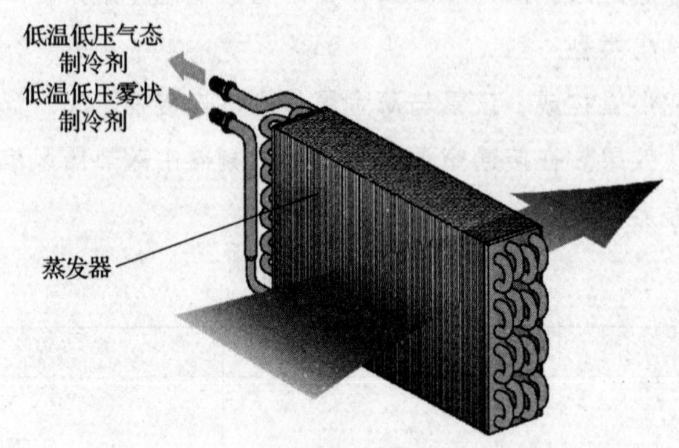

图 3—11　蒸发器外形及功用

其工作过程是将膨胀阀喷出的雾状制冷剂在蒸发器中蒸发汽化，这时，热空气被鼓风机强迫通过蒸发器，空气中的热量被汽化的制冷剂吸收，使空气降温。这样，冷空气被送入车内，从而达到降低车内空气温度的目的。

蒸发器还有除湿的功能，冷却的空气中的水分在低于露点温度处会聚集在一起，也就是说冷凝了，于是产生了冷凝水，结果空气就被“脱水”了（变干燥了)。这就可明显改变车内的温度和空气质量。除了水分要聚集到蒸发器上以外，空气中的悬浮物也会聚集到蒸发器上。因此，蒸发器还会“净化”空气。车辆在停止时，车下可能出现一些冷凝水，这并不是有故障。

(2) 蒸发器的类型

蒸发器与其他零部件构成了蒸发箱总成，轿车一般将蒸发箱布置在仪表盘右下侧；面包车、中型客车经常采用车内吊顶式蒸发箱总成。蒸发器的类型一般有管片式、管带式、层叠式三种，见表 3—2。

表 3—2　　蒸发器的类型

形式	特点	图示
管片式	管片式蒸发器由安装在一系列薄散热片内的制冷剂螺旋管组成	

续表

形式	特点	图示
管带式	管带式蒸发器由多孔扁管、蛇形散热铝带及散热片组成	
层叠式	层叠式蒸发器由两片冲压形成的铝板叠在一起组成制冷剂通道，每两片之间夹有蛇形散热铝带	正面　侧面

4. 储液干燥器的结构和作用

如图 3—12 所示，储液干燥器是与膨胀阀配套使用的，安装在系统的高压侧，主要作用有储存、干燥、过滤制冷剂，还可以防止气态的制冷剂进入蒸发器。

储液干燥器主要由输液管、过滤网和干燥剂等组成，有的储液干燥器上还装有压力开关和视液镜。现在轿车上，为了减少管路，储液干燥器直接跟冷凝器制成为一体。

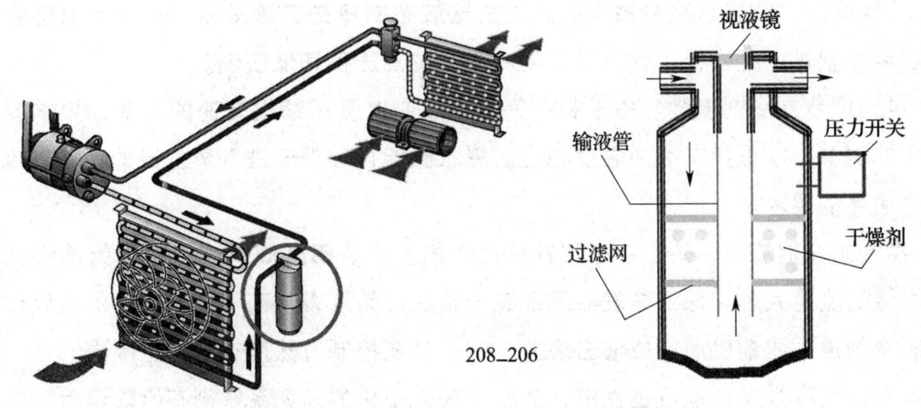

图 3—12　储液干燥器的安装位置和结构

在空调制冷系统类型中有一种孔管系统，由于该系统所采用的节流部件为孔管，所以这种系统采用的“储液干燥器”叫作集液器，又称气液分离器，安装在蒸发器和压缩机之间，如图 3—13 所示。集液器配合孔管系统使用，主要作用是使制冷剂充分汽化，保证压缩机不产生液击；同时起干燥、过滤制冷剂的作用。

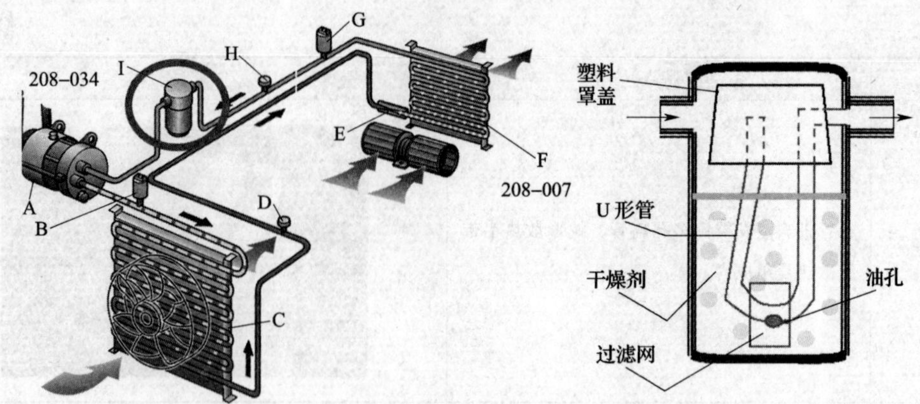

图 3—13 集液器的安装位置和结构图

A—压缩机 B—高压开关 C—冷凝器 D—高压维修接口 E—孔管

F—蒸发器 G—低压开关 H—低压维修接口 I—集液器

其工作情况是：制冷剂从集液器上部进入，液态制冷剂落入容器底部，气态制冷剂积存在上部，并经上部进气管进入压缩机。在容器底部，出气管弯处装有带小孔的过滤器，允许少量的积存在管弯处的冷冻机油返回压缩机，但液体制冷剂不能通过，因而要用特殊过滤材料。一般情况下，集液器均不能检修，如发现故障，应更换相同型号的新件。

5. 节流装置的作用与原理

节流装置控制了高压制冷剂液体进入蒸发器的流量，使制冷系统分为高压侧和低压侧，这样高压液态制冷剂进入低压侧膨胀汽化，达到吸热降温作用。常用的节流装置有膨胀阀和孔管两种。

(1) 膨胀阀的作用

1) 节流降压。它将从冷凝器来的高温高压液态制冷剂节流降压，成为容易蒸发的低温低压雾状制冷剂进入蒸发器，即分开了制冷系统的高压侧和低压侧。

2) 自动调节制冷剂流量。由于制冷负荷的改变以及压缩机转速的改变，要求制冷剂流量做相应的调节，以保持车厢内温度稳定。膨胀阀能自动调节进入蒸发器的制冷剂流量，以满足制冷循环的要求。

3) 控制制冷剂流量、防止液击和异常过热的发生。膨胀阀以感温包作为感温元件控制进入蒸发器的流量大小，保证蒸发器尾部有一定的过热度，从而保证蒸发器的有效作用，避免液态制冷剂进入压缩机而造成液击现象，同时又能控制过热度在一定范围内。

汽车空调制冷系统在运行过程中，其冷负荷是变化的。如系统刚开始降温时，车内的温度较高，这时就将蒸发温度升高，要求进入蒸发器的制冷剂流量增大；而当车内温度较低时，使进入蒸发器的流量减少，膨胀阀就是根据制冷负荷的变化自动调节其流量。

(2) 膨胀阀的类型

膨胀阀根据其外形不同，常见的有 F 型和 H 型两种。其中 F 型根据平衡方式不同又分为内平衡式和外平衡式两种。图 3—14 所示为各种膨胀阀的外形。

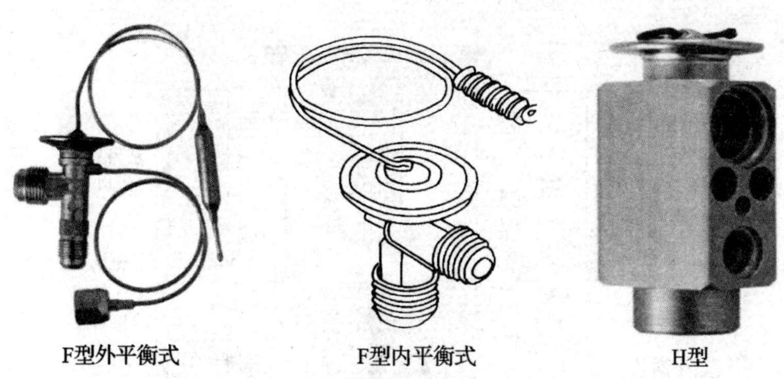

图 3—14　膨胀阀的类型

(3) 膨胀阀的工作原理

尽管膨胀阀的类型不同，但是其工作原理几乎相同。图 3—15 所示为外平衡式膨胀阀，当蒸发器中温度稳定时，感温包的压力、弹簧压力及蒸发器内制冷剂压力处于平衡状态，球阀 5 处于静止状态，制冷剂的流量稳定。

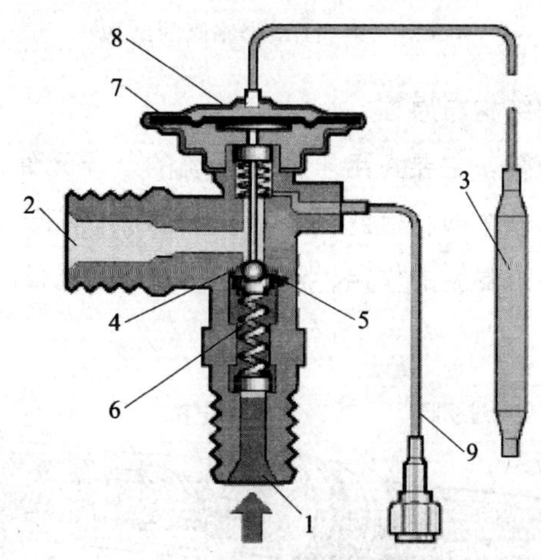

图 3—15　F 型膨胀阀的结构

1—制冷剂进口　2—制冷剂出口　3—感温包　4—测量小孔　5—球阀
6—弹簧　7—膜片　8—制冷剂　9—压力补偿管

当蒸发器温度升高时，其出口温度上升，感温包压力上升从而克服弹簧压力的作用，使球阀下移，阀门开度增大，制冷剂流量增大。

当蒸发器温度降低时，其出口温度下降，弹簧压力大于感温包压力，球阀上移，阀门开度减小，制冷剂流量减小。

H 型膨胀阀的工作原理如图 3—16 所示，当感温包感测到蒸发器出口的温度过低时，感温包内部的感温气体收缩，从而带动膜片和推杆上移，使膨胀阀的开度减小；反之，当蒸发器出口的温度过高，感温包内部的感温气体膨胀，从而带动膜片和推杆下移，使膨胀阀的开度增大。

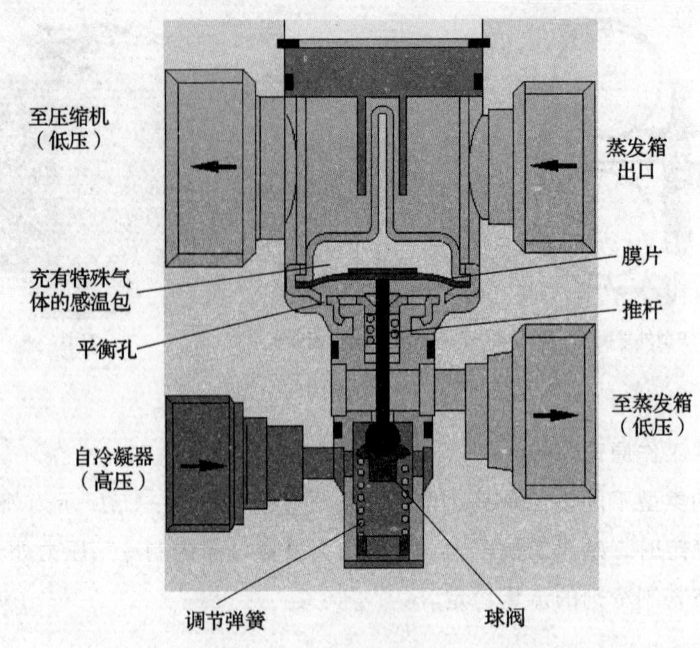

图 3—16　H 型膨胀阀的结构

(4) 孔管式节流装置的结构与原理

孔管又称节流管、膨胀管，主要为用于孔管系统的节流元件，它没有感温包、平衡管，而是由一个小孔节流元件和一个网状过滤器组成。与膨胀阀相比，其结构简单，可靠性好，价格便宜，但是孔管只有节流膨胀的作用，没有调节制冷剂流量的功能。其结构和外形如图 3—17 所示。

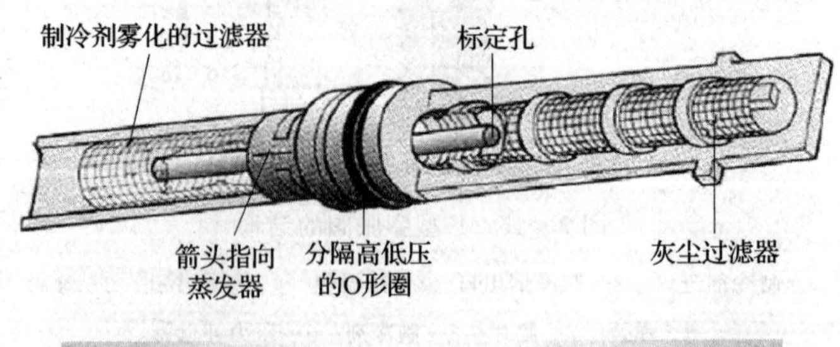

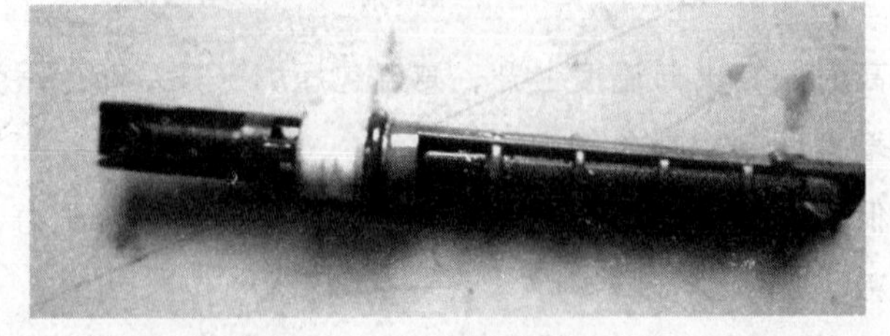

图 3—17　节流孔管的结构和外形

三、实训操作

1. 实训设备、工具和耗材

整车、摆盘式压缩机、斜板式压缩机、拆装工具、外卡簧钳、回收机、万用表、抹布、塞尺或深度尺等。

2. 安全要求

(1) 遵守实训场地的各项安全制度。

(2) 未经教师同意不得擅自起动或驾驶实训车辆。

(3) 未经教师同意不得擅自动用实训设备和工具。

(4) 未经教师同意不得擅自动用实训车辆。

(5) 在教师的指导下，严格按照实训操作步骤操作。

(6) 爱护实训设备和工具。

3. 实训操作

实训 1：压缩机的检查与更换

压缩机是空调系统的心脏，也是运动零件最多的一个部件，它的维修量和维修难度也是最大的。其常见故障有卡死、泄漏、不制冷、噪声大等。出现故障时不要盲目拆检压缩机，一定要查清故障原因后才能拆检压缩机。压缩机的种类和型号很多，但维修内容、注意事项、维修过程大致相同。

(1) 压缩机的就车更换

压缩机就车拆装步骤见表 3—3，不同轿车稍有变化，但主要流程一致。

表 3—3　　压缩机就车拆装步骤（以 Passat 为例）

顺序	拆装内容	图示
1	拆下电磁离合器电源线及搭铁线	
2	使用制冷剂加注回收机回收空调制冷管路中的制冷剂	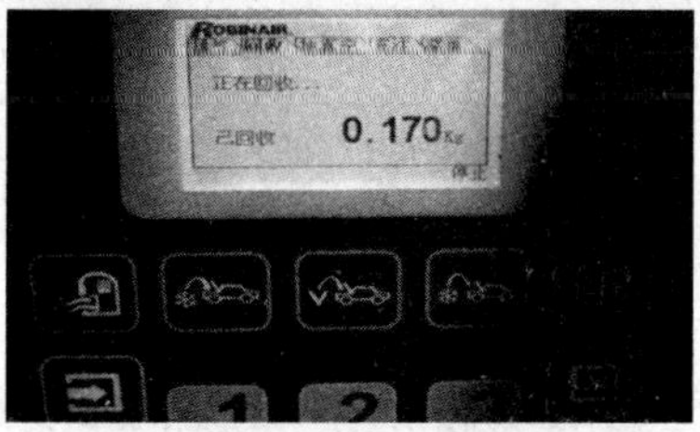

续表

顺序	拆装内容	图示
3	松开压缩机传动带张紧器螺母	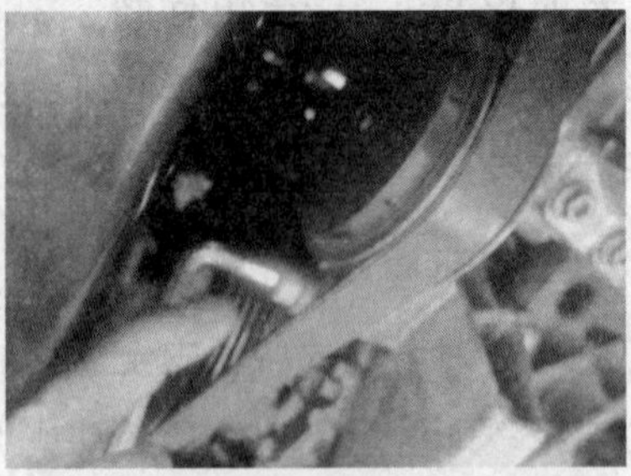
4	拆下压缩机三角带	
5	拆下压缩机和空调管路的连接螺母，将高、低压管从压缩机进、排气口卸下，并及时用盖子或堵头将接口封堵，防止湿气和异物进入压缩机	
6	松开压缩机的固定螺栓，取下压缩机	
7	安装顺序按照与拆卸顺序相反的步骤进行	

(2) 压缩机的检查

根据实训室现有轿车和压缩机完成表 3—4 的填写。

表 3—4　　压缩机的检查

检查项目	检查方法及标准	检查记录及结论
1. 检查传动带	检查压缩机传动带是否松紧度正常或磨损 如果压缩机传动带松紧度异常，应重新调整；如果出现磨损，应进行更换	
2. 检查电磁离合器	检查电磁离合器是否吸合或打滑 如果电磁离合器不吸合，应检查电磁线圈本身或控制电路；如果电磁离合器打滑，应更换电磁离合器总成	
3. 检查压缩机是否卡死	检查压缩机是否有卡死现象 如果压缩机有卡死现象，应更换压缩机总成	
4. 检查高、低压接头及油封	检查压缩机高、低压接头和油封是否有泄漏 如果压缩机高、低压接头有泄漏，应更换 O 形密封圈；如果压缩机油封有泄漏，应更换压缩机总成	
5. 检查是否有异响	检查压缩机是否有异响 如果压缩机有异响，应更换压缩机总成	

(3) 压缩机电磁离合器的拆检

以斜盘式压缩机为例，表 3—5 为压缩机电磁离合器的拆检步骤。

表 3　5　　压缩机电磁离合器的拆装与检查步骤

步骤	拆检项目及要求	图示
1	拆卸压缩机吸盘的中心螺母	
2	取下吸盘 检查吸盘（前压板）是否变形，摩擦表面是否有因过热和打滑而引起的刮痕，如有，应更换带轮总成；检查摩擦表面有无油垢或脏污，如有应清洗干净	

续表

步骤	拆检项目及要求	图示
3	用外卡簧钳取下带轮固定卡簧 检查卡簧是否变形，如有变形应进行更换	
4	取下带轮总成 检查带轮轴承是否松旷，转动是否平稳、无杂声，如有损坏应及时更换	
5	用外卡簧钳取下电磁线圈固定卡簧	
6	取下电磁线圈；用万用表检查线圈阻值及绝缘性，阻值应在维修手册中规定值范围内（一般压缩机电磁线圈的阻值在4 Ω左右） 阻值为无穷大说明电磁线圈断路，阻值过小说明线圈短路。过大或过小都会导致压缩机不正常或打滑	
7	安装按与拆卸相反的步骤进行，安装时注意电磁线圈定位销要装到前端盖的定位孔中（电磁线圈安装完是固定的，不应转动），否则，电磁线圈转动将会使电磁线圈的外接引线缠绕，从而导致引线断路损坏电磁线圈	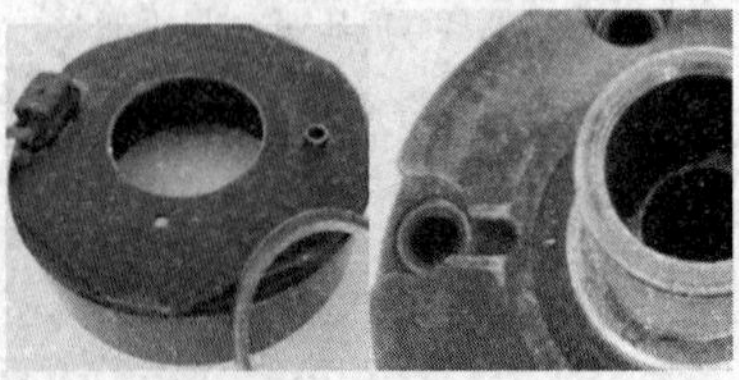

续表

步骤	拆检项目及要求	图示
8	安装完毕后，用塞尺或深度尺检查吸盘与带轮之间的间隙，离合器间隙一般在 0.3～0.6 mm 之间，如不合适应进行调节（根据需要增减垫片）	

实训 2：冷凝器和蒸发器的检修

(1) 冷凝器的拆卸（见表 3—6）

表 3—6　　冷凝器就车拆装作业（以 Passat 为例）

步骤	拆检项目及要求	图示
1	拆下前保险杠	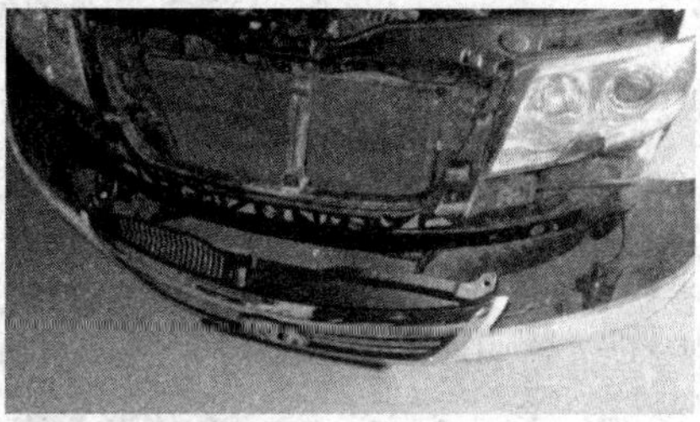
2	拆下前围支架	
3	使用制冷剂加注回收机回收空调制冷管路中的制冷剂	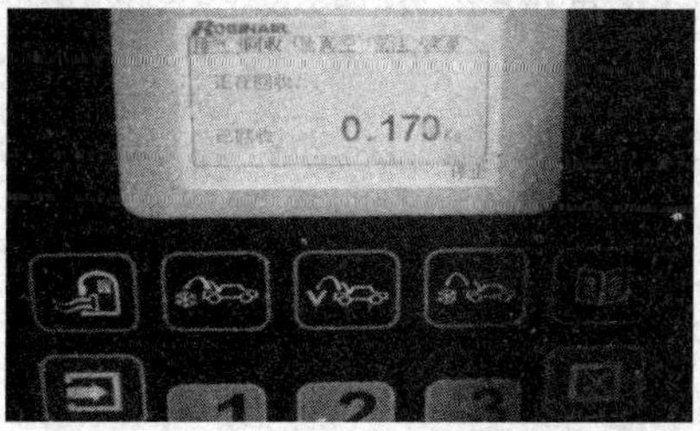

续表

步骤	拆检项目及要求	图示
4	松开冷凝器与制冷剂管路的两个连接螺母	
5	取下冷凝器两侧的导风件	 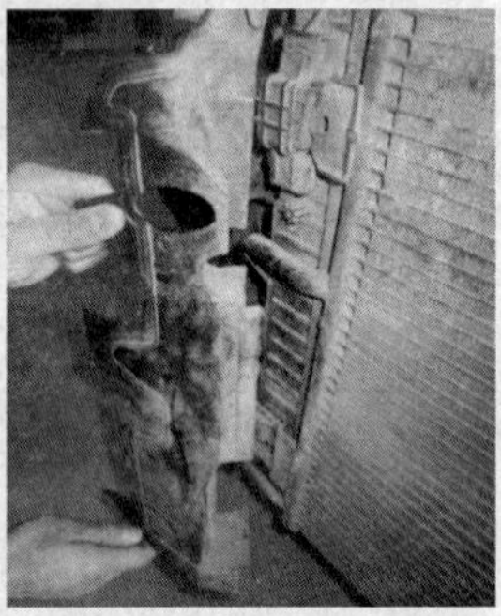
6	松开冷凝器两侧的定位销及定位元件	 
7	从定位支座上取下冷凝器	

(2) 冷凝器的检修

以现有实训设备检修冷凝器，并填写冷凝器的检修记录（见表3—7）。

表3—7　　冷凝器检修记录表

检查内容（项目）	检查方法及注意事项	检查记录及结论
检查冷凝管道	如表面有污垢和杂物，可先用水清洗后再用压缩空气吹干，但要注意防止水进入盘管里面	

续表

检查内容（项目）	检查方法及注意事项	检查记录及结论
检查散热片表面	如有脏污堵塞，可先用水冲洗再用压缩空气吹干，一些碎屑可用硬毛刷子刷掉 要注意防止因清洗而弄坏散热片；如果散热片弯曲变形，可用尖嘴钳或一字螺钉旋具校正；如严重变形，应更换新件	
检查冷凝器管道	如破损，应焊补修复，但要注意尽量少损坏其附近的散热片；检查管道接头，如果其螺纹损坏，则应更换新件	
检查泄漏	冷凝器修复后，应进行泄漏检查，合格后，方可装车使用	
检查管路连接	在未连接管接头前，不要长时间打开管口的保护盖，以免潮气进入。从压缩机排出的制冷剂，必须由冷凝器上部管口进入，冷凝成液态的制冷剂则沿下方管口流出进入储液干燥器，冷凝器上下接口位置绝对不能接反	

(3) 蒸发器的检查与更换

1) 蒸发器的拆装步骤

①用专门的回收设备回收制冷剂 R134a。

②拆卸仪表板。

③拆卸副驾驶侧储物箱。

④拆卸进风罩。

⑤拆卸蒸发器至压缩机管路，并封住已拆下管子的端口。

⑥拆卸储液干燥器至蒸发器管路，并封住已拆下管子的端口。

⑦松开蒸发器总成的固定螺栓，取下蒸发器总成。

⑧用一字螺钉旋具撬开蒸发器外壳的固定卡子，分解蒸发器总成，小心取下蒸发器。

安装：按照与拆卸相反的顺序进行。

2) 蒸发器的检修（见表 3—8）。

表 3—8　　蒸发器检修作业记录表

检查内容	检查方法	检查记录及结论
检查蒸发器散热片表面	若有污垢堵塞，应予清除（不可用水清洗），并用压缩空气吹干	
检查管道和接头螺纹	如果破裂或被异物或风扇碰坏，有裂纹或划痕等，应予更换或焊修	
检查散热片	如果弯曲变形，应用尖嘴钳或一字螺钉旋具校正	

实训 3：制冷系统其他主要部件的检查与更换

(1) 膨胀阀的检查与更换

1）膨胀阀是制冷系统中灵敏度极高的元件，检修时应特别小心，防止损伤。

2）拆卸膨胀阀后，应检查其进口处的滤网（有些膨胀阀没有滤网），如有污物则要清洗；膨胀阀的感温包如有渗漏，就要换新件。

3）由于节流管没有运动件，所以不易损坏，常见故障就是滤网或节流管堵塞，换上新节流管即可。

(2) 孔管的检查与更换（见表 3—9）

表 3—9　　孔管的检查

步骤	拆检内容	图示
1	使用制冷剂加注回收机回收空调制冷管路中的制冷剂	
2	用两把扳手配合松开孔管连接处的连接螺母 注意：在拆卸制冷元件之前需要回收制冷系统内的制冷剂	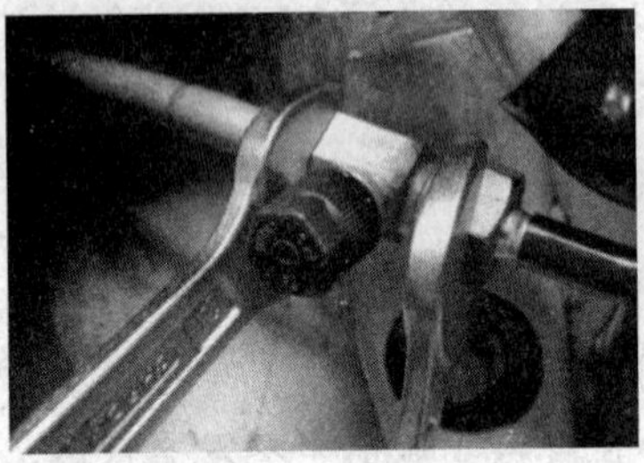
3	拆开孔管处的连接管路，用尖嘴钳取出孔管	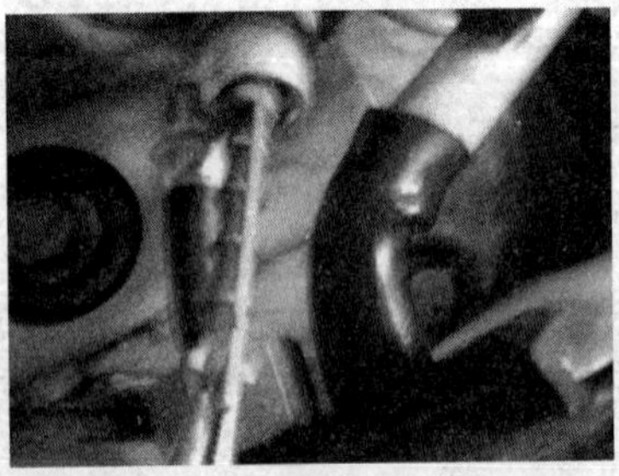
4	检查孔管两端的滤网有无堵塞或破损，检查密封圈有无破损	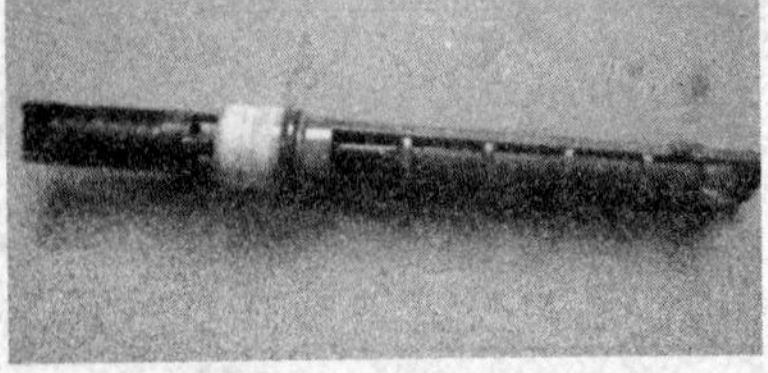

续表

步骤	拆检内容	图示
5	安装： 用尖嘴钳将孔管安装到位，并更换管路连接处的密封圈	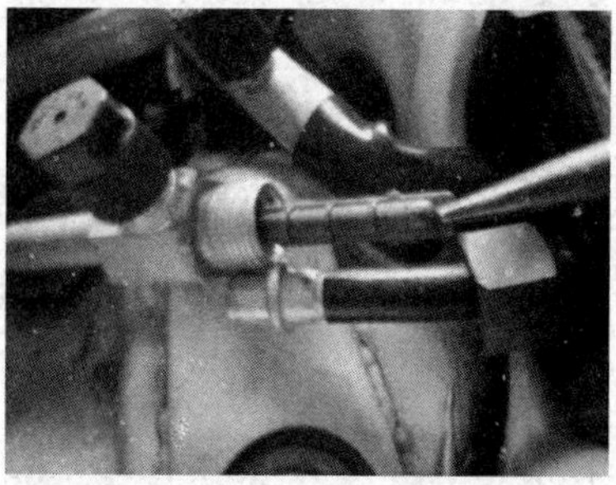
6	安装时要注意孔管上的安装标记，箭头要指向蒸发器入口	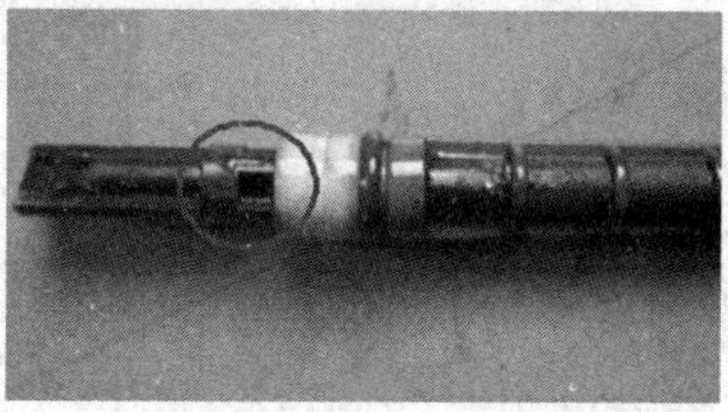
7	安装顺序按与拆卸相反的顺序操作	

(3) 储液干燥器的检查与更换（见表 3—10）

表 3—10　　储液干燥器拆检步骤

拆检步骤	拆检内容及要求	图示
1	使用制冷剂加注回收机回收空调制冷管路中的制冷剂	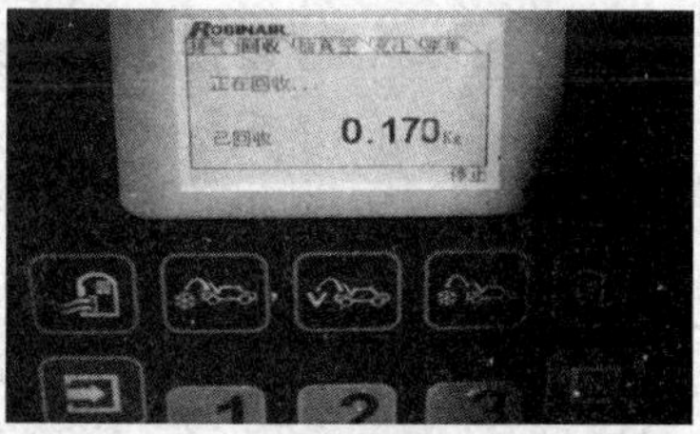
2	拆卸前保险杠护板	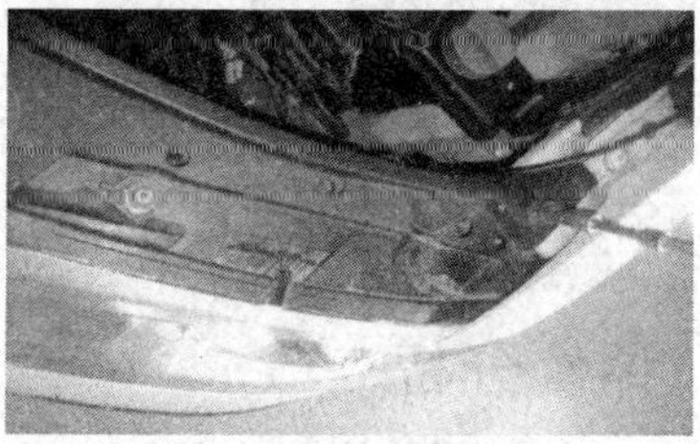

续表

拆检步骤	拆检内容及要求	图示
3	拆卸干燥管和管路的两个连接螺栓，拆卸后要把空调管路的接口堵住，防止湿气进入	
4	拆下支架固定螺栓，连同支架一起拆下储液干燥器	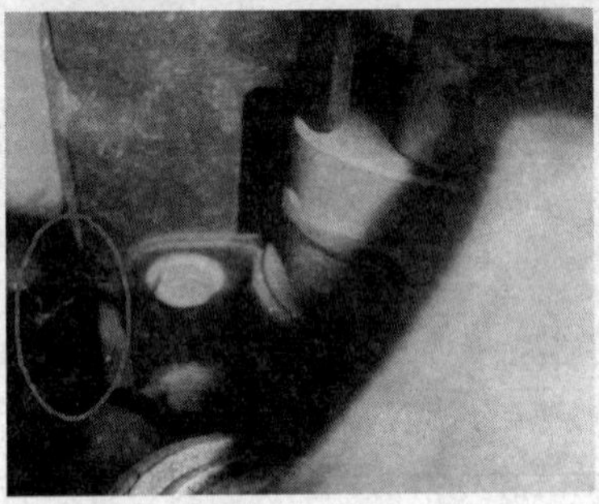
5	检查： （1）检查玻璃视液镜和接头，如果损坏，应予更换 （2）使压缩机运转，在制冷系统工作过程中，检查储液干燥过滤器的进、出口。若温差很大，甚至储液干燥器出现结霜，说明储液干燥器内部产生了不同程度的堵塞，则要更换储液干燥器 安装： （1）先将储液干燥过滤器装入车上安装座内。然后取下储液干燥过滤器封口塞和管路堵头，将管子接上储液干燥过滤器，其拧紧力矩应达到规定要求 （2）对直立式储液干燥过滤器而言，安装时，一定要垂直，倾斜度不得超过15° （3）在安装新的储液干燥过滤器之前，不得过早将其进、出管口的包装打开，以免外界湿空气侵入内部，使之失去吸湿的作用 （4）安装前一定要先搞清楚储液干燥过滤器的进口和出口端，否则容易装错。一般在其进出口端均打有记号，如进口端用英文字母“IN”（应与冷凝器出口相接），出口端用“OUT”表示，或直接打上箭头，在安装时应注意 （5）更换后，加入润滑油10～20 mL （6）储液干燥过滤器安装好后，对制冷系统进行抽真空，然后加注制冷剂	

四、评价分析

学习活动过程评价表见表3—11。

表 3—11　　学习活动过程评价表

班级		姓名		学号		日期	年　月　日
序号	评价要点				配分	得分	总评
1	能在教师的指导下完成车辆防护装置安装，并能正确识别空调类型				5		A□（86～100） B□（76～85） C□（60～75） D□（60 以下）
2	能查阅资料，写出汽车空调维修的注意事项				5		
3	能就车识别制冷系统各主要部件的名称及功用				10		
4	能描述汽车空调制冷系统主要部件的原理				20		
5	能正确解释空调制冷系统主要部件检修方法				5		
6	能查阅待检车辆相关资料，制定方案并完成其空调系统的各部件的拆装及调整				15		
7	能完成空调制冷系统各主要部件的检修				10		
8	能遵守劳动纪律，以积极的态度接受工作任务				10		
9	能积极参与小组讨论，发挥团队合作精神				10		
10	能及时完成老师布置的任务及工作				10		
总　分					100		
小结建议							

五、知识拓展

变排量压缩机——斜盘式变排量压缩机的工作原理

图 3—18 所示为变排量压缩机。其排量可变以适应制冷容量的要求。活塞采用空心，减少压缩机质量。带轮驱动机构带有一体式过载保护，取消电磁离合器。外部调节阀 N280 用于压缩机内压力状况的自适应控制。

变排量压缩机在空调装置工作时一直都是在运转的。

1. 压缩机的调节范围

上止点（100%）和下止点（约 5%）之间的所有调节位置都是通过腔压的变化来与实际的制冷功率需求相匹配的。在调节过程中，压缩机一直在工作。

2. 工作原理

主轴的旋转运动被传到驱动毂，经斜盘转换成活塞的轴向运动。斜盘可在导轨内纵向滑动。斜盘的倾斜状态是可变的，于是活塞的行程也就可变，那么输出功率（制冷能力）也就可变了。

倾斜状态取决于腔压，也就是活塞上面和下面的压力比。斜盘由其前、后的弹簧支承住。腔压由作用在调节阀上的高压和低压以及校准用节流孔来确定。在空调装置关闭的情况下，高压、低压和腔压是相同的。斜盘的前、后弹簧将斜盘置于输出功率为 40%的位置。

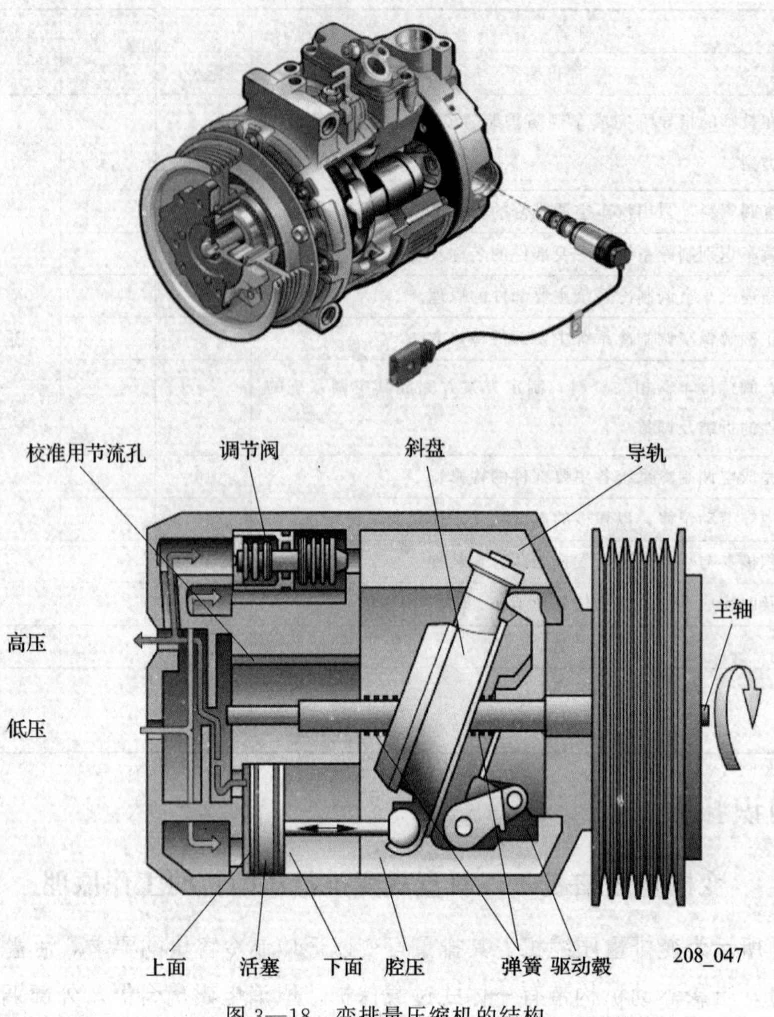

图 3—18 变排量压缩机的结构

3. 工作过程

(1) 制冷能力强、高功率输出时腔压较低，如图 3—19 所示。

高压和低压相对来说都较高，波纹管 2 被高压压靠在一起；波纹管 1 也被相对较高的低压压靠在一起；调节阀打开，腔压通过低压侧来卸压。活塞上面的低压与弹簧 1 的力的合力大于活塞下面的腔压和弹簧 2 的力的合力。于是斜盘的倾斜度就变大了，行程增大，输出功率提高。

(2) 制冷能力低、低功率输出时腔压较高，如图 3—20 所示。

高压和低压相对来说都较低，波纹管 2 舒展开了。相对较低的低压使得波纹管 1 也舒展开了。调节阀关闭。低压侧因腔压低而关闭。活塞上面的低压与弹簧 1 的力的合力小于活塞下面的腔压和弹簧 2 的力的合力。于是斜盘的倾斜度就变小了，行程减小，输出功率降低。

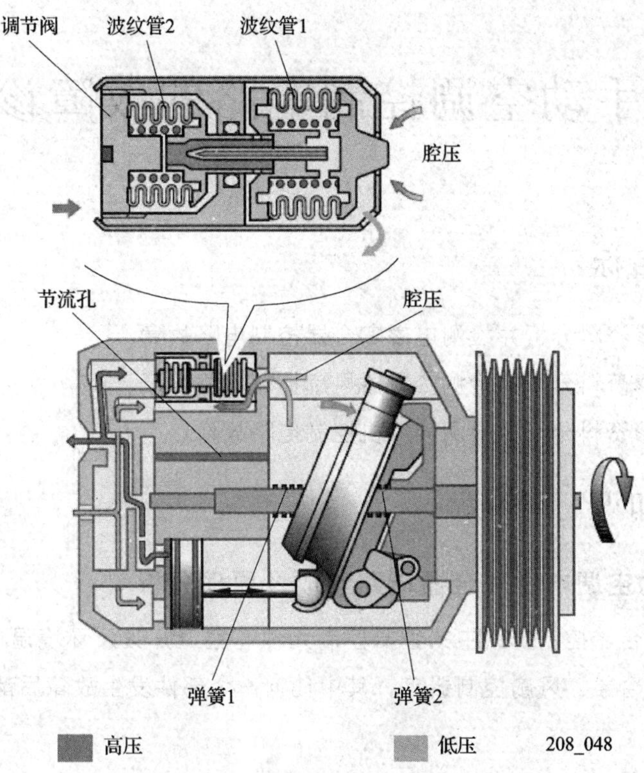

图 3—19　高功率输出时压缩机内部状态

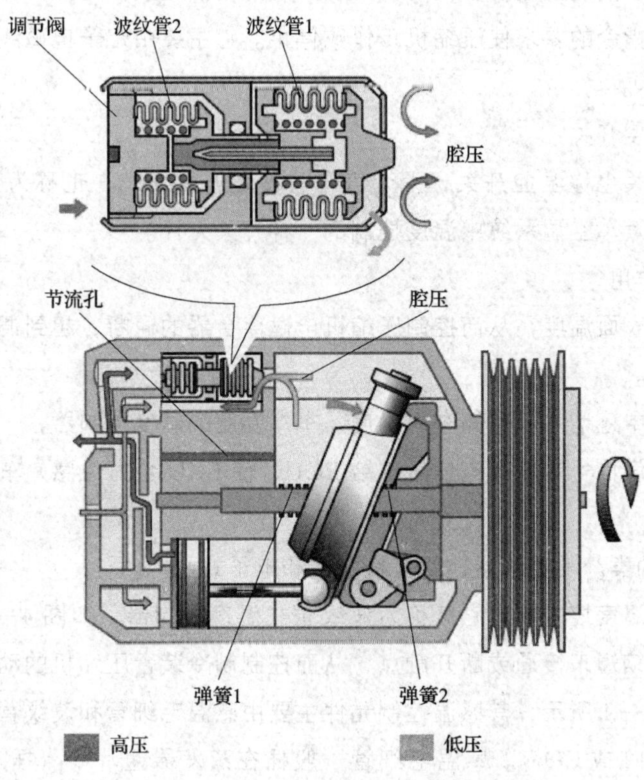

图 3—20　低功率输出时压缩机内部状态

项目四　手动空调控制电路的故障诊断与排除

一、学习目标

1. 能查阅维修资料分析并检测电磁离合器控制电路故障。

2. 能查阅维修资料分析并检测冷凝器风扇控制电路故障。

3. 能查阅维修资料分析并检测鼓风机控制电路故障。

二、相关知识

1. 汽车手动空调电磁离合器电路组成及原理分析

压缩机电磁离合器控制电路中的主要控制元件有空调开关、环境温度开关、温控开关、压力开关、电磁离合器、风扇控制器等，其中任何一个部件发生故障后都会影响压缩机的正常工作。

(1) 电磁离合器

电磁离合器用于控制压缩机和发动机带轮之间的动力连接。电磁离合器可以按照空调控制面板调整或系统指令的要求使压缩机工作或停止。它主要由定子电磁线圈、带轮和压盘组成，如图 4—1 所示。

(2) 蒸发器温度开关

蒸发器温度开关也称温控开关，大众汽车称冷量开关 E33，也称为温度控制器或恒温器、温控开关，是汽车空调系统中温度控制的一种开关元件。

1) 温控器的作用

①感受蒸发器表面温度，从而控制压缩机电磁离合器的通断，起到调节车内温度与防止蒸发器结霜的作用。

②在自动空调中还增加了感知车内温度、车外温度的温度控制器，一般称它们为温度传感器。它们能把温度信号转变为电信号送给 ECU，使 ECU 全方位感知车内外温度，从而调节车厢内的温度。

2) 温控器的种类。常用的温控器有机械式和电子式两种。

①机械压力式温度控制器。它又称为波纹管式温度控制器，如图 4—2 所示，主要是利用波纹管的伸长和缩短来接通或断开触点，从而控制制冷装置压缩机的动力源。

如图 4—3 和 4—4 所示，其感温控制元件主要由感温毛细管和波纹管构成，毛细管内充有感温物质（如 R12 或 CO_2）。感温毛细管一般插在蒸发器翅片中（插入深度约为 1 in 即 25.4 mm)，感受其温度变化。

图 4—1　电磁离合器的组成

图 4—2　机械压力式温度控制器

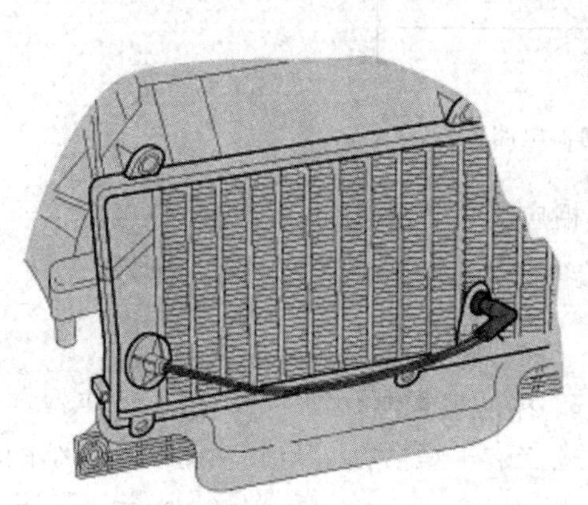

图 4—3　插入蒸发器芯的温度控制器毛细管

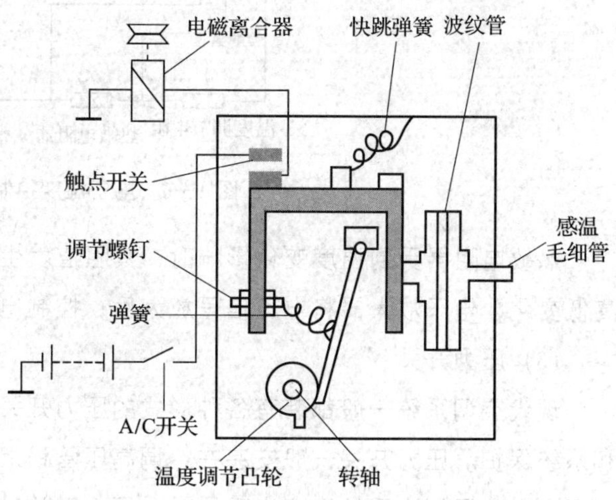

图 4—4　机械压力式温度控制器结构

工作原理：如图 4—4 所示，感温毛细管插在蒸发器的散热片内，而波纹管是可以伸缩的，当波纹管收缩时，触点开关断开，接通压缩机电磁离合器的电路；反之，当波纹管伸长时，触点开关闭合，断开电磁离合器电路。波纹管的伸缩是受蒸发器温度控制的。

②电子式温度控制器。图 4—5 所示为电子式温度控制器，它是目前汽车空调上广泛使用的一种温度控制元件，一般简单的电子式温度控制器只具备温控功能。

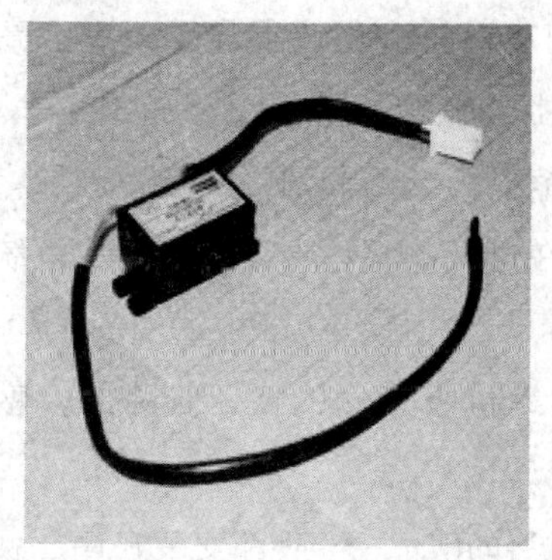

图 4—5　电子式温度控制器及其安装位置

电子式温度控制器的控制原理如图 4—6 所示。感温元件为一个热敏电阻器，通过小插片插在蒸发器出风口方向的翅片上，用来检测蒸发器出风口温度。

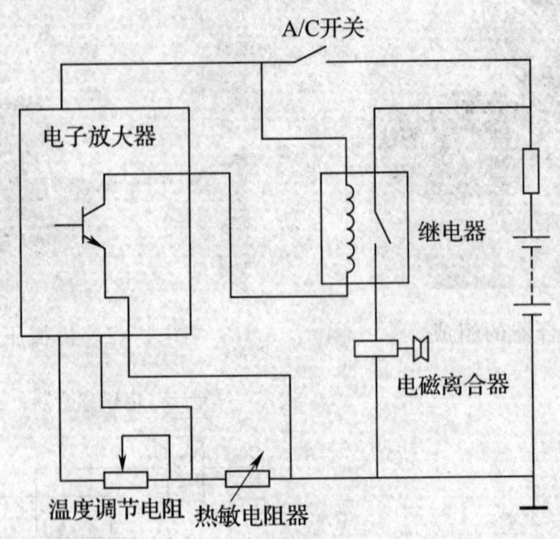

图 4—6 电子温度控制器电路原理

热敏电阻器受到温度变化影响时，其阻值发生相应变化，进而转化成电路中电压信号的高低变化，电子放大器将电压信号放大后，控制电路的接通与断开，实现循环制冷。

(3) 压力开关

现代空调系统一般都装有各种形式的压力开关。设置压力开关的目的有两个：压力控制和系统保护。压力开关一般安装在空调高压管路上或储液干燥器上，用来感测制冷系统的工作压力。如果制冷系统压力出现异常，压力开关触点就会断开或闭合，这时空调系统会自动切断压缩机离合器的工作，或控制冷却风扇高速运转。常见的压力开关种类有低压开关、高压开关、双重压力开关和三重压力开关。

1) 高压开关。其一般安装在空调制冷系统高压管路或储液干燥器上，如图 4—7 所示，用来防止系统压力过高而使压缩机过载或系统管路损坏。它有常闭式和常开式两种类型。常闭式高压开关用来控制压缩机控制电路，常开式高压开关用来控制冷却风扇高速运转。

2) 低压开关。低压开关有两种，分别安装在制冷系统高压或低压管路中。高压回路中的低压开关安装在冷凝器与膨胀阀之间的高压管路上或储液干燥器上，如图 4—7 所示，控制压缩机不要在缺少制冷剂的情况下运转，以免压缩机因缺乏润滑油而遭受破坏；同时也起到在低温环境下停止压缩机运行的保护作用，以免在过低的环境温度下，制冷系统仍然工作而造成蒸发器表面结冰，并增加不必要的功耗。

低压回路中的低压开关安装在蒸发器出口至压缩机吸入侧的低压管路上，感受吸气压力，用来控制高压旁通阀的除霜作用。

3) 双重压力开关 (高低压组合开关)。它起保护作用时，一般都安装在高压侧，为使结构紧凑，减少接口，把高、低压开关做成一体，组成双重压力开关，起高、低压力开关的双重作用。

4）三重压力开关（F129）。三重压力指制冷系统高压侧压力过高、中压、过低三种压力状况。三重压力开关实际是将冷凝器风扇的高速控制组合到高低压组合开关上，使其成为了三功能的组合开关。它安装在储液干燥器上，感受高压侧制冷剂压力信号，如图 4—8 所示。

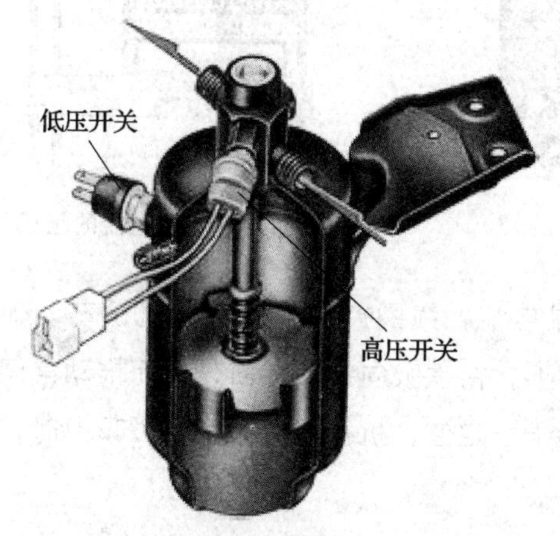

图 4—7　安装在储液干燥器上的高、低压开关

图 4—8　三重压力开关位置图

作用：一是防止因系统制冷剂泄漏，高压压力过低而损坏压缩机；二是当系统内制冷剂高压异常时，保护系统不受损坏；三是在正常工作状况下，冷凝器风扇低速运转，实现低噪声，节省动力；当系统内高压升高后（即中压时），风扇高速运转，以改善冷凝器的散热条件，实现了风扇的两级变速。

（4）环境温度开关（F38）

图 4—9 所示为环境温度开关，它串联在压缩机控制电路中，当大气温度低于某值时（如 −4℃），压缩机不能启动；高于某值时（如 2℃）才能启动。也有的采用车内温度传感器，设定车内温度低于 18℃时冷气系统不启动。

图 4—9　环境温度开关

（5）空调继电器

空调继电器（见图 4—10）通常装在继电器盘上，是电气控制系统中的主要元器件。它与熔丝共同对电气起着保护和自动控制作用。在不同的汽车上熔丝和继电器安装的位置不一样，空调继电器一般多装在发动机舱内和驾驶舱前部。

继电器是一种当输入量（电、磁、声、光、热）达到一定值时，输出量将发生跳跃式变化的自动控制元器件。在汽车电路中应用大量的继电器来控制电路的导通与截止，它的主要作用是用小电流控制大电流，即用流经开关的小电流，通过继电器的触点控制用电设备的大电流，这样可保护开关触点不被烧蚀，提高开关的使用寿命。

汽车继电器由铁芯、轭铁、衔铁、线圈、触点、弹簧等零件组成，如图 4—11 所示。

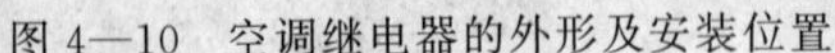

图 4—10　空调继电器的外形及安装位置

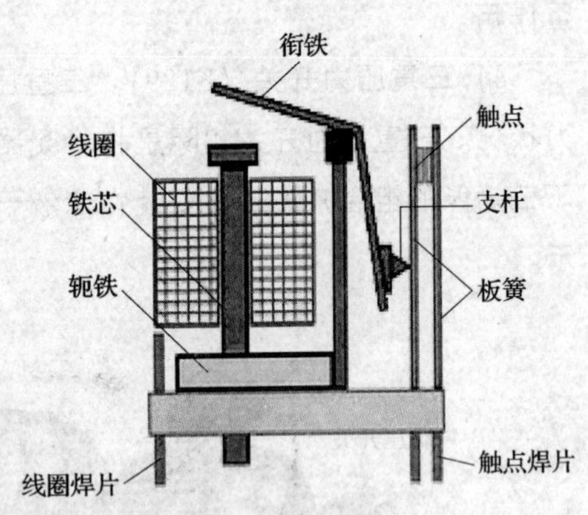

图 4—11　继电器的组成

当电磁继电器线圈两端加上一定的电压或电流，线圈产生的磁通通过铁芯、轭铁、衔铁、磁路工作气隙组成的磁路，在磁场的作用下，衔铁吸向铁芯极面，从而推动常闭触点断开，常开触点闭合；当线圈两端电压或电流小于一定值，机械反力大于电磁吸力时，衔铁回到初始状态，常开触点断开，常闭触点接通。

2. 汽车空调鼓风机控制电路组成及原理分析

(1) 桑塔纳 3000 轿车鼓风机控制电路组成

桑塔纳 3000 轿车鼓风机控制电路组成部件见表 4—1。

表 4—1　　桑塔纳 3000 轿车鼓风机控制电路组成部件

名称	图例	作用
鼓风机开关		用来控制鼓风机电路的接通与断开
空调继电器		用来保护鼓风机开关，防止电流过大时烧坏鼓风机开关

续表

名称	图例	作用
调速电阻器		通过改变串联电阻器的大小，调节鼓风机的电压，从而达到控制鼓风机转速的目的
鼓风机		向汽车内送风

（2）鼓风机控制电路原理分析（以桑塔纳 3000 轿车为例）

图 4—12 所示为桑塔纳 3000 轿车鼓风机控制电路，其中开关电源电路为：打开点火开关→X 继电器工作→X 线有电→S16 熔丝（20 A）→空调继电器 J32 接线 9/3→J32 线圈→J32 的 1/1→搭铁。空调继电器工作，此时电路如下：

1）鼓风机 1 挡电路。打开鼓风机开关 1 挡：30 火线→S5 熔丝（30 A）→J32 接线 2/8→J32 内部触点到 4/6→鼓风机开关 E9 接柱 2→E9 接柱 5→T6f/6→T4z/4 鼓风机电动机减速电阻 N23 的 1→N23 的 3 个减速电阻→N23 的 4→T4z/1→T6f/1→T2bc/1→鼓风机电动机 V2→T2bc/2→搭铁。

2）鼓风机 2 挡电路。打开鼓风机开关 2 挡：30 火线→S5 熔丝（30 A）→J32 接线 2/8→J32 内部触点到 4/6→鼓风机开关 E9 接柱 2→E9 接柱 4→T6f/5→T4z/3 鼓风机电动机减速电阻 N23 的 2→N23 的两个减速电阻→N23 的 4→T4z/1→T6f/1→T2bc/1→鼓风机电动机 V2→T2bc/2→搭铁。

3）鼓风机 3 挡电路。打开鼓风机开关 3 挡：30 火线→S5 熔丝（30 A）→J32 接线 2/8→J32 内部触点到 4/6→鼓风机开关 E9 接柱 2→E9 接柱 3→T6f/2→T4z/2 鼓风机电动机减速电阻 N23 的 3→N23 的 1 个减速电阻→N23 的 4→T4z/1→T6f/1→T2bc/1→鼓风机电动机 V2→T2bc/2→搭铁。

4）鼓风机 4 挡电路。打开鼓风机开关 4 挡：30 火线→S5 熔丝（30 A）→J32 接线 2/8→J32 内部触点到 4/6→鼓风机开关 E9 接柱 2→E9 接柱 1→T2bc/1→鼓风机电动机 V2→T2bc/2→搭铁。

空调继电器、鼓风机电动机、风速开关、鼓风机电动机减速电阻（1~14）

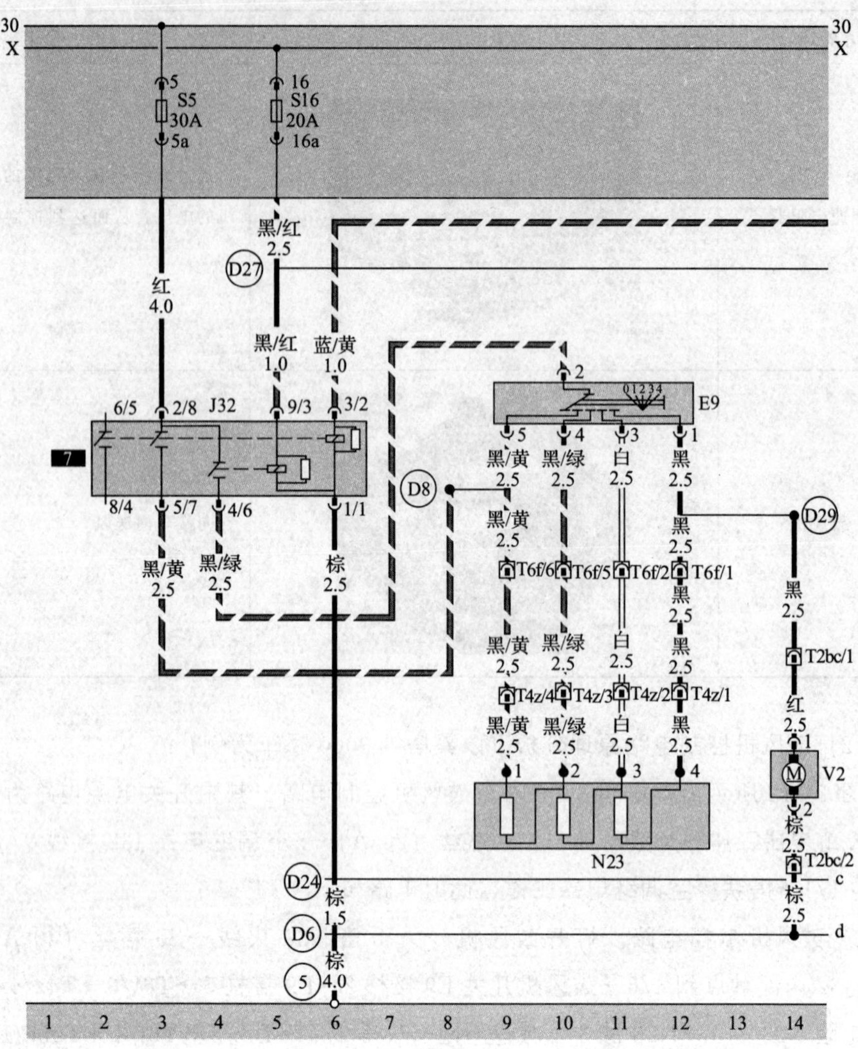

E9 ——风速开关
J32 ——空调继电器，在继电器-熔丝支架上7号位（13继电器）
N23 ——鼓风机电动机减速电阻
S5 ——熔丝5，30A，在继电器-熔丝支架上
S16 ——熔丝16，20A，在继电器-熔丝支架上
T2bc——2针插头，白色，在鼓风机电动机旁
T4z ——4针插头，黑色，在空调进风罩前方
T6f ——6针插头，黑色，在继电器-熔丝支架顶面上（O号位）
V2 ——鼓风机电动机
(D6) ——接地连接线，在仪表板线束内
(D8) ——连接线，在仪表板线束内
(D24) ——接地连接线，在仪表板线束内
(D27) ——正极连接线（X），在仪表板线束内
(D29) ——连接线，在仪表板线束内
(5) ——接地点，在左A柱上

a）

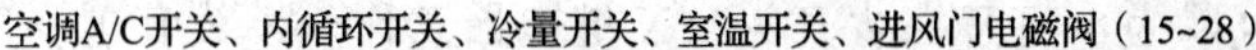
空调A/C开关、内循环开关、冷量开关、室温开关、进风门电磁阀（15~28）

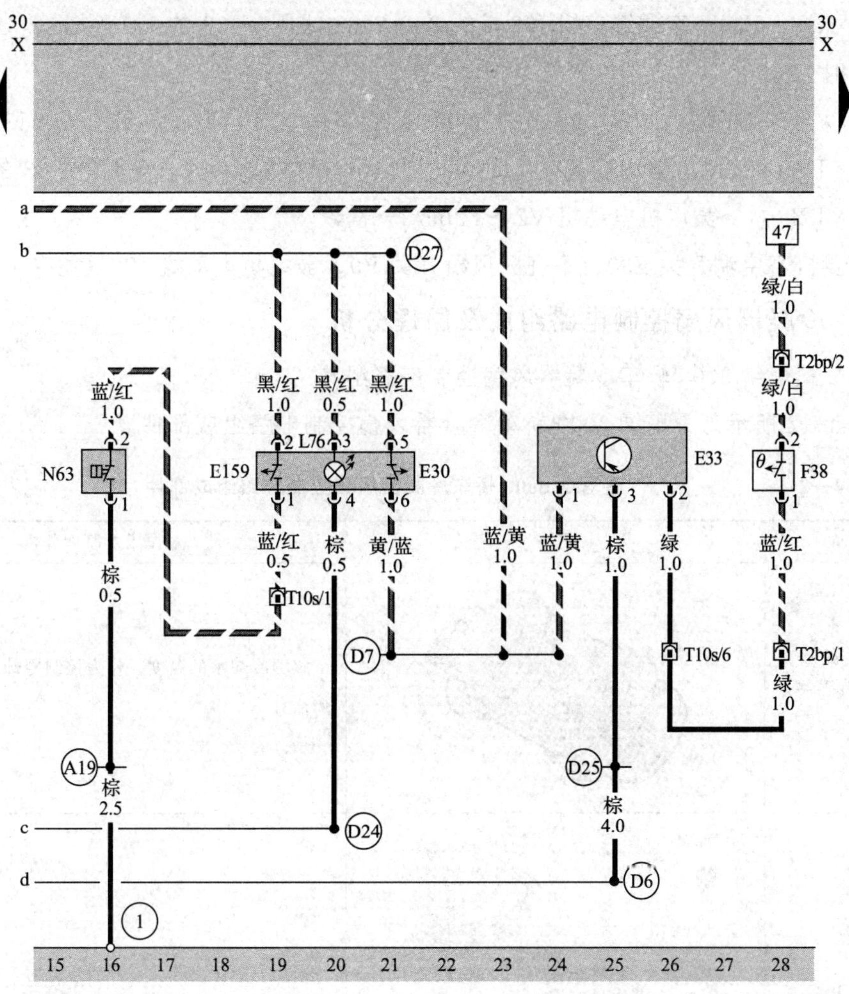

E30 ——空调A/C开关
E33 ——冷量开关
E159——内循环开关
F38 ——室温开关
L76 ——按钮显示灯
N63 ——进风门电磁阀
T2bp——2针插头，黑色，在空调进风口左侧
T10s ——10针插头，棕色，在继电器-熔丝支架顶面上（J号位）
(A19) ——接地连接线，在发动机线束内
(D6) ——接地连接线，在仪表线束内
(D7) ——连接线，在仪表板线束内
(D24) ——接地连接线，在仪表线束内
(D25) ——接地连接线，在仪表线束内
(D27) ——正极连接线（X），在仪表板线束内
(1) ——接地点，在发动机控制单元旁的车身上

b）

图 4—12　桑塔纳 3000 轿车鼓风机控制电路

另外，鼓风机 1 挡的电路也可以为：打开点火开关→X 继电器工作→X 线有电→S16 熔丝（20 A）→E30→空调继电器 J32 接线 3/2→J32 线圈→J32 的 1/1→搭铁。空调继电器工作，此时：

30 火线→S5 熔丝（30 A）→J32 接线 2/8→J32 内部触点到 4/6→J32 接线 5/7→T6f/6→T4z/4 鼓风机电动机减速电阻 N23 的 1→N23 的 3 个减速电阻→N23 的 4→T4z/1→T6f/1→T2bc/1→鼓风机电动机 V2→T2bc/2→搭铁。

只要打开空调开关 E30，不开鼓风机开关 E9，鼓风机电动机 V2 只能在 1 挡工作。

3. 冷凝器风扇控制电路组成及原理分析

(1) 桑塔纳 3000 轿车冷凝器风扇控制电路组成

表 4—2 所示为桑塔纳 3000 轿车冷凝器风扇控制电路组成部件。

表 4—2　　桑塔纳 3000 轿车冷凝器风扇控制电路组成部件

名称	图例	作用及原理分析
水温传感器		感测冷却水的温度，作为控制冷却风扇高低速运转的信号
压力开关	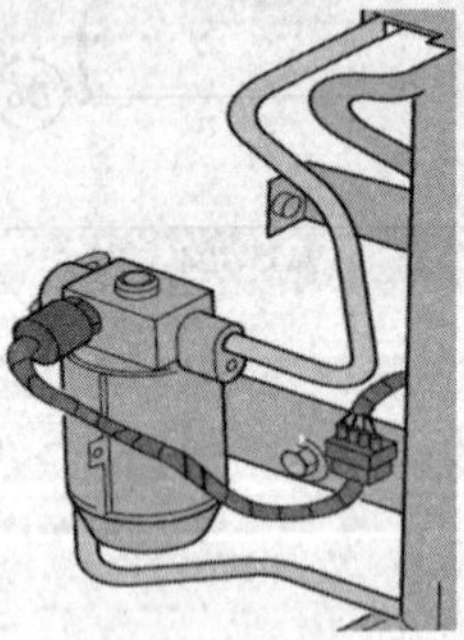	采用三重压力开关，开启空调时，感测制冷系统的压力，作为控制冷却风扇高低速运转的信号
风扇控制器		风扇控制器主要由 T4 和 T10 的两个插头组成，根据水温开关和压力开关的信号，控制风扇的高低速运转 T4/2：冷却风扇高速供电端子 T4/3：冷却风扇低速供电端子 T4/4：常火线端子；T10/1：空脚 T10/2：接收压力开关 F129 的中压开关闭合信号，用来控制冷却风扇高速运转 T10/3：接收压力开关 F129 的高低压开关闭合信号，用来控制冷却风扇低速运转和压缩机电磁离合器吸合

续表

名称	图例	作用及原理分析
风扇控制器		T4/1：空脚；T10/4 和 T10/5：空脚 T10/6：风扇控制器的搭铁线 T10/7：接收热敏开关 F18 的高温信号，用于控制冷却风扇高速运转 T10/8：接收压缩机切断继电器闭合信号，用来控制压缩机电磁离合器的吸合 T10/9：风扇控制器的电源端子 T10/10：压缩机电磁离合器供电端子
风扇电动机		根据风扇控制器给的信号，降低冷凝器的热量。空调工作时，压缩机将冷媒压缩到冷凝器，冷凝器压力会很高，温度也会升高，风扇将冷凝器的温度降低，从而降低压力，防止压力过高

（2）冷凝器风扇控制电路的原理分析

图 4—13 所示为桑塔纳 3000 轿车风扇控制器电路，其发动机工作时，打开空调开关，此时电路工作原理如下：

打开点火开关→X 继电器工作→X 线有电→S216 熔丝（10 A）→散热风扇控制器 J293 的 T10/9，散热风扇控制器 J293 有电，散热风扇控制器 J293 的 T10/6 搭铁良好→散热风扇控制器 J293 工作。

当散热风扇控制器 J293 收到 T10/3 的信号→控制 T4/3→左风扇电动机 V7（2）和右风扇电动机 V8（2）→通过电阻→电动机→搭铁。

当散热风扇控制器 J293 收到冷却风扇热保护开关 F18 的信号 T10/7→控制 T4/2→左风扇电动机 V7（1）和右风扇电动机 V8（1）→通过电动机 V7 和 V8→搭铁。

当散热风扇控制器 J293 收到空调组合开关 F129 中压信号 T10/2→控制 T4/2→左风扇电动机 V7（1）和右风扇电动机 V8（1）→通过电动机 V7 和 V8→搭铁。

4. 电磁离合器控制电路分析

图 4—14 所示为大众 3000 轿车汽车空调电磁离合器控制电路，其工作原理为发动机工作时，打开空调开关，此时电路如下：

打开点火开关→X 继电器工作→X 线有电→S16 熔丝（20 A）→空调开关 E30→冷量开关 E33→室温开关 F38→空调组合开关 F129（2、1）→水温控制开关 F40→压缩机切断继电器 J26 的触点（打开空调开关，空调开关的信号送至发动机电脑 J220→发动机电脑 J220 控制压缩机切断继电器 J26 工作）→散热风扇控制器 J293、T10/3；散热风扇控制器 J293 收到 T10/3 的信号→T10/10→电磁离合器 N25（1、2）→搭铁。

散热风扇控制器、散热风扇（29~42）

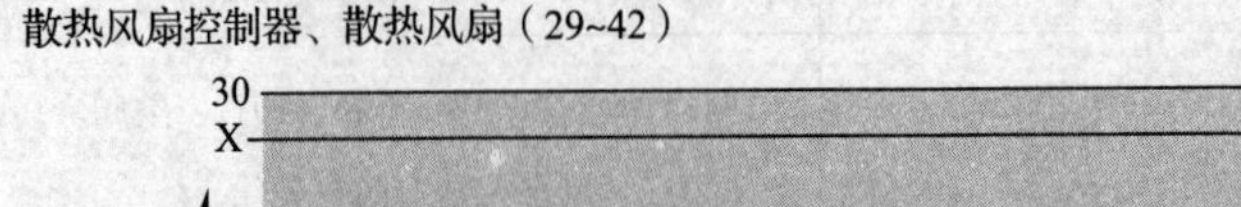

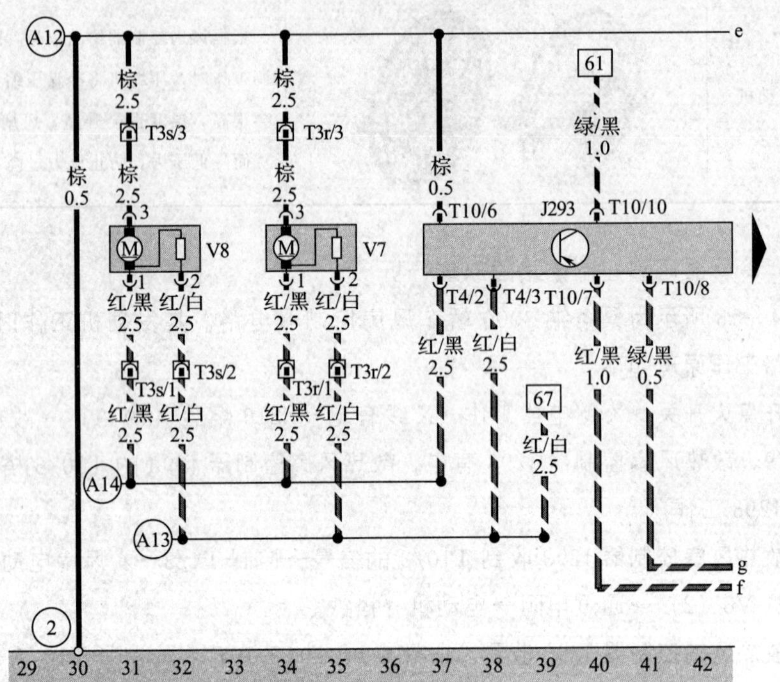

J293——散热风扇控制器，在发动机舱左侧

T3s ——3针插头，黑色，在右散热风扇上

T3r ——3针插头，黑色，在左散热风扇上

T4 ——4针插头，黑色，在散热风扇控制器上

T10 ——10针插头，黑色，在散热风扇控制器上

V7 ——左散热风扇

V8 ——右散热风扇

(A12)——接地连接线，在发动机线束内

(A13)——连接线，在发动机线束内

(A14)——连接线，在发动机线束内

(2)——接地点，在发动机舱的左侧，车身左纵梁上

图 4—13 桑塔纳 3000 轿车风扇控制器控制电路

散热风扇控制器、压缩机切断继电器、空调组合开关（43~56）

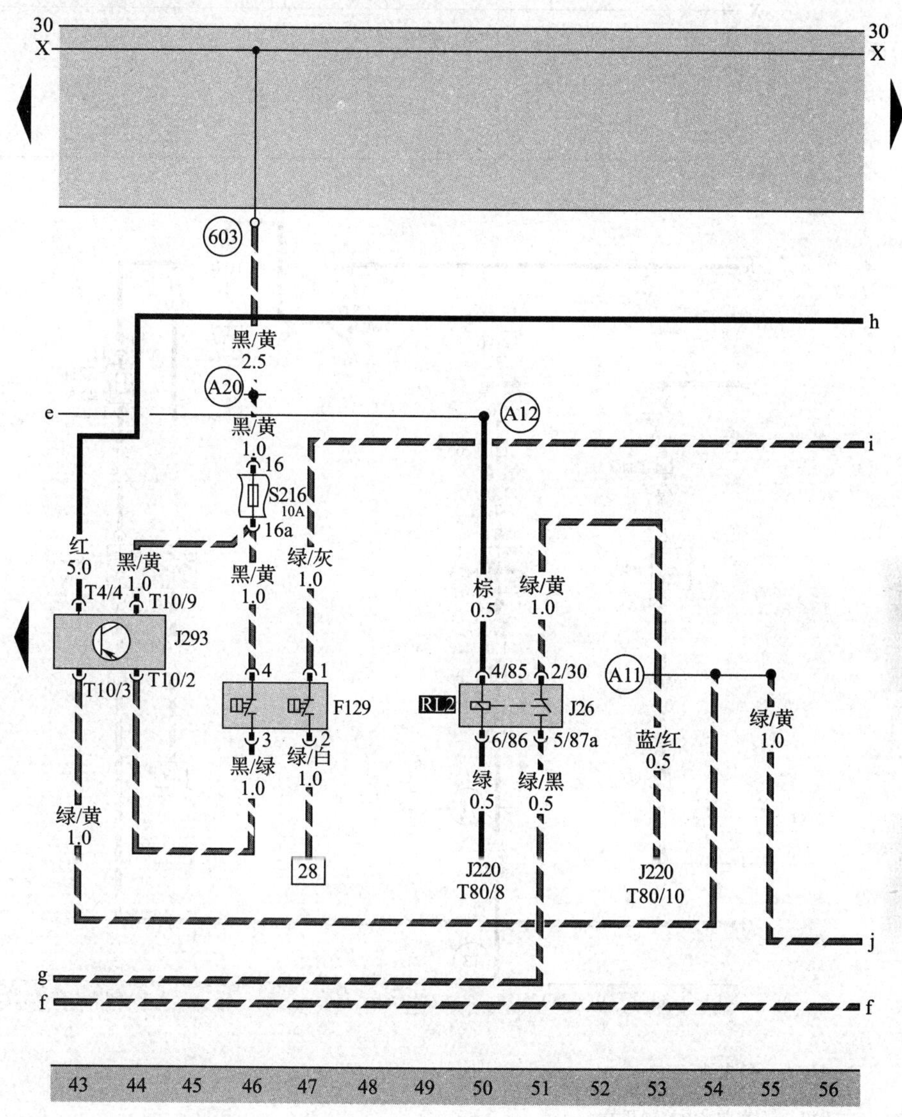

F129——空调压力开关
J26 ——压缩机切断继电器，在发动机舱继电器–熔丝盒内RL2号位（147B继电器）
J220——Motronic发动机控制单元，在空调进风罩右侧
J293——散热风扇控制器，在发动机舱左侧
S216——熔丝216，10A，在发动机舱继电器–熔丝盒内
T4 ——4针插头，黑色，在散热风扇控制器上
T10 ——10针插头，黑色，在散热风扇控制器上
T80 ——80针插头，黑色，在发动机控制单元上
(A11)——连接线，在发动机线束内
(A12)——接地连接线，在发动机线束内
(A20)——正极连接线（X），在发动机线束内
(603)——正极螺栓连接点（X），在继电器–熔丝支架上

a）

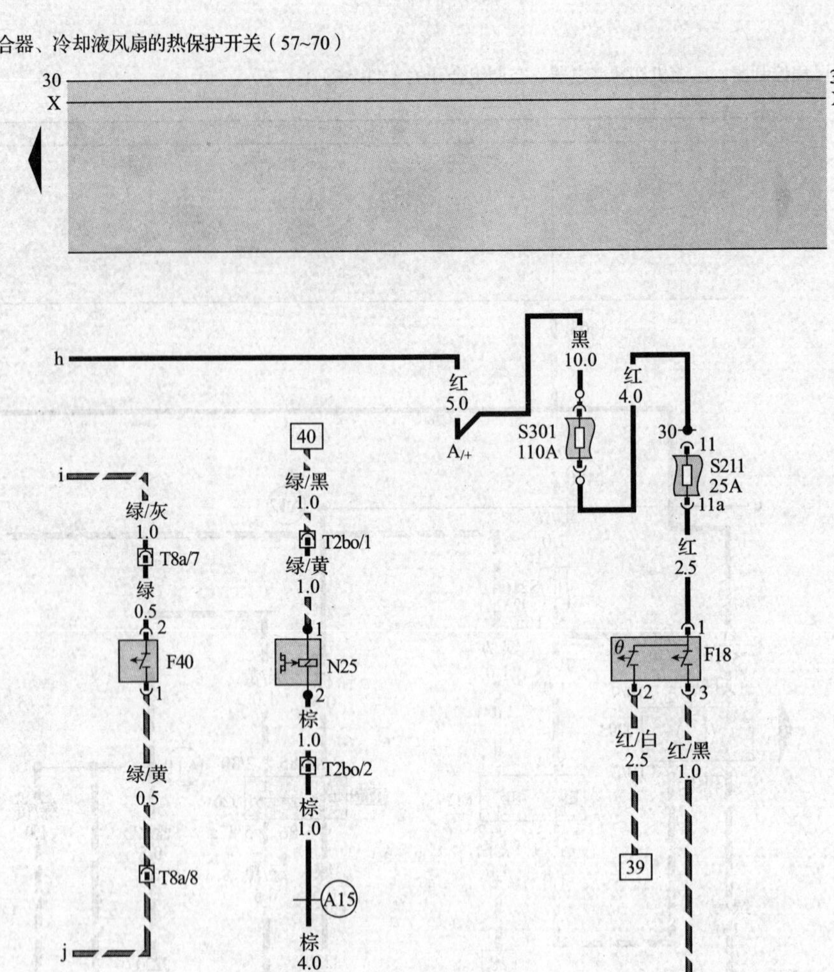

A ——蓄电池
F18 ——冷却液风扇的热保护开关，在水箱左侧
F40 ——空调水温控制开关
N25 ——电磁离合器
S301——熔丝301，110A，在发动机舱继电器–熔丝盒内
S211——熔丝211，25A，在发动机舱继电器–熔丝盒内
T8a ——8针插头，黑色，在发动机舱中间支架上
T2bo——2针插头，黑色，在空调压缩机左侧
(A15)——接地连接线，在发动机线束内
(13)——接地点，在右大灯后方，右侧纵梁上面

b）

图 4—14 桑塔纳 3000 轿车空调电磁离合器控制电路

三、实训操作

1. 实训工具、设备和耗材

桑塔纳 3000 手动空调汽车，举升机，专用拆装工具、维修手册、电路图、万用表、熔

丝、继电器、导线等。

2. 安全要求

(1) 规范使用举升设备。

(2) 不允许带电插拔电气元件。

(3) 正确使用万用表。

3. 实训操作

实训 1：电磁离合器不接合故障检测与排除

(1) 原因分析

对照电路图分析，空调压缩机电磁离合器不工作可能的原因有：压缩机电磁离合器 N25，压力开关 F129、风扇控制器、压缩机切断继电器 J26、空调开关 E30、冷量开关 E33、水温开关 F40、连接线路插头，以上各个环节损坏均会造成压缩机电磁离合器不接合故障。

(2) 检测流程

1) 外观检查线路、各插接件安装是否良好，有无虚接现象。

2) 检查电磁离合器线圈本身是否断路。

3) 打开 A/C 开关，观察冷却风扇是否运转，如果风扇运转，说明从 X 线到风扇控制器 J293 的线路及元件没有问题，问题有可能出在压缩机切断继电器 J26 和风扇控制器上。

4) 检查压缩机切断继电器及其控制线路。

5) 检查风扇控制器。

6) 如果打开 A/C 开关后，冷却风扇和电磁离合器均不工作，说明故障出在 X 线到压力开关 F129 之间。依次检查空调开关 E30、冷量开关 E33、室温开关 F38、压力开关 F129 等元件及连接线路的好坏。

(3) 故障检测与排除 (见表 4—3)

表 4—3　用万用表检测电磁离合器不工作故障

名称	图例	检测方法及处置
电磁离合器		起动发动机并打开空调开关，用万用表的电压挡检查 T2bo/1 与搭铁之间的电压是否有 12 V 有 12 V：用万用表欧姆挡检查 T2bo/1 和 T2bo/2 之间电阻应为 2～4 Ω，小于 2 Ω 或大于 4 Ω 时应更换电磁离合器，若正常，用万用表欧姆挡检查 T2bo/2 和搭铁之间的电阻应小于 0.5 Ω，否则更换导线 没有 12 V：检查风扇控制器 T10/10 与 T2bo/1 之间的电阻（应小于 0.5 Ω），若小于 0.5 Ω，检查风扇控制器之前的问题；若大于 0.5 Ω，更换导线

续表

名称	图例	检测方法及处置
空调开关	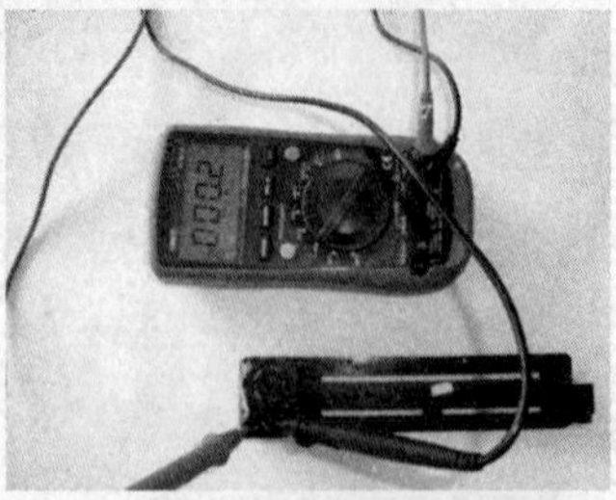	打开点火开关，用万用表的电压挡检查 E30 的 5 号脚是否有 12 V 的电压，若无电压，检查 S16 熔丝；若有电压，用万用表欧姆挡检查 E30 的 5 号脚与 6 号脚，在闭合时应该导通，同时检查 E30 的 5 号脚与搭铁、6 号脚与搭铁的电阻应小于 0.5 Ω，否则更换开关
冷量开关		打开点火开关，打开空调开关 E30，用万用表的电压挡检查 E33 的 1 号脚是否有 12 V 的电压，若无电压，用万用表欧姆挡检查 E33 的 1 号脚和 E30 的 6 号脚之间的电阻应小于 0.5 Ω，否则更换导线；若有电压，用万用表欧姆挡检查 E33，冷量开关为常闭开关，只有当蒸发器温度低于 1℃时，开关断开。在室温下，检测该开关应该导通，并检查冷量开关各接头的绝缘是否良好，否则更换开关
室温开关		打开点火开关，打开空调开关 E30，用万用表的电压挡检查 F38 的 T2bp/1 是否有 12 V 的电压，若无电压，检查 T2bp/1 与 T10s/6 之间的电阻应小于 0.5 Ω，否则更换导线；若有电压，用万用表欧姆挡检查室温开关，室温开关为常闭开关，只有当环境温度低于 5℃时，开关断开。在室温下，检测该开关应该导通
压力开关		打开点火开关，打开空调开关 E30，用万用表的电压挡检查 F129 的 2 号脚是否有 12 V 的电压，若无电压则检查 F129 的 2 号脚与 T2bp/2 之间的电阻应小于 0.5 Ω，否则更换导线；若有电压检查 F129，压力开关为三重压力开关，它由高低压开关和中压开关组成，只有当系统压力低于 150 kPa，高于 3 000 kPa 时高低压开关断开，切断压缩机电路。如压力正常，检测压力开关的 1 号脚和 2 号脚应该导通
水温开关		打开点火开关，打开空调开关 E30 和 E33，用万用表的电压挡检查 F40 的 T8a/7 是否有 12 V 的电压，若无电压，检查 T8a/7 与 F129 的 1 号脚之间的电阻应小于 0.5 Ω，否则更换导线；若有电压，用万用表欧姆挡检查水温开关，水温开关为常闭开关，检测该开关应该导通

实训 2：冷凝器风扇不工作故障分析与检测

（1）原因分析

对照电路图分析，冷凝器风扇不工作的原因可能有：冷凝器风扇电动机、风扇控制器、压力开关 F129、热敏开关 F18、空调开关 E30、冷量开关 E33、水温开关 F40、连接线路插头、搭铁点，以上各个环节损坏均会造成冷凝器风扇不工作故障。

（2）检测流程

1）外观检查线路、各插接件安装是否良好，有无虚接现象。

2）检查冷凝器风扇电动机本身的好坏。

3）打开 A/C 开关，观察冷却风扇是否运转，如果风扇不运转，电磁离合器工作，说明从 X 线到风扇控制器 J293 的线路及元件、搭铁线及搭铁点没有问题，问题有可能出在冷凝器风扇电动机和风扇控制器上。

4）检查冷凝器风扇电动机及其控制线路。

5）检查风扇控制器。

6）如果打开 A/C 开关后，冷却风扇和电磁离合器均不工作，说明故障出现在 X 线到压力开关 F129 之间。依次检查空调开关 E30、室温开关 F38、冷量开关 E33、水温开关 F40、压力开关 F129 等元件及连接线路的好坏。

（3）故障检测与排除步骤（见表 4—4）

表 4—4　　用万用表检查冷凝器风扇不工作故障

名称	图例	检测方法
冷凝器风扇电动机		起动发动机并打开空调开关，用万用表的电压挡检查 V7 或 V8 的 T3r/2 或 T3s/2 的电压是否有 12 V，若无电压，检查 J293 的 T4/3 与 V7 或 V8 的 T3r/2 或 T3s/2 的电阻，应小于 0.5 Ω，否则更换导线；若有电压，用万用表欧姆挡检查 V7 或 V8 的 1、2 和 3 之间电阻，应符合规定值，并用万用表欧姆挡检查各接头的绝缘是否良好，否则更换风扇电动机
备注	空调开关、冷量开关、室温开关、压力开关、水温开关的检测方法同本任务实训 1	

实训 3：鼓风机工作不正常故障分析与检测

（1）原因分析

对照电路图分析，鼓风机工作不正常的原因可能有：空调继电器、风速开关、鼓风机电动机减速电阻、鼓风机电动机、熔丝、连接线路插头、搭铁点，以上各个环节损坏均会造成鼓风机工作不正常故障。

(2) 检测流程

1) 检查线路、各插接件安装是否良好，有无虚接现象。

2) 打开风速开关各挡，鼓风机电动机不工作，起动发动机，打开空调开关，观察鼓风机电动机是否工作，若工作，说明可能是 S16 熔丝、空调继电器、风速开关及连接线路有问题；若不工作，说明可能是空调继电器、鼓风机电动机减速电阻、鼓风机电动机及连接线路有问题。

3) 根据以上分析分别检查各个部件及连接线路。

4) 若鼓风机电动机只是某挡不工作，其余全正常，说明是风速开关一鼓风机电动机减速电阻 N23 之间线路断路或风速开关 E9 的某挡开关坏，检查排除。

5) 若鼓风机电动机只在某挡位能工作，其余不工作，说明风速开关 E9 除某挡是好的，其余全坏，应更换风速开关 E9。

(3) 故障检测与排除 (见表 4—5)

表 4—5　　用万用表检查鼓风机不工作故障

名称	图例	检测方法
熔丝的检测	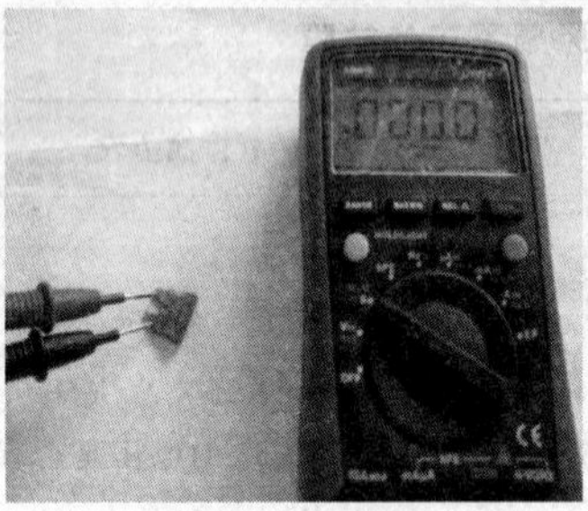	用万用表电压挡检查熔丝电源端是否有电，若无电，检查前面的电路，若有电检查熔丝本身，用万用表欧姆挡检查熔丝两端子之间电阻应为 0 Ω
空调继电器	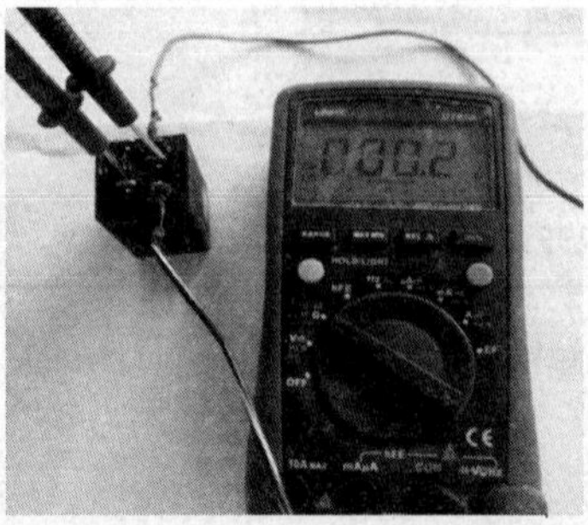	检查继电器的供电是否有电，若无电检查之前的供电电路，若有电检查继电器输出电压，若无电压输出，检查继电器本身，给空调继电器的 3/2 和 1/1 通电，用万用表欧姆挡检查空调继电器的 2/8 和 5/7 之间的电阻应为 0 Ω。再给空调继电器的 9/3 和 1/1 通电，用万用表欧姆挡检查空调继电器的 2/8 和 4/6 之间的电阻应为 0 Ω

续表

名称	图例	检测方法
风速开关	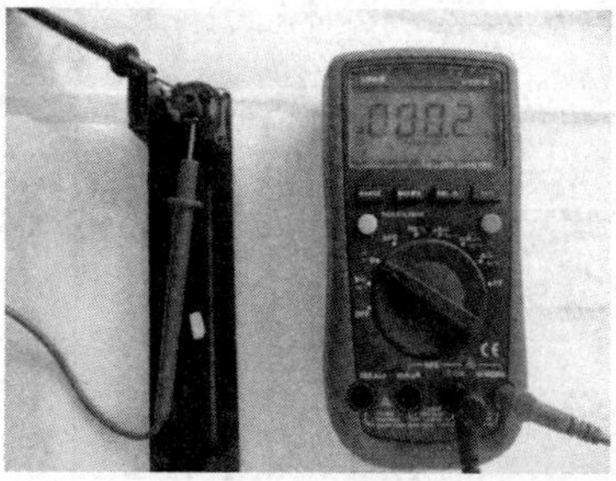	打开点火开关，用万用表的电压挡检查 E9 的 2 号脚是否有 12 V 的电压，若无电压，检查之前电路；若有电压，检查风速开关 E9，用万用表欧姆挡检查 E9 的 2 号脚分别跟 5、4、3、1 号脚，在闭合时应该导通，并检查各接头的绝缘是否良好，否则更换开关
鼓风机电动机减速电阻	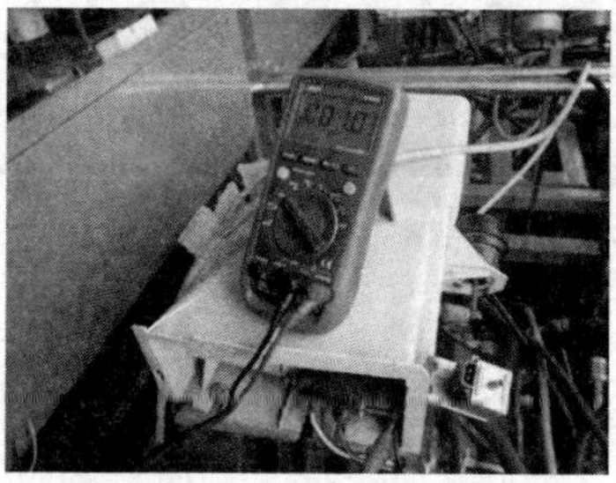	打开点火开关，再分别打开风速开关各挡，用万用表的电压挡分别检查 N23 的 1、2、3、4 号脚是否有电压，分别检查风速开关到鼓风机电动机减速电阻各连接导线的通断，不通更换导线，若有电压，检查 N23的电阻，用万用表欧姆挡分别检查 N23 的 1 号脚分别跟 2、3、4 号脚之间的电阻，电阻值应逐渐增大
鼓风机电动机		打开点火开关，再打开风速开关，用万用表的电压挡检查鼓风机 V2 的 T2bc/1 是否有电压，若无电压，检查前面线路连接，并更换导线；若有电压，检查 V2 的电阻，用万用表欧姆挡检查鼓风机两端子的电阻，电阻应为 15 Ω 左右，并检查各接头的绝缘是否良好，否则更换鼓风机

附：桑塔纳 3000 轿车手动空调电路图（见图 4—15、图 4—16）

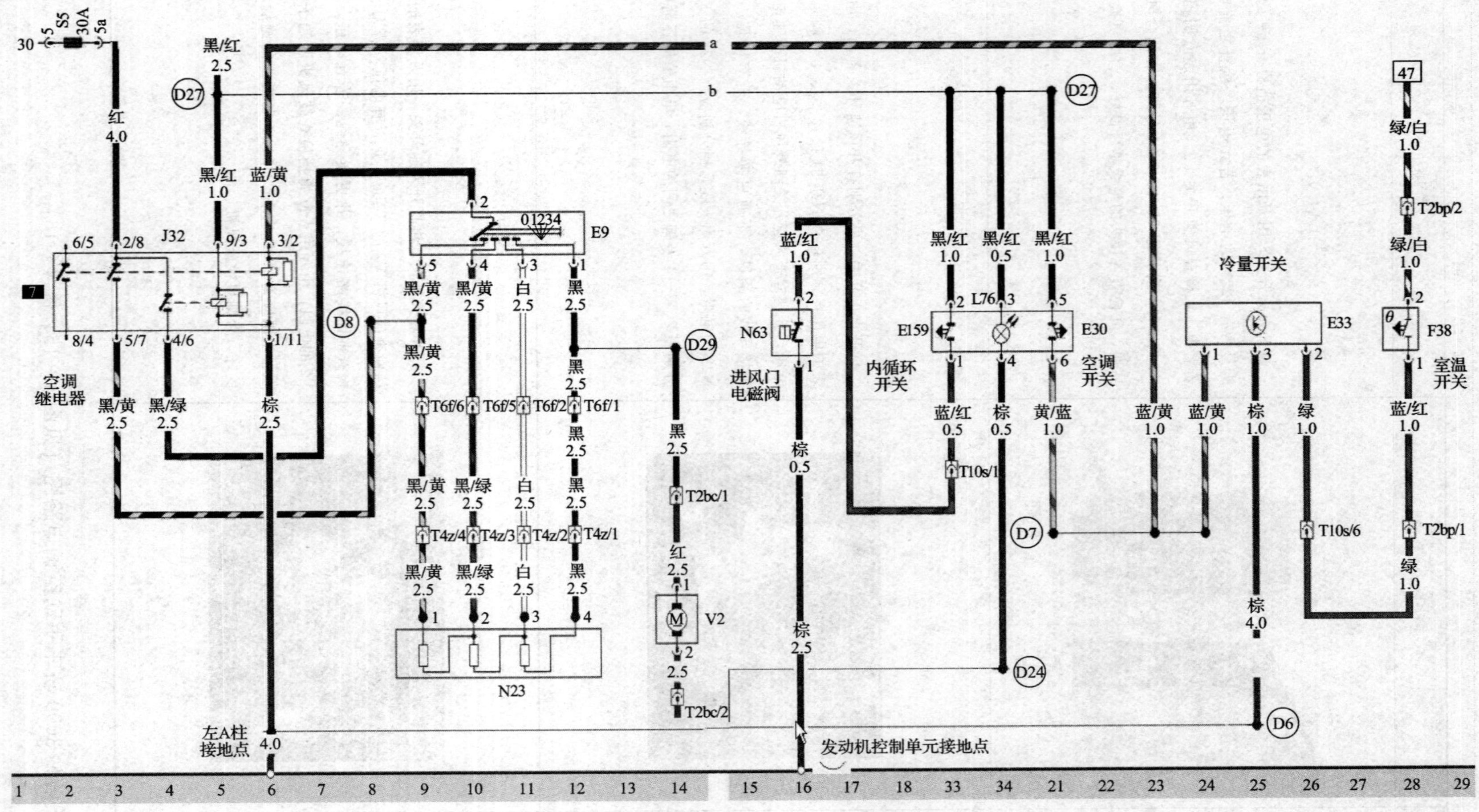

图 4—15 3000 轿车手动空调电路（一）

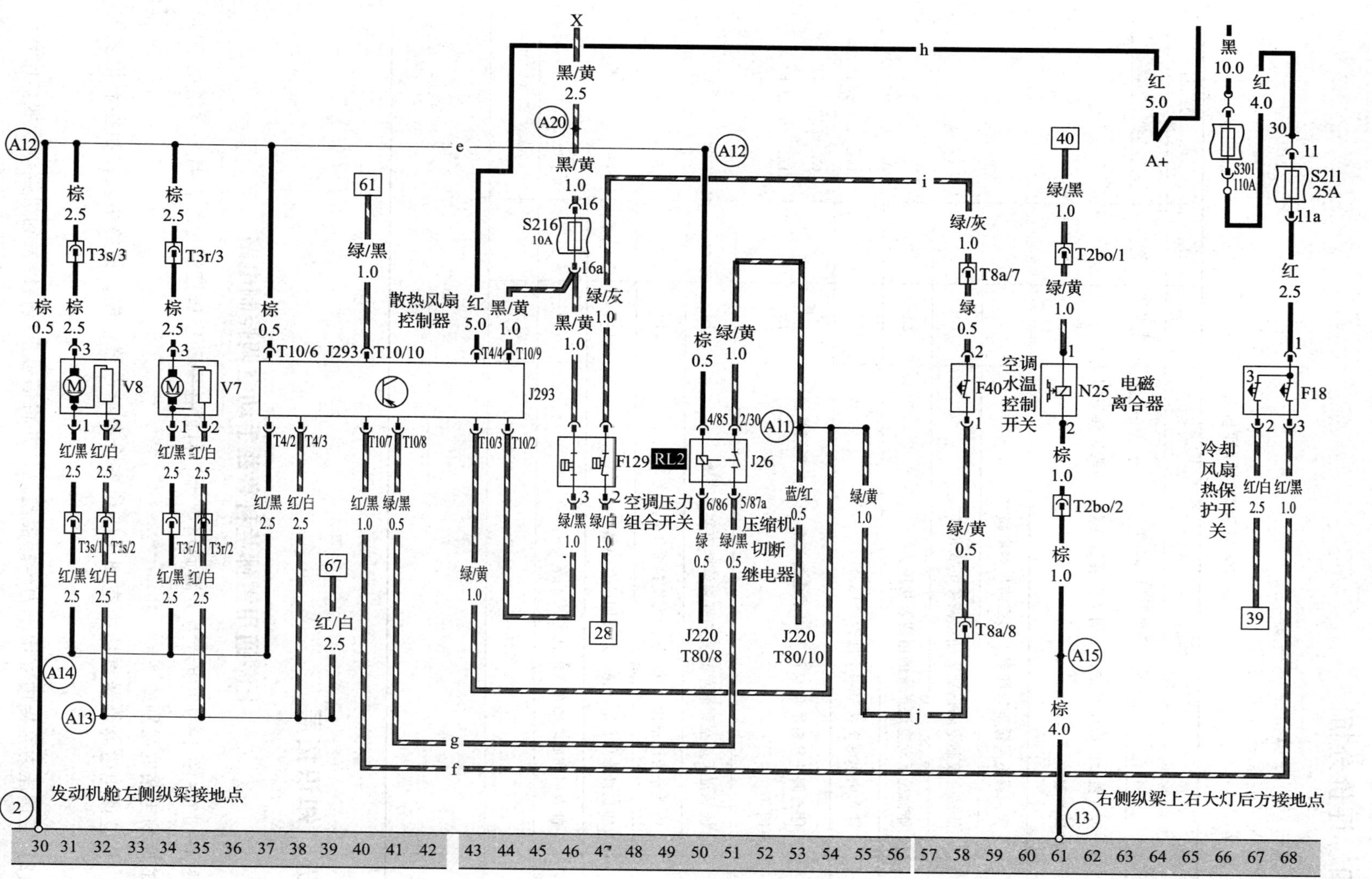

图 4—16　3000 轿车手动空调电路（二）

四、评价分析

学习活动过程评价表见表 4—6。

表 4—6　学习活动过程评价表

班级		姓名		学号		日期	年　月　日
序号	评价要点				配分	得分	总评
1	能在教师的指导下完成车辆防护装置安装，并能正确识别空调类型				5		A□（86～100） B□（76～85） C□（60～75） D□（60 以下）
2	能识读不同轿车的汽车手动空调控制电路				5		
3	能结合控制电路识别手动空调各组成元件				10		
4	能描述手动空调系统的组成及功用				20		
5	能正确识读手动空调不同控制电路图				5		
6	能查阅并分析手动空调不同系统的工作原理，并列举故障原因				15		
7	能制定手动空调简单故障的维修诊断方案并实施				10		
8	能遵守劳动纪律，以积极的态度接受工作任务				10		
9	能积极参与小组讨论，发挥团队合作精神				10		
10	能及时完成老师布置的任务及工作				10		
总分					100		
小结 建议							

五、知识拓展

上海通用雪佛兰科鲁兹手动空调控制电路

图 4—17～图 4—19 所示为上海通用雪佛兰科鲁兹手动空调控制电路，其与桑塔纳 3000 轿车的控制电路的区别如下：

(1) 空调电磁离合器直接由空调压缩机离合器继电器控制，最终由发动机控制模块控制。

(2) 空调压力直接由空调压力传感器检测，并将信号直接传给发动机控制模块，比传统的压力开关更好。

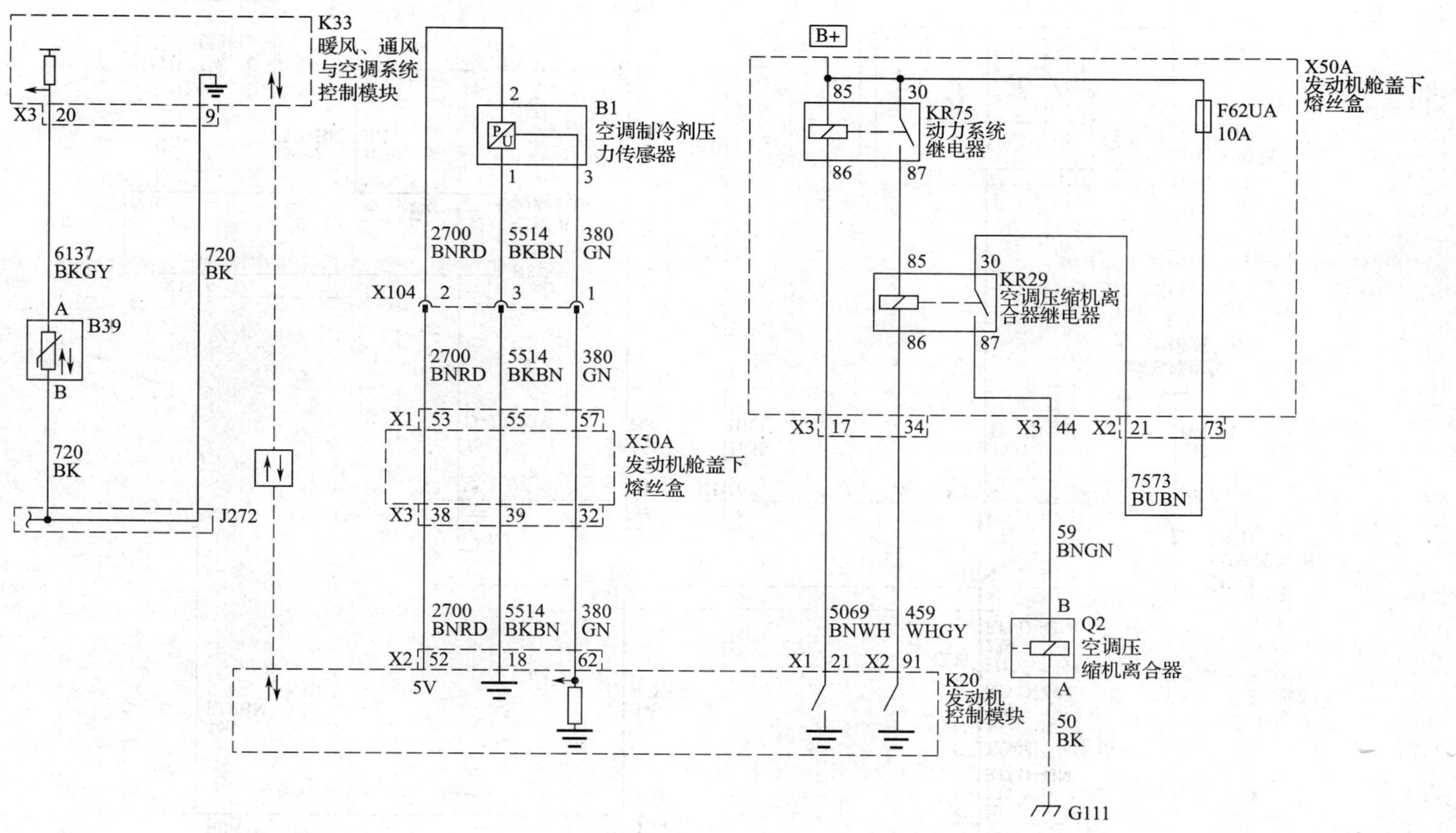

图 4—17　上海通用雪佛兰科鲁兹手动空调控制电路（一）

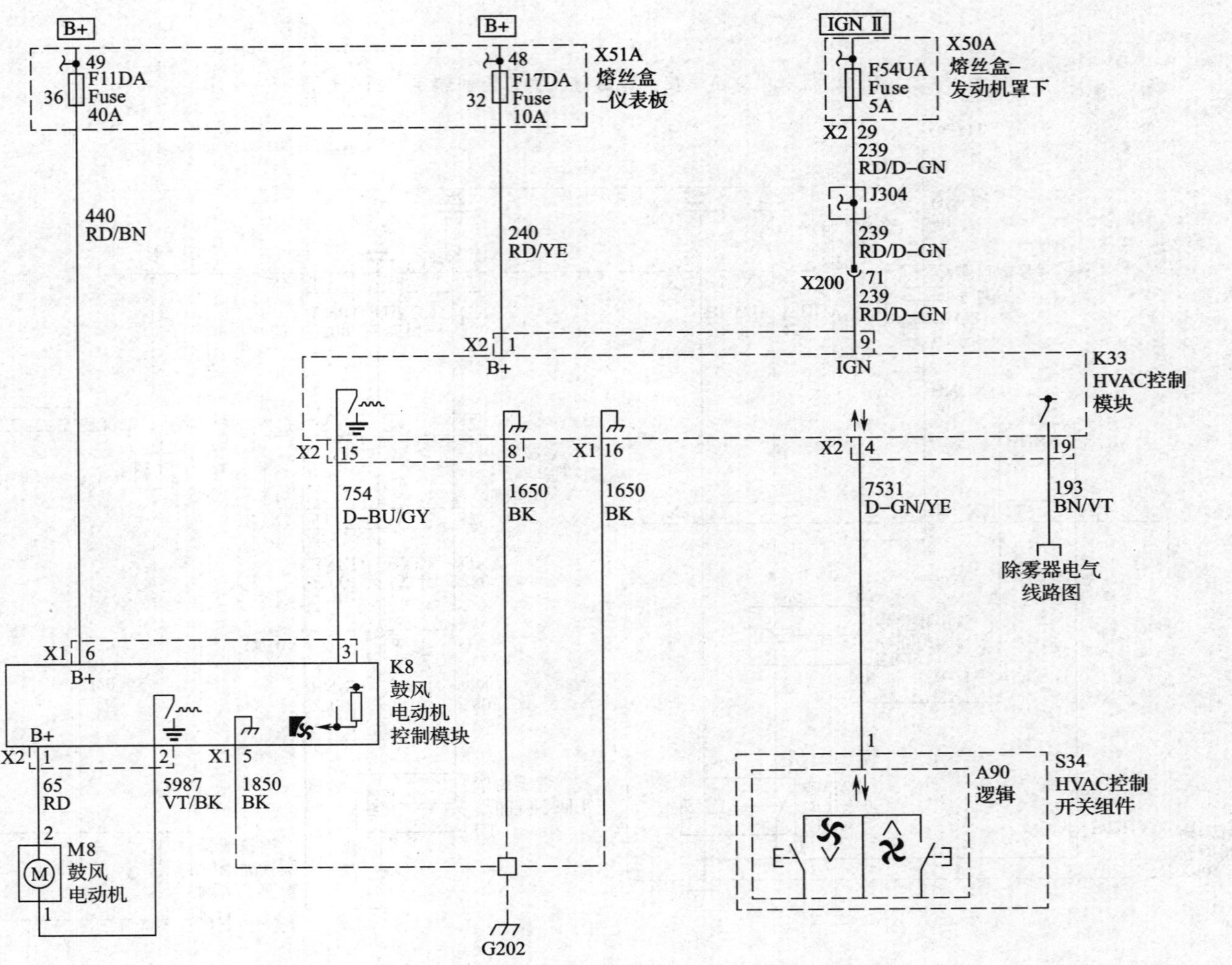

图 4—18 上海通用雪佛兰科鲁兹手动空调控制电路（二）

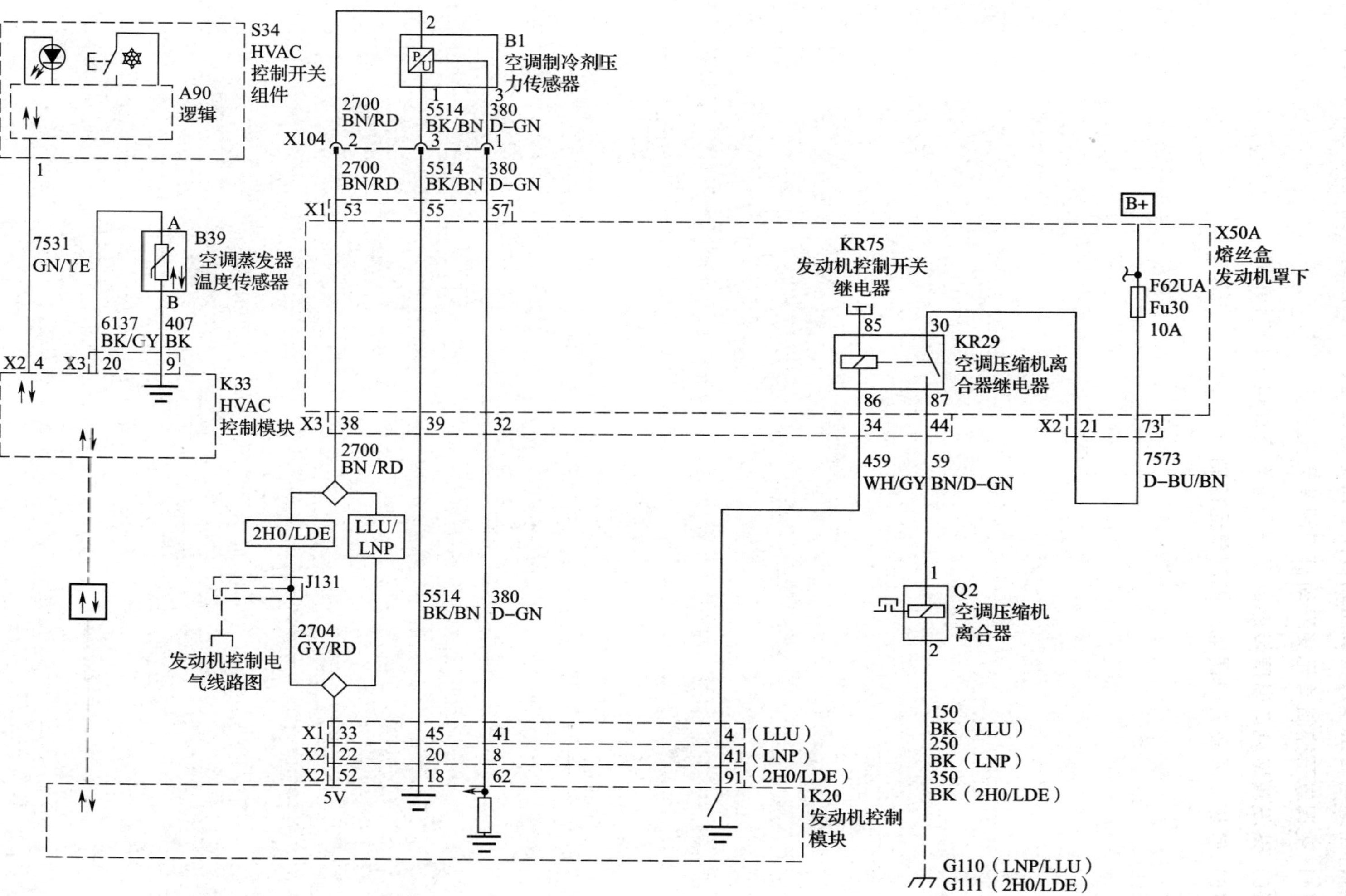

图 4—19　上海通用雪佛兰科鲁兹手动空调控制电路（三）

(3) 空调压力传感器将信号送至发动机电脑，发动机电脑控制动力系统继电器、空调压缩机离合器继电器工作，空调压缩机离合器继电器空调电子控制单元控制电磁离合器工作。

(4) 空调电子控制单元受发动机控制单元控制。

(5) 蒸发箱出风口温度传感器将信号送至空调电子控制单元。

(6) 散热器风扇由空调电子控制单元控制。

项目五　空调暖风及通风配气系统的检修

一、学习目标

1. 能描述暖风系统的组成与工作原理。
2. 能描述空调通风配气系统的组成与工作原理。
3. 能检查通风配气系统中各个风门的工作情况。
4. 能就车更换空调滤芯、加热器芯及鼓风机。
5. 能对通风配气系统进行检查，并能排除通风配气系统简单故障。

二、相关知识

1. 汽车空调暖风系统

汽车空调暖风系统是用来为车厢内取暖及风窗除霜用的，是汽车空调的组成部分。

(1) 暖风系统的分类

汽车空调暖风系统根据所采用的热源不同分为余热式和独立式。

1) 余热式暖风系统。余热式暖风系统是利用发动机的余热来直接供暖，其多用于需要热量较少的轿车、货车和中小型客车。余热供暖设备简单，使用安全，运行经济，其缺点是受汽车运行工况的影响，发动机停止运行时，就没有暖风提供。余热式暖风系统又分为水暖式和气暖式两种。

2) 独立式暖风系统。独立式暖风系统是在专门的燃烧器里燃烧汽油、煤油、柴油等燃料，产生的热量加热空气，并将它们输送到车内提高温度。其一般适用于大型的豪华旅游车，特点是产生的热量多，且不受汽车运行工况的影响，但设备复杂，使用和维护成本都较高。

(2) 暖风系统的结构及工作原理

在轿车上大多采用水暖式暖风系统，利用发动机冷却水的温度来进行取暖，其工作原理如图 5—1 所示。

当发动机运转后，带动水泵工作，使发动机的冷却水经过热水阀流入加热器芯，这时鼓风机送来的冷空气经过加热器芯，把冷却水的热量带走，从而变成热空气送入车内，实现取暖，冷却水的温度下降通过水泵又流入发动机冷却水道。由于水泵不停地循环工作，冷却水不断地流入加热器芯，使车内不断地有热风吹出。通过控制热水阀的开度改变冷却水的流量，从而控制车内温度的高低。

现代汽车空调大多采用冷暖一体化空调，暖风系统热水阀已经被取消，即发动机运转冷却水就会流经加热器芯，这时暖风温度通过通风配气系统中的温度混合风门控制。

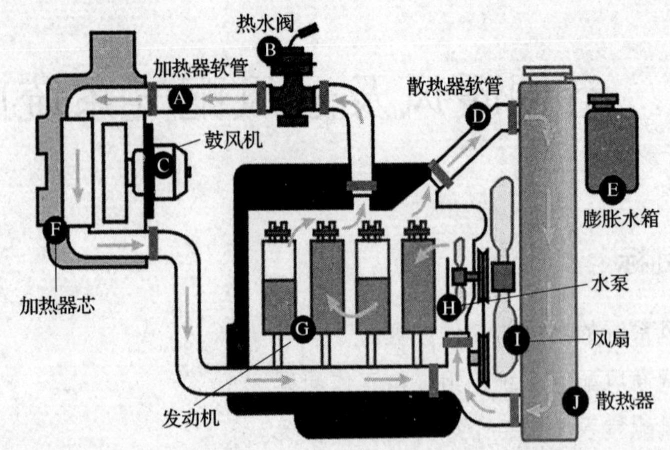

图 5—1　水暖式暖风系统工作原理

2. 汽车空调通风系统

汽车空调通风可分为自然通风和强制通风两种类型。

(1) 自然通风

如图 5—2 所示，自然通风是利用汽车行驶时产生的风压，将外部空气引入车内，空气的引入口设在正压部位，车内空气的排出口设在负压部位，比如行驶过程中打开车窗玻璃。

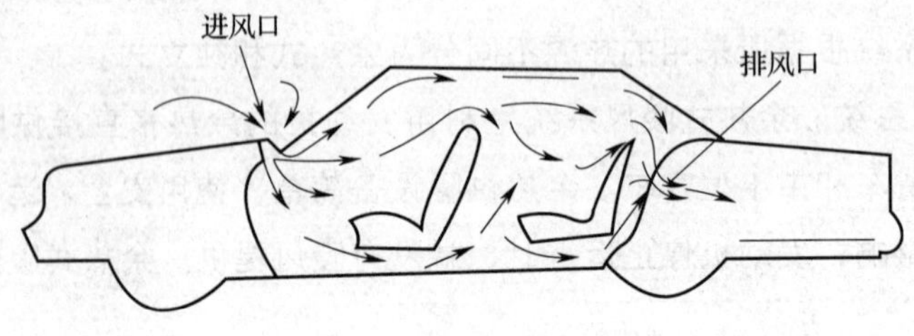

图 5—2　自然通风

(2) 强制通风

不管是轿车还是客车，它们的强制通风方式都是利用鼓风机强制引入车室外新鲜空气，图 5—3 所示为强制通风。不同的是轿车的进风口在车头，而客车的进风口一般设置在车顶位置，但排风口都设在车体尾部。

图 5—3　强制通风

(3) 汽车空调的净化方式

汽车空调在强制通风过程中，需要对车内外空气进行净化。空气净化系统通常用空气过滤式和静电集尘式两种。

1) 空气过滤式。这种净化系统是在空调系统的进风口处设置空调滤清器，如图 5—4 所示，它仅能滤除空气中的灰尘和杂物，结构简单，工作可靠，只需定期清理过滤网上的灰尘和杂物即可，现代汽车空调中广泛采用此方式。

图 5—4 空调滤清器

2) 静电集尘式。它是在空气进口的滤清器后再设置一套静电除尘装置或单独安装一套用于净化车内空气的静电除尘装置，如图 5—5 所示。它除了能过滤和吸附烟尘等微小的颗粒杂质外，还具有除臭、杀菌作用，有的还能产生负离子使空气更为新鲜洁净。此方式一般用在高档车上。

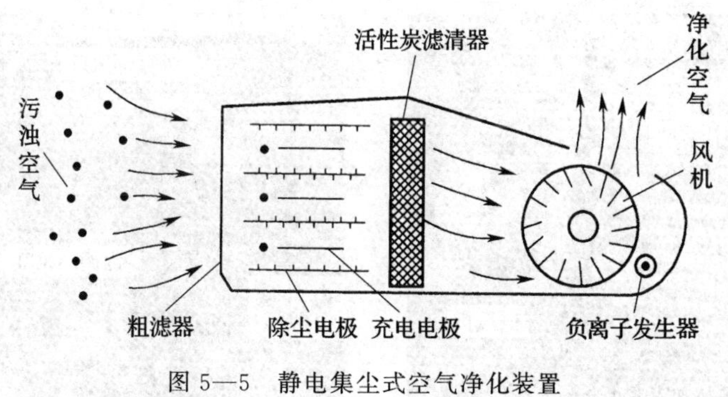

图 5—5 静电集尘式空气净化装置

3. 汽车空调配气系统

(1) 配气系统的作用

配气系统的主要作用是根据驾驶员的需要，把不同温度的空气通过不同风口（中央出风口、脚部出风口和除霜出风口）送出。

(2) 配气系统的组成

汽车空调配气系统主要由空气进入段、空气混合段和空气分配段三部分组成。图 5—6 所示为通风配气系统的实物图和结构原理。

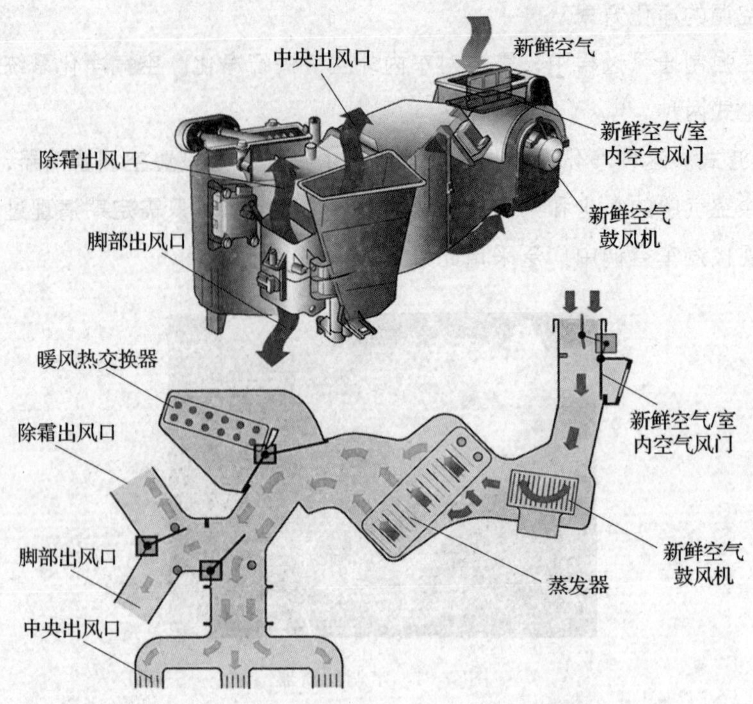

图 5—6　通风配气系统的实物图和结构原理

1）空气进入段。空气进入段主要由车外空气入口、车内循环空气入口、新鲜/车内循环空气风门和鼓风机组成，图 5—7 所示为鼓风机与内外循环风门实物图，其作用是控制新鲜空气和室内空气的进入。

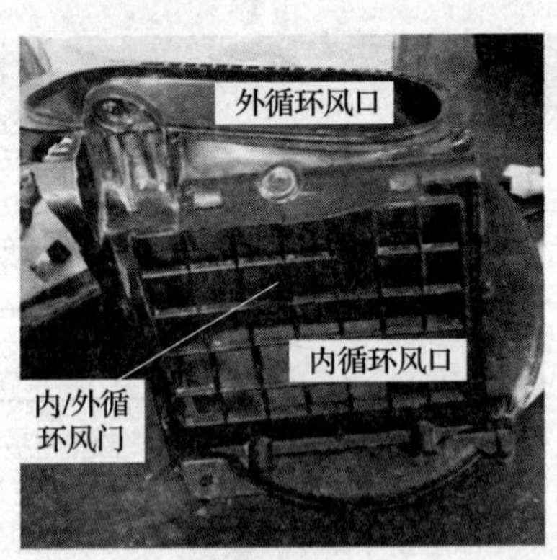

图 5—7　鼓风机与内外循环风门实物图

2）空气混合段。空气混合段主要由蒸发器、加热器和温度混合风门（调温门）组成，图 5—8 所示为蒸发器、加热器和温度混合风门实物图，其作用是用来调节驾驶员所需要温度的空气。

3）空气分配段。空气分配段主要包括中央风门、新鲜空气/室内空气风门、除霜风门和三个出风口（脚部出风口、除霜出风口和中央出风口），如图 5—9 所示，其作用是可分别使调节好的空气吹向面部、脚部和风窗玻璃上。

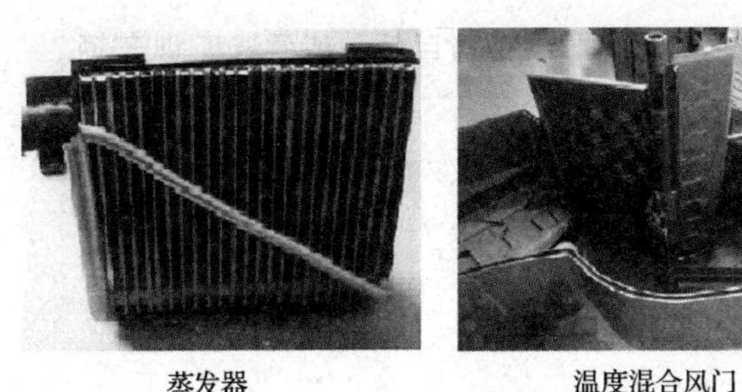

蒸发器

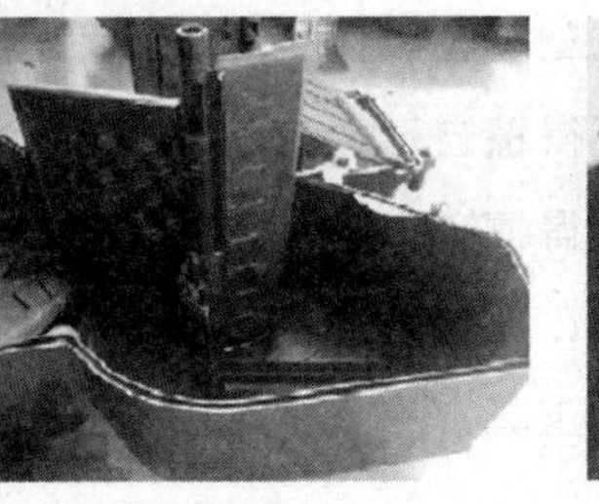

温度混合风门

加热器芯

图 5—8　蒸发器、加热器和温度混合风门实物图

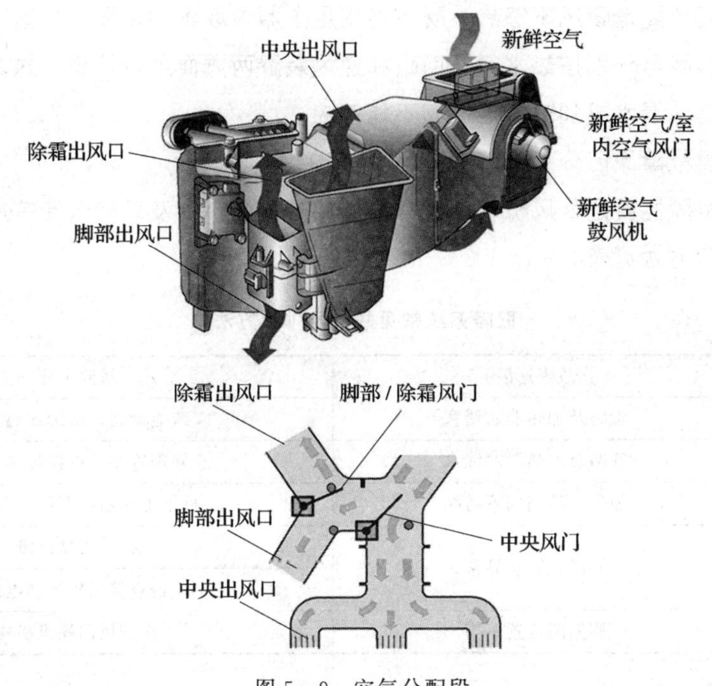

图 5—9　空气分配段

(3) 配气系统的工作原理

如图 5—6 所示，鼓风机将车内或车外的空气引入车内，经过蒸发器变为冷风，如果温度混合风门把加热器芯完全关闭，这时吹出的空气温度最低；反之，温度混合风门完全打开，吹出的空气温度最高。如果把温度混合风门开在最冷最热之间的不同位置，吹出来的风即为不同温度的风。最后不同温度的空气经过空气分配段送入车内。

三、实训操作

1. 实训设备、工具及耗材

实车、空调通风配气系统总成，常用拆装工具、风速计、水管卡箍专用拆装钳、万用表、水桶、维修手册。

2. 安全要求

(1) 遵守实训场地的各项安全制度。

（2）不论有无机动车驾驶证，未经教师同意不得擅自起动或驾驶实训车辆。

（3）未经教师同意不得擅自动用实训设备和工具。

（4）未经教师同意不得擅自动用实训车辆。

（5）在教师的指导下，严格按照实训操作步骤操作。

（6）爱护实训设备及工具。

3. 实训操作

实训1：空调暖风不热故障的基本检查

暖风系统常见故障是暖风不够热，既不能满足车厢内取暖的需要，也达不到风窗除霜的目的。取暖系统故障可分别按热水循环回路和通风装置两方面进行检查。热水循环回路的故障主要是管路堵塞、漏水或加热器控制阀不能开启。

（1）通风装置故障原因分析

通风装置的故障主要是鼓风机转动异常（主要是风量小）及风门卡滞等原因。常见取暖系统的故障及排除方法见表5—1。

表5—1　　取暖系统常见故障及排除方法

故障现象	故障原因	排除方法
暖风不热，除霜效能低	管路及加热器芯堵塞	疏通管路，清理加热器芯
	管路及加热器芯漏水	修理管路，更换加热器芯
	加热器控制阀不通畅	拆下加热器控制阀进行修理
	鼓风机转动异常	排除机械故障
		检查鼓风机控制电路
	调温门位置不当	修理风门操纵机构

（2）通风配气系统的直观检查

通风配气系统的直观检查见表5—2。

表5—2　　通风配气系统的检查

序号	检查项目	检查方法	图示
1	鼓风机的检查	打开鼓风机开关，检查鼓风机各挡位运转是否正常，使用风速计检查各挡位的出风速度	

续表

序号	检查项目	检查方法	图示
2	中央出风口检查	中央出风口的检查，打到中央出风挡位，风从中央出风口和两侧出风口吹出；手动操作各出风口手动开关，应关闭自如	
3	除霜出风口的检查	除霜出风口的检查，打到除霜挡位，空气应主要吹到前风窗玻璃上	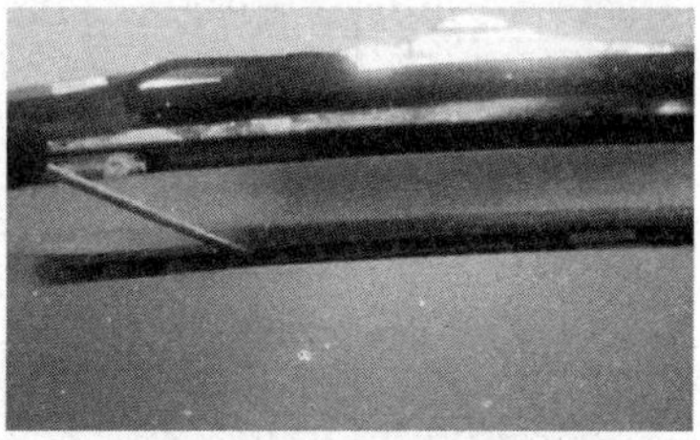
4	脚部出风口的检查	脚部出风口的检查，打到脚部出风挡位，空气应从驾驶员脚部吹出	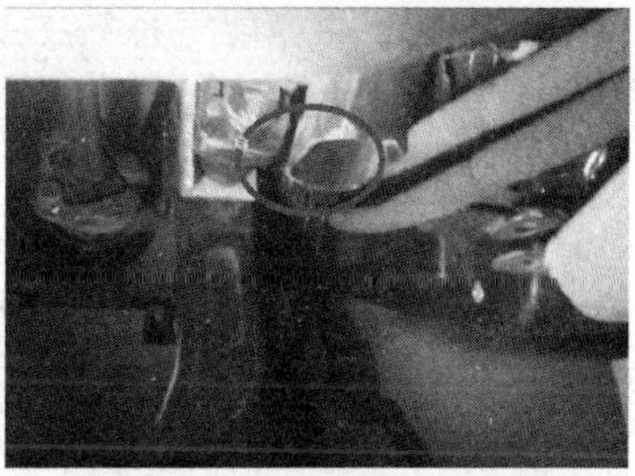
5	检查冷暖风	起动发动机，开启空调，A/C开关指示灯亮起，转动温度旋钮，能实现冷暖风的转换	
6	内外循环风门的检查	按下内外循环开关，指示灯应在亮与不亮之间转换，指示灯亮说明空调处于内循环状态，不亮说明处于外循环状态	

续表

序号	检查项目	检查方法	图示
7	空调滤芯的检查	空调滤芯一般安装在空调外循环进风口处，以桑塔纳 3000 轿车为例介绍空调滤芯的拆装方法：打开发动机舱盖，用一字旋具将挡水板密封胶条上的弹簧夹片撬出，小心地揭开挡水板密封条，然后掀开挡水板；向上拉出空调滤芯挡板，取出空调滤芯 目视空调滤芯是否严重脏污、堵塞，如脏污，用气枪进行清洁，严重脏污，应更换新的滤清器	 

实训 2：暖风及通风配气系统主要部件的拆装更换

(1) 加热器芯的更换

汽车空调加热器芯的更换步骤见表 5—3。

表 5—3　　　　帕萨特轿车加热器芯的更换

拆装顺序	拆装步骤	图示
1	使用专用工具松开水管卡箍，拔下冷却液下放水管，排放冷却液	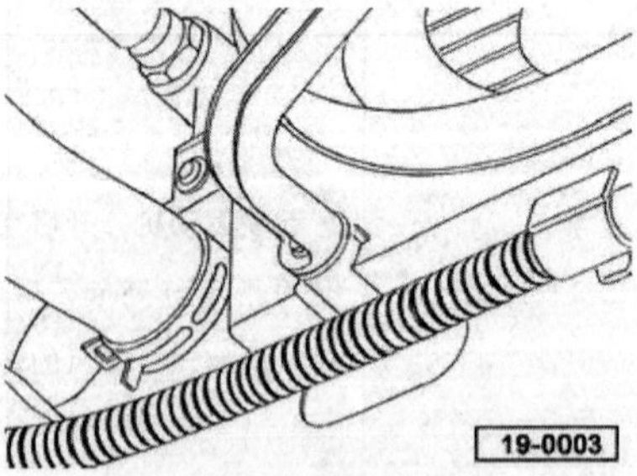 19-0003
2	松开通向加热器芯的冷却液管卡箍	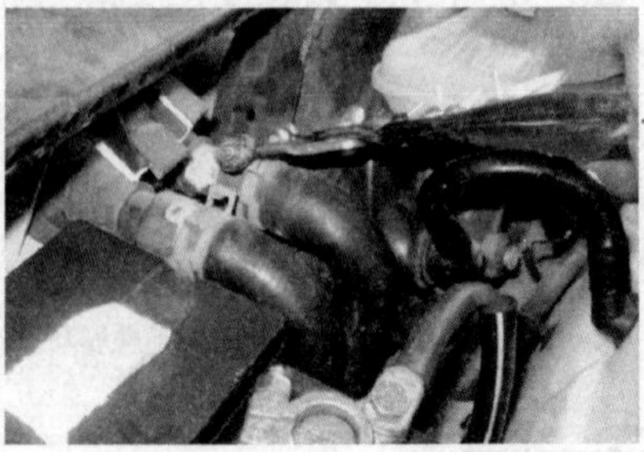

续表

拆装顺序	拆装步骤	图示
3	拆卸仪表板，拆下空调器总成	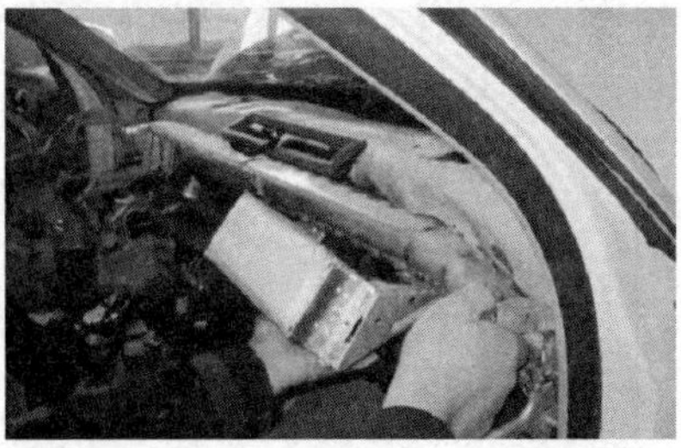
4	拆下加热器芯固定螺钉，如箭头所示	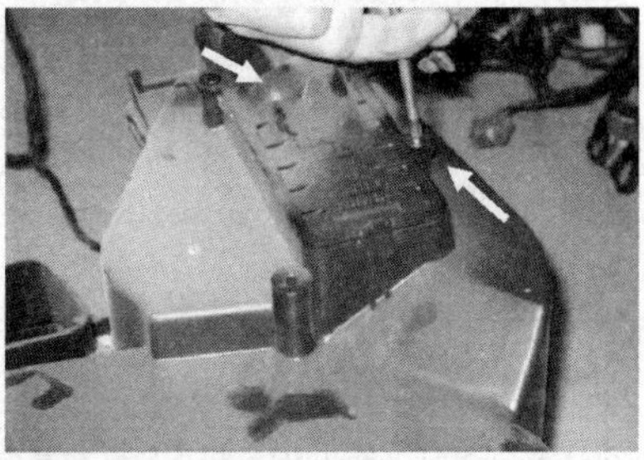
5	从空调器总成壳体中取出加热器芯	
6	检查加热器芯有无泄漏现象，如果有，需更换新的加热器芯	
7	加热器芯的安装顺序按与拆卸相反的顺序进行操作	

(2) 鼓风机的拆装

以桑塔纳 3000 轿车为例，其拆装步骤见表 5—4。

表 5—4　　鼓风机的拆装步骤

拆装顺序	拆装步骤	图示
1	拆卸空气箱	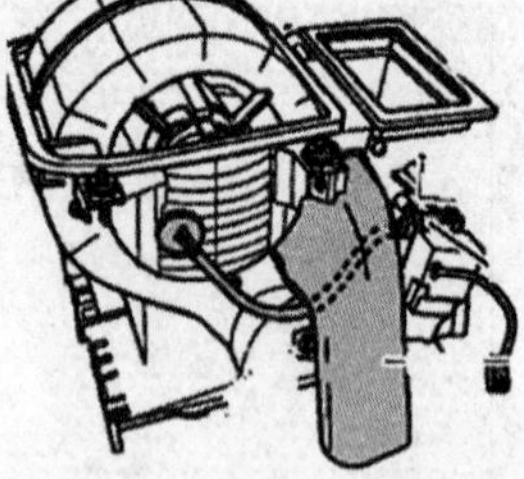
2	旋下紧固螺钉（箭头 A），拆下脚部出风口 1	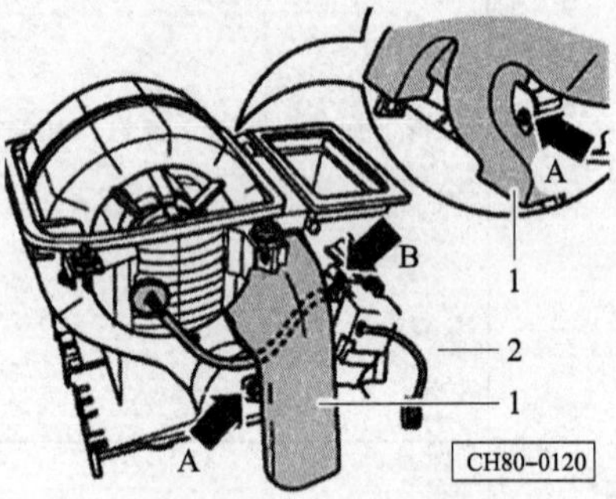
3	松开螺钉（箭头 B），拔下新鲜空气鼓风机插头 2	
4	小心地揭开密封条 1	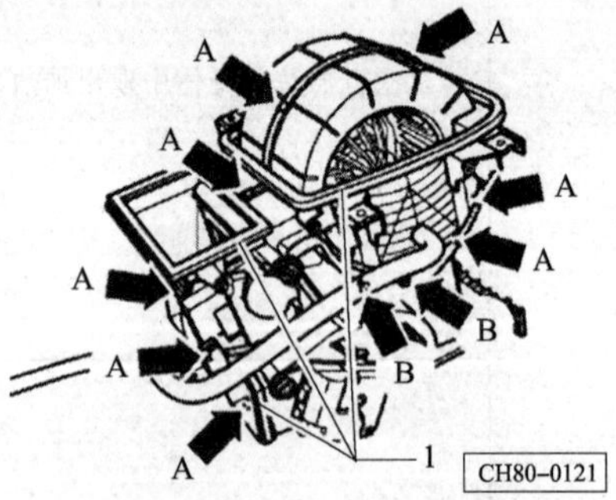
5	用一字旋具撬下弹簧卡片（箭头 A，共 9 处）	
6	拆下两个紧固螺栓（箭头 B），分离新鲜空气箱壳体	
7	拆下橡胶块（箭头 A）	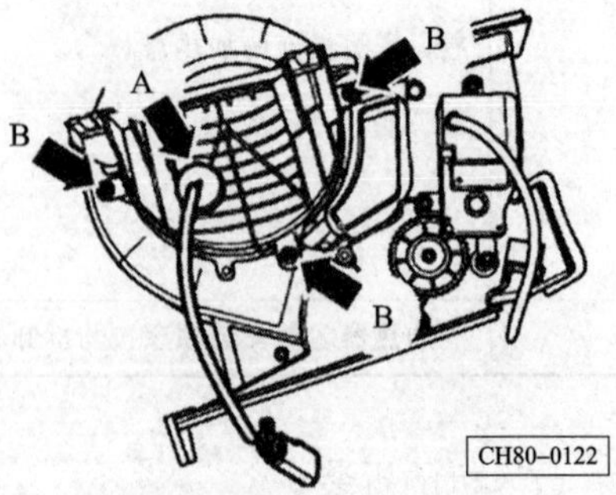
8	拆卸紧固螺钉（箭头 B），拆下新鲜空气鼓风机盖板	

续表

拆装顺序	拆装步骤	图示
9	用一字旋具按箭头方向按压卡舌，拆下鼓风机	CH80-0016
10	安装按与拆卸相反的顺序进行操作	

四、评价分析

学习活动过程评价表见表 5—5。

表 5—5　　学习活动过程评价表

班级		姓名		学号		日期	年　月　日
序号	评价要点				配分	得分	总评
1	能查阅资料列举暖风及通风配气维修注意事项				5		A□（86～100） B□（76～85） C□（60～75） D□（60 以下）
2	能描述暖风系统的作用、类型及工作原理				5		
3	能描述通风配气系统的组成及作用				5		
4	能对照实物识别通风配气系统的组成元件				20		
5	能查阅相关资料，制定通风配气系统的检查方案				10		
6	能根据维修手册更换空调滤芯、加热器芯及鼓风机				20		
7	能根据维修手册正确检修鼓风机				10		
8	能遵守劳动纪律，以积极的态度接受工作任务				5		
9	能积极参与小组讨论，发挥团队合作精神				10		
10	能及时完成教师布置的任务及工作				10		
总分					100		
小结建议							

五、知识拓展

汽车空调的配气方式

汽车空调已由单一制冷或取暖的方式发展到冷暖一体化方式，由季节性空调发展到全年性空调，真正起到空气调节的作用。系统根据空调的工作要求，可以将冷、热风按照配置送到驾驶室内，满足调节需要。

汽车空调配气方式有以下几种。

1. 空气混合式配气系统

图 5—10 所示为空气混合式配气流程，从图中可看出其工作过程为：车外新鲜空气 A+车内循环空气 B→进入鼓风机 1→混合空气进入蒸发器 2 冷却→由调温风门 8 调节后进入加热器 3 加热→进入各出风口 4、5、6、7。进入蒸发器 2 后再进入加热器 3 的空气量可用调温风门进行调节。若进入加热器的风量少，也就是冷风量相对较多，这时冷风由冷气出风口 5、7 吹出；反之，则吹出的热风较多，热风由除霜出风口 6 或热风（脚部）出风口 4 吹出。

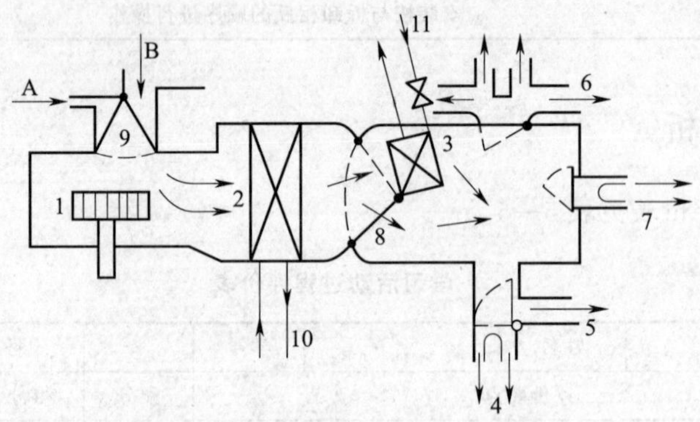

图 5—10　空气混合式配气流程

1—鼓风机　2—蒸发器　3—加热器　4—脚部出风口　5—中央出风口　6—除霜出风口　7—侧出风口　8—调温风门　9—新鲜空气风门　10—制冷系统进液、出气管　11—水阀调节进出水管　A—车外新鲜空气　B—车内循环空气

空气混合式配气系统的优点是能节省部分冷气量，缺点是冷、暖风不能均匀混合，空气处理后的参数不能完全满足要求，也即被处理的空气参数精度较差一些。

2. 全热式配气系统

图 5—11 所示为全热式配气流程。从图中可看出其工作过程为：车外新鲜空气 A+车内循环空气 B→进入鼓风机 1→混合空气进入蒸发器 2 冷却→出来后的空气全部进入加热器3→加热后的空气由各风门调节风量分别进入 4、5、6、7 各出风口。

全热式与空气混合式的区别在于由蒸发器出来的冷空气全部直接进入加热器，两者之间不设风门进行冷、热空气的风量调节，而使冷空气全部进入加热器再加热。

全热式配气系统的优点是被处理后的空气参数精度较高，缺点是浪费一部分冷气，即为了达到较高的空气参数精度而不惜浪费少量冷气。这种配气方式只用在一些高级豪华汽车空调上。

3. 加热与冷却并进混合式配气系统

图 5—12 所示为加热与冷却并进混合式配气流程。

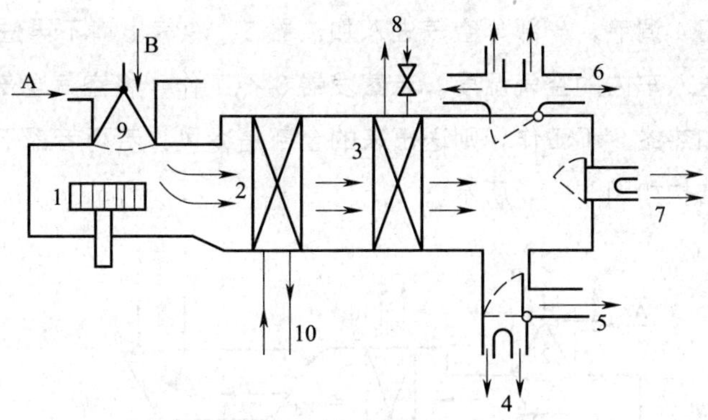

图 5—11　全热式配气流程

1—鼓风机　2—蒸发器　3—加热器　4—脚部出风口　5—中央出风口　6—除霜出风口
7—侧出风口　8—水阀调节进出水管　9—新鲜空气风门　10—制冷系统进液、出气管
A—车外新鲜空气　B—车内循环空气

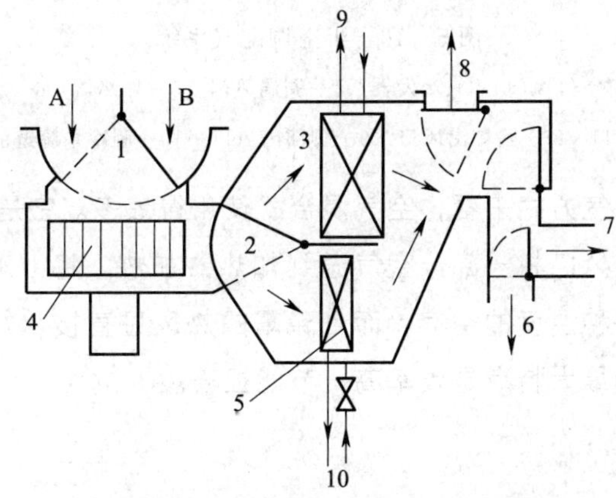

图 5—12　加热与冷却并进混合式配气流程

1—新鲜空气风门　2—调温风门　3—蒸发器　4—鼓风机　5—加热器　6—脚部出风口
7—除霜出风口　8—中央出风口　9—制冷系统进液、出气管　10—水阀调节进出水管
A—车外新鲜空气　B—车内循环空气

该配气系统工作时，调温风门 2 可以在最上方与最下方区域之间的任何位置开启或停留，如图 5—12 所示。当空气由鼓风机 4 吸入后，将由调温风门调节进入并联的蒸发器 3 和加热器 5，蒸发器的冷风从上面的中央出风口 8 吹出，对着人体上部，而热空气对着脚下和除霜处。由于风量和温度多种多样，因此由调温风门调节空气流量的大小分别进入蒸发器和加热器，以满足不同温度、不同风量的要求，当调温风门 2 处在最上方时，调温风门 2 将通往蒸发器的通道口关闭；或者当调温风门 2 处在最下方时，调温风门 2 将通往加热器的通道口关闭。这样在蒸发器或加热器不用时，单纯暖气或冷气将不经混合直接送至各出风口。若两者都不运行，送入车内的便是自然风。

4. 半空调配气系统

新鲜空气 A 和车内循环空气 B 经风门 2 调节后，先经过鼓风机 1 吹进蒸发器 3 进行冷却，然后由调温风门 4 调节，一部分空气进入加热器 5，冷气出口不再进行调节。同样，由调温风门 4 调节其送入车内的空气温度。若蒸发器 3 不工作，将空气全部引到加热器 5，则送出的是暖风；若加热器 5 不工作，则送出来的全部是冷风；若两者都不工作，则送出来的是自然风。其系统结构如图 5—13 所示。

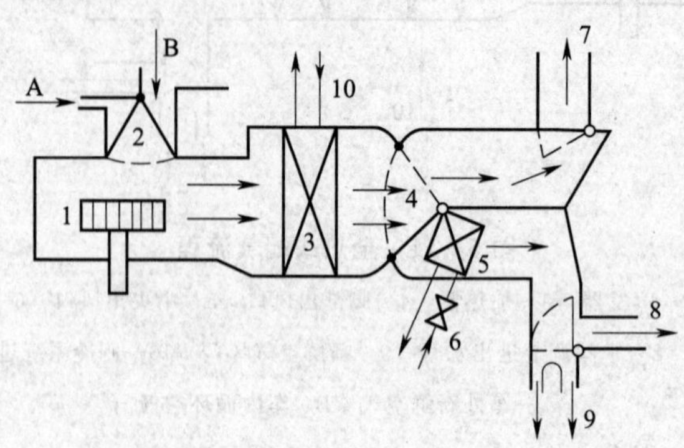

图 5—13　半空调配气系统

1—鼓风机　2—新鲜空气风门　3—蒸发器　4—调温风门　5—加热器　6—水阀调节进出水管
7—中央出风口　8— 除霜出风口　9—脚部出风口　10—制冷系统进液、出气管

从目前汽车空调的配气方式来看，空气混合式使用得最多。它是将空气经过蒸发器进行降温除湿处理后，用调温风门将一部分空气送到加热器加热。将出来的热气和冷气再混合，可以调节人们所需要的各种温度的空气，而且除霜的热风可直接从加热器引到除霜出风口，直接吹向风窗玻璃。它的最大特点是效率高，节能显著。

项目六　自动空调电控系统的故障检测与诊断

一、学习目标

1. 能描述自动空调的特点、功能及组成。

2. 能描述自动空调电控系统的工作原理及电路工作过程。

3. 能利用诊断仪进行自动空调自诊断检查。

4. 能查阅维修手册进行自动空调电控系统的检查与更换。

二、相关知识

1. 汽车自动空调的特点、功能及组成

(1) 自动空调系统的优点

汽车空调在经历了手动空调和半自动空调两个发展阶段后，目前用计算机控制的自动空调已大量应用。手动空调只能按驾驶员所设定的送风温度和鼓风机转速不断运行，而自动空调则采用一般空调系统的基础部件，通过检测车内温度、车外温度和太阳辐射等，根据驾驶员所设置的温度，自动调节送风温度和鼓风机转速，从而使车内温度保持在设定的温度上。它与手动空调的主要区别在于能保持驾驶员预先设置的舒适程度，因此它具有以下优点：

1) 它利用传感器确定当前的温度，通过冷风或暖风自动调节来获得预先设置的舒适温度。

2) 自动空调装置的操作采用按键或触摸屏控制而不采用旋钮或拨杆控制，操作方便快捷。

3) 通过数字显示，实现电子控制和调节，并可完成故障的自诊断功能。

4) 当自动空调控制系统出现故障时，可通过显示器的闪亮报警。

(2) 自动空调系统的类型

自动空调系统分为两类：半自动空调系统和全自动空调系统。两者的主要区别在于是否有自诊断功能。半自动空调系统没有提供故障码存储器，全自动空调系统具有监控系统，监控系统的随机存取存储器（RAM）存储诊断码。其次是所用的执行机构的形式和传感器数量不同。

虽然两类系统的工作方式有所不同，但它们都设计成按预先设置的舒适程度控制车内的温度和湿度，车内保持的温度和湿度与车外的气候条件无关。车内的湿度保持在45%～55%。

(3) 自动空调电子控制系统的组成及控制原理

如图 6—1 所示，自动空调电子控制系统由传感器、空调电子控制单元（ECU）及执行器组成。

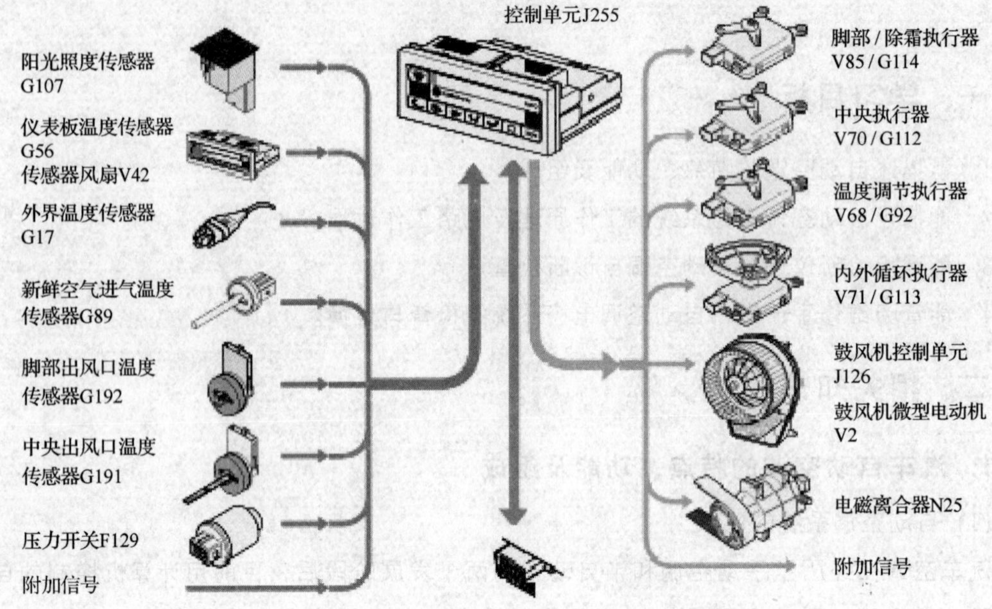

图 6—1 自动空调电控系统的组成

在计算机（微机）控制的自动空调中，每个传感器独立地将信号传送至空调电子控制单元（ECU），控制单元根据预先编制程序的标准，识别这些信号，并经过运算处理，最终独立地控制一个或多个执行器工作。

空调控制单元 ECU 具有温度控制、鼓风机转速控制、进气控制、气流方式控制（出气控制）和压缩机控制等功能，还具有自我诊断故障功能。

2. 自动空调电子控制系统主要部件的结构与原理

(1) 传感器的结构

图 6—2 所示为帕萨特自动空调各个传感器在车上的位置。

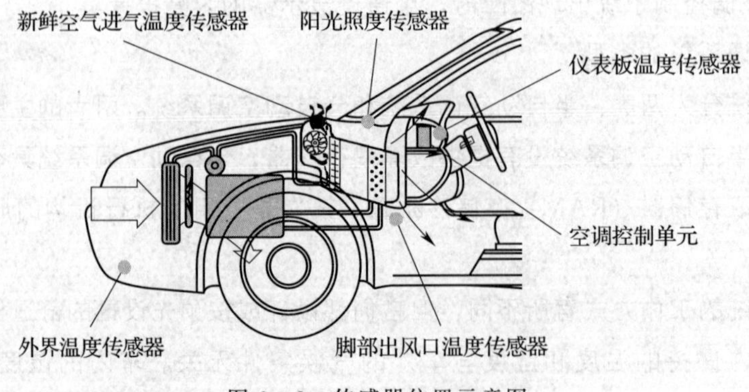

图 6—2 传感器位置示意图

以帕萨特 B5 自动空调为例，各传感器的名称和功能见表 6—1。

表 6—1　　帕萨特 B5 自动空调各传感器的名称和功能

名称	图例	功能
外界温度传感器 G17	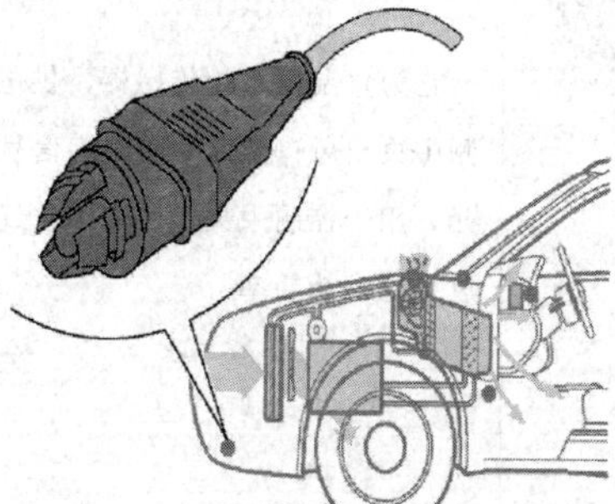	它为负温度系数传感器，供电电压为 5 V，车在行驶时，它能提供更为准确的外部温度信号。外部温度通过它的扫描，并通过操纵及显示单元按一定滞后时间显示出来。同时 G17 还把这个信号送给控制器，作为控制温度风门和新鲜空气鼓风机的参考
新鲜空气进气温度传感器 G89	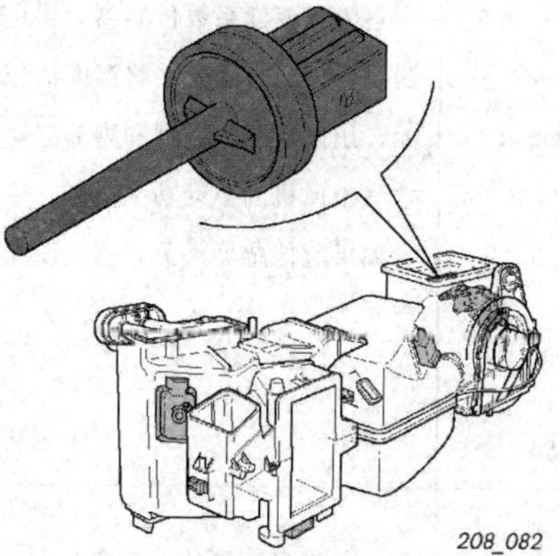 208_082	它为负温度系数传感器，供电电压为 5 V，在停车或低速行驶时，它能提供更为准确的外部温度信号。操纵及显示单元 E87 同时记录新鲜空气进气温度传感器 G89 和外界温度传感器 G17 检测值，并选用较低的温度值，以保车内获得最佳空气调节 当 G89 或 G17 有一个传感器损坏时，就由另一个接过检测任务；如果两个温度传感器都损坏，控制和显示单元会假设外界温度为 10℃继续运行下去，此时循环空气运行就停止，在操纵和显示单元 E87 上的显示为“－”
仪表板温度传感器 G56	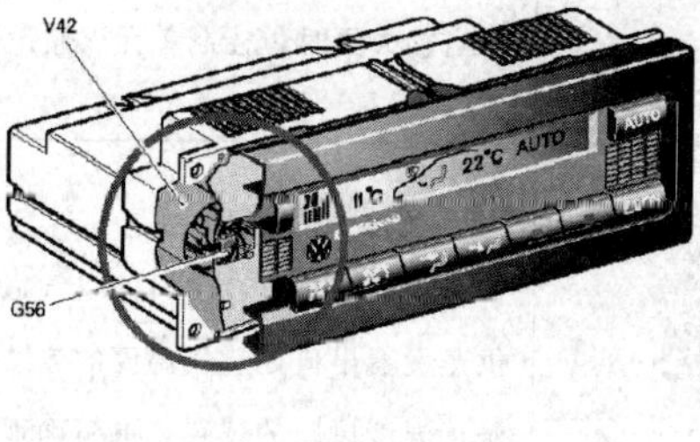 V42 22℃ AUTO AUTO G56	它为负温度系数传感器，供电电压为 5 V，自身带有微型电动机 V42，可以保证传感器周围空气的流通，使测量值更为准确。G56 检测室内温度，将温度信号送给控制与显示单元，作为控制温度风门和新鲜空气鼓风机的参考 当 G56 失灵时，控制与显示单元会假设室内温度为 24℃而应急运行

续表

名称	图例	功能
中央出风口温度传感器G191		它为负温度系数传感器，供电电压为 5 V，它检测中央出风口温度，将温度信号送给控制与显示单元，用于控制中央出风口的空气分配和新鲜空气鼓风机的驱动功率
脚部空间出风口温度传感器 G192	208_084	它为负温度系数传感器，供电电压为 5 V，它检测脚部出风口温度，将温度信号送给控制与显示单元，用以控制除霜器和脚部空间的空气分配及新鲜空气鼓风机的驱动功率 如果此传感器失灵，则假设温度 80℃以下继续运行
阳光照度传感器G107		它为光敏二极管，利用光电效应，传感器将阳光照度转变成电信号，并输送给控制与显示单元，以修正控制温度风门的位置和新鲜空气鼓风机的转速。它的供电电压为 5 V。一般在强阳光下测量，它的电压小于 1 V，阻值为 4 kΩ；用布遮住阳光传感器，它的电压大于 4 V，阻值为无穷大 当它失灵时，控制单元以假设固定值应急运行
蒸发器出口温度传感器G263		它安装在蒸发器出口的空气道中，为控制单元提供蒸发器出口处空气温度的连续数据，从而进一步修正温度风门的位置，更精确地控制压缩机，减少风窗玻璃的结霜现象

续表

名称	图例	功能
空调压力 高低压开关 F129		高压调整：当压力升高到 1 600 kPa 时，空调压力开关的 3 和 4 之间的开关接通，使制冷剂风扇电动机 V7 的转速提高到第二挡工作，加强冷凝器换热能力。当系统压力为 1 250 kPa 时，风扇回到 1 挡低速转动 低压保护：当制冷系统压力低于 200 kPa 时，F129 的 1 和 2 之间断开，从而切断压缩机电磁离合器电路。当压力升到 240 kPa 时，压缩机重新接通工作 高压保护：当系统压力高于 3 200 kPa 时，F129 断开从而切断压缩机；当压力低于 2 400 kPa 时，F129 接通，压缩机重新工作

（2）执行器的结构与原理

1）鼓风机控制单元 J126 和新鲜空气鼓风机电动机 V2。如图 6—3 所示，空调控制及显示单元向鼓风机控制单元 J126 输出 2～5 V 的电压，J126 向鼓风机电动机 V2 输出不同的工作电压，以控制鼓风机以不同的转速运转。鼓风机的转速控制为无级的。

为防止鼓风机控制单元过热，设有过热保护装置，配有大面积的散热片，为更好地散热，将其设置在蒸发器罩内，并且设有保护电路；如果超出所限温度，保护电路就关闭鼓风机。

当发动机及外界温度都很低时，为防止冷空气进入车室内，除在除霜运行状态鼓风机以高速运转外，其他状况鼓风机都为低速运转。空调鼓风机控制装置应防止鼓风机在冷却水温度低于 50℃时运转。

2）新鲜空气风门伺服电动机 V71。新鲜空气风门伺服电动机 V71 通过带两个导向槽的驱动盘同时控制风滞压力风门和新鲜空气/空气再循环风门。

汽车行驶速度发生变化时，对空气的分流能力有很大影响，使车内新鲜空气的流量发生变化。速度越高时空气流量越大，反之则减小。实现新鲜空气流量恒定是保证车内空气调速均匀的一个重要先决条件。

图 6—3 鼓风机控制单元 J126 和新鲜空气鼓风机电动机 V2

自动空调控制及显示单元根据汽车行驶速度、鼓风机转速和内部温度来控制和调整伺服电动机 V71，通过风滞压力风门改变吸入管道流动截面积，保证新鲜空气流量的恒定，见表 6—2。其调整范围是从“底部”终端位置（风滞压力风门关闭蒸发器一侧）到“上部”终端位置（风滞压力风门打开蒸发器一侧）。电动机 V71 带有电位计 G113，G113 需要 5 V 的电压供电，它通过反馈值将风门的位置传给控制及显示单元。电动机 V71 的终端位置是自适应的，可在自诊断基本调整程序中调整。

表 6—2　　新鲜空气风门的工作情况

工作模式	图例
在外循环模式中，当车速低于 20 km/h 时，新鲜空气/空气再循环风门全开，新鲜空气能够不受阻碍地进入车内	新鲜空气 车厢内 循环空气
在高速行驶时，风门可以阻止一部分空气进入车厢。开启和关闭的程度由车速决定 风门的位置也受到车厢内设定温度和实际温度之间温差的影响。如果温差很大，进气口的绿色风门快速转动，使车外空气减少，能够较快地达到理想的温度	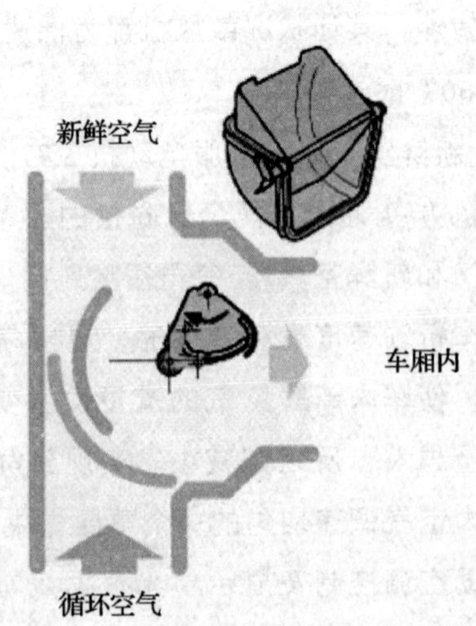

续表

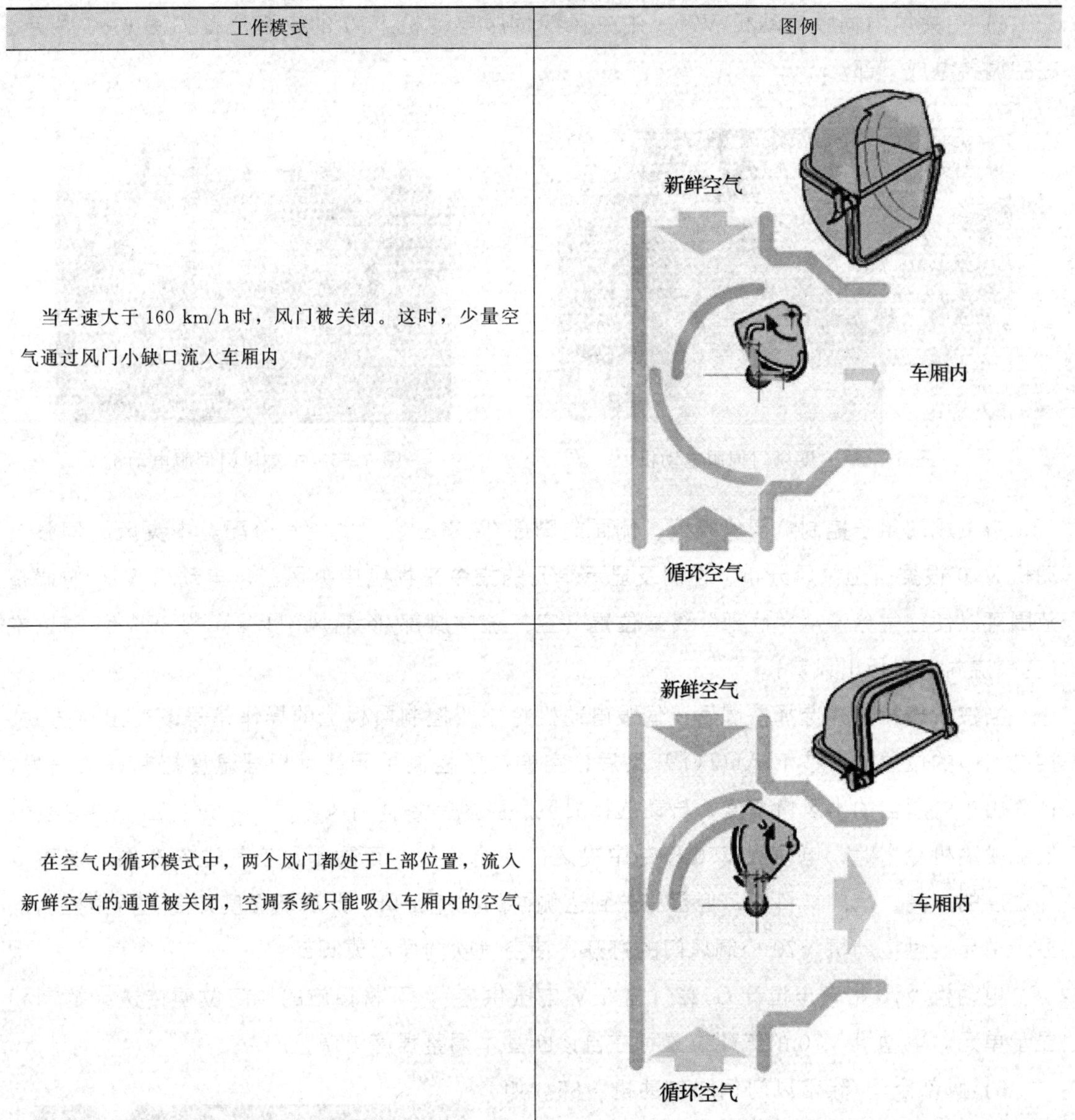

工作模式	图例
当车速大于 160 km/h 时，风门被关闭。这时，少量空气通过风门小缺口流入车厢内	新鲜空气 车厢内 循环空气
在空气内循环模式中，两个风门都处于上部位置，流入新鲜空气的通道被关闭，空调系统只能吸入车厢内的空气	新鲜空气 车厢内 循环空气

按下空调控制面板 AUTO 开关或内外循环状态下，空调电子控制单元即计算出系统所需要的车内出风口的温度，系统会根据电子控制单元计算值，驱动伺服电动机设定进气风门的开度。

3）温度风门伺服电动机 V68。如图 6—4 所示，温度风门伺服电动机 V68 置于空调器总成下部。

功能：温度风门用于改变冷热空气的混合，保证车内温度在所有运行状态下保持大致的恒定。温度风门伺服电动机 V68 根据控制及显示单元的指令来操纵温度风门，电动机 V68 带有电位计 G92（需 5 V 电压供电），可将相应的风门位置信号反馈给控制及显示单元。电动机 V68 的调整范围从“采暖”终端（空气流通过加热器芯）到“制冷”终端位置（空气流不通过加热器芯)，终端位置可在自诊断基本调整程序中调整。

4）中央风门伺服电动机 V70。中央风门伺服电动机 V70 的安装位置如图 6—5 所示，在空调器总成下部。

图 6—4　温度风门伺服电动机

图 6—5　中央风门伺服电动机

中央风门用于控制流至仪表板、侧面或脚部/除霜出风口的空气分配。中央风门伺服电动机 V70 根据所选供风分布、控制及显示单元的指令来操纵中央风门，电动机 V70 的调整范围可以使空气分流从“底部”终端位置（空气流向脚部/除霜风门）到“上部”终端位置(空气流向仪表板出风口)。

当按下出风方式选择按键后，伺服电动机将按照控制面板上的操作信号改变出风方式，控制风门的位置；若按下 AUTO 开关后，空调电子控制单元就可根据温度控制开关信号，计算出车内所需的出风口温度，自动选择面风、脚风等各种出风方式。不过，当外界温度较低或发动机冷车时，电动机 V70 控制中央风门完全关闭，可防止冷空气进入车厢。随着冷却温度的升高，风门被打开，但空气先到达侧面的空气出口，此后随温度升高，再由控制及显示单元通过电动机 V70 控制风门的打开，使空气吹向面部或脚部。

电动机 V70 带有电位计 G112（需 5 V 电压供电），可将相应的风门位置传送给控制和显示单元。电动机 V70 的终端位置可在自诊断基本调整程序中调整。

5）脚部空间/除霜风门伺服电动机 V85。如图 6—6 所示，脚部空间/除霜风门伺服电动机 V85 安装在空调器总成左侧。脚部空间/除霜风门用于脚部空间或风窗玻璃出风口除霜喷口的空气分配，控制这个风门的电动机 V85 同样也带有一个电位计 G114，将风门位置反馈给控制和显示单元。电动机 V85 的调整范围可以使空气从“底部”终端位置（空气分流到仪表除霜风口）分流到“上部”终端位置（空气流向脚部空间出风口）。电动机 V85 的终端位置也可在自诊断基本调整的程序中调整。

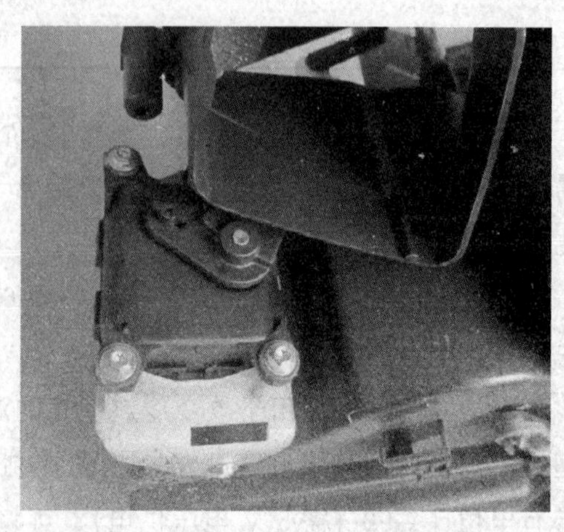

图 6—6　脚部空间/除霜风门伺服电动机

3. 自动空调系统的自诊断

自动空调系统具有自诊断功能，可以通过故障码查寻、数据流测试及执行元件测试等功能进行检测诊断。不同类型的自动空调具备不同的故障代码，帕萨特自动空调的故障代码见表 6—3。

表 6—3　　帕萨特自动空调的故障代码

<table>
<tr><th>故障代码</th><th>可能的故障原因</th><th>故障排除</th></tr>
<tr><td>0000
无故障</td><td>如果出现“无故障”，则自诊断结束，如果显示屏仍然闪烁，依次选择下面功能：
07——控制单元编码
04——基本设定</td><td></td></tr>
<tr><td rowspan="2">00281
车速传感器 G68
目前不能检查</td><td>发动机控制单元到空调控制单元间线路短路、断路或插头故障
速度传感器 G22 发现故障（仅当 G21 也不起作用时）</td><td>用“读取测量数据块”检查 G22 的信号，按电路图查找控制单元的导线和插头
更换 G22</td></tr>
<tr><td colspan="2">此显示只在查寻故障存储器之前执行元件诊断时才出现，此故障在关闭点火开关后，可从控制单元故障存储器中清除。如果 G68 出现故障，此故障在行车时又会出现</td></tr>
<tr><td>00532
供电电压</td><td>电压调节器故障
空调控制单元 J255 导线或插头故障</td><td>用“读取测量数据块”检查供电电压（15 号线）
检查电压调节器
按电路图查找控制单元的导线和插头</td></tr>
<tr><td>00538
参考电压</td><td>导线短路、断路或插头故障，特别注意空调控制单元 J255 插头故障
T166 的 8 脚到步进电动机的导线位置
电动机电位计 G92、G112、G115 或 G114 故障
控制单元故障</td><td>按电路图查找控制单元的导线和插头
通过执行元件诊断 03 检查步进电动机的调节功能
依次拔下这些部件的插头，清除故障存储器中的故障代码并且再次查寻故障存储器，当重新连接好插头，故障再次出现时，则必须更换相关位置电动机
如有必要，更换控制单元，之后依次选择下述功能：
07——控制单元编码
04——基本设定</td></tr>
<tr><td>00603
脚部空间/除霜
风门位置
电动机 V85</td><td>到脚部空间/除霜风门位置电动机 V85 的导线或插头短路或断路
V85 锁止
V85 损坏</td><td>进行执行元件诊断，用“读取测量数据块”检查 V85
按电路图查找导线和插头
进行执行元件诊断
更换 V85，然后选择 04 进行基本设定</td></tr>
</table>

续表

故障代码	可能的故障原因	故障排除
00779 外界温度 传感器 G17	找到外界温度传感器 G17 的导线或插头，对正极短路或断路 G17 损坏	用“读取测量数据块”检查 G17 按电路图查找导线和插头 更换 G17
00787 新鲜空气进气温度 传感器 G89	找到新鲜空气进气温度传感器 G89 的导线或插头，对正极短路或断路 G89 的导线或插头对地短路或断路 G89 损坏	更换 G89 用“读取测量数据块”检查 G89 按电路图查找导线和插头 用“读取测量数据块”检查 G89 更换 G89
00792 空调压力 开关 F129	找到空调压力开关 F129 的导线或插头，做短路或断路检查 制冷剂管路故障 发动机冷却不良 F129 损坏	用“读取测量数据块”检查 F129 按电路图查找导线和插头 检查发动机冷却系统 更换 G22，更换 F129
	此显示只在查寻故障存储器前，如果执行元件诊断时压力开关不能被检测时才会出现（如环境温度低于 12℃），该故障在关闭点火开关后可被消除	
00797 阳光传感器 G107	找到阳光传感器 G107 的导线或插头，对正极短路或断路 G107 损坏	用“读取测量数据块”功能检测 G107 按电路图查找导线和插头 更换 G107
01206 临时故障码	如果 ABS 警报灯 K47 或制动系统警报灯 K81 也指示该故障，则组合仪表损坏，故障同样存储到故障记忆中 02 导线或插头短路或断路 空调控制单元 J255 损坏	更换组合仪表 用“读取测量数据块”功能检测临时故障码 按电路图查找导线和插头 更换空调控制单元 J255 后依次执行下述功能： 07——控制单元编码 04——基本设定
01271 温度风门位置 伺服电动机 V68	找到温度风门伺服电动机的导线或插头做短路或断路检查 V68 安装后未用 04 功能进行设定 V68 卡死 V68 损坏	用“读取测量数据块”功能检测 V68 按电路图查找导线和插头 安装后检查电动机 V68 的止点位置，执行元件诊断 03 更换 V68，执行 04 功能，基本设定
01272 中央风门位置 伺服电动机 V70	到中央风门伺服电动机的导线或插头短路或断路 V70 卡死 V70 损坏	用“读取测量数据块”功能检测 V70 执行元件诊断 03 更换 V70，执行基本设定 04 执行元件诊断 03

续表

故障代码	可能的故障原因	故障排除
01273 新鲜空气鼓风机 V2 或鼓风机 控制单元 J126	找到新鲜空气鼓风机电动机 V2 的导线或插头，做短路或断路检查 鼓风机控制单元 J126 或新鲜空气鼓风机电动机 V2 损坏	用“读取测量数据块”功能检测电动机 V2 按电路图查找导线和插头 执行元件诊断 03 更换 J126 或 V2
01274 空气风门伺服 位置电动机 V71	找到空气风门伺服电动机 V71 的导线或插头，做短路或断路检查 V71 卡死 V71 损坏	用“读取测量数据块”功能检测电动机 V71 按电路图查找导线和插头 执行元件诊断 03 更换电动机 V71，并且进行基本设定 04
01296 中央出风口温度 传感器 G191	找到中央出风口温度传感器 G191 的导线或插头做断路检查 没有安装中央出风口温度传感器 G191 空调控制单元 J155 编码错误	依次执行下面功能： 07——控制单元编码 04——基本设定
01297 脚部出风口温度 传感器 G192	找到脚部出风口温度传感器 G192 的导线或插头对正极短路或断路 G192 损坏	用“读取测量数据块”功能检测 G192 按电路图查找导线和插头 更换 G192
65535 空调控制 单元 J255	找到空调控制单元 J255 的导线或插头做故障检查 空调控制单元 J255 损坏	按电路图查找导线和插头 用“读取测量数据块”检测 J255 更换 J255 之后依次选择以下功能： 07——控制单元编码 04——基本设定

三、实训操作

1. 实训设备、工具及耗材

大众专用的诊断仪 V. A. S5052A，整车，专用拆装工具、万用表、熔丝、继电器、导线。

2. 安全要求

(1) 遵守实训场地的各项安全制度。

(2) 未经教师同意不得擅自起动或驾驶实训车辆。

(3) 未经教师同意不得擅自动用实训设备和工具。

(4) 未经教师同意不得擅自动用实训车辆。

(5) 在教师的指导下，严格按照实训操作步骤操作。

(6) 爱护实训设备和工具。

3. 实训操作

实训 1：自动空调的自诊断检查

(1) 自动空调基本检查

汽车自动空调在进行故障的检测诊断时，应先进行自动空调的基本检查，见表 6—4，确认空调系统的基本条件是否具备。

表 6—4　　自动空调基本检查

检查名称	检查项目	检查内容	检查时间
压缩机	冷冻机油	检查压缩机油面，更换冷冻机油，清洗过滤网	两季一次
	油封	是否有油迹，用检漏仪检测是否有泄漏	每季一次
	外部	固定支架螺钉是否松动	每季一次
	运转	压缩机在非使用季节，应定期运转，每次运转几分钟，检查有无异常声响	每周一次
制冷循环系统	管路各接头	检查管路接头有无松动、渗漏或油污痕迹，各软管有无老化、裂纹、磨损、挤压等现象，用检漏仪检测是否有泄漏	每季一次
	制冷剂量	通过视液镜或歧管压力表检查制冷剂量是否正常	每季一次
	冷凝器	检查冷凝器散热片是否完好，管道是否有堵塞，并用压缩空气或高压水清洗污物	每周一次
	蒸发器	检查外表面是否有结霜现象，测试进、出口温差	每季一次
	储液干燥器	更换干燥剂或总成，检查易熔塞	三季一次
	膨胀阀	超压时是否能亮	每季一次
电气系统	高压报警灯	超压时是否能亮	每周一次
	压力开关	检查高、低压开关动作是否正常	每季一次
	车内温控器	在温度控制范围内作用是否正常	每季一次
	热敏电阻开关	检查动作是否正常	每季一次
	电磁阀	检查动作是否正常	两季一次
	鼓风机	检查叶片是否有损伤，运转是否平稳，无异常声响	每季一次
	冷凝器风扇	检查叶片转动是否平稳，有无摩擦现象	每季一次
	开关	各开关是否灵活，插头是否有松动、脱落现象	三季一次
传动机构	电磁离合器	检查电磁离合器是否能迅速离、合，是否有打滑	每季一次
	传动带	传动带有无老化、磨损、断裂，松紧度是否合适	每周一次
	惰轮	检查有无松旷，转动是否灵活，加注润滑脂	每季一次

续表

检查名称	检查项目	检查内容	检查时间
其他	紧固件	检查各紧固件是否牢靠，螺母是否有松动	每季一次
	空气滤清器	检查有无堵塞现象，应及时清理	每周一次
	真空驱动器，风道门	检查工作是否正常，转动是否灵活	三季一次

（2）自诊断检查

1）开关式自诊断检查（以桑塔纳 3000 轿车自动空调为例）

①读故障码：如图 6—7 所示，先按住 MODE 不放，再按下 ，维持 3 s 后系统进入自诊断模式，在屏幕原设定温度处显示故障序号，原环境温度处显示故障码，无故障则显示“0”，有故障则显示故障码。此时按 或 进行翻页，显示上一个或下一个故障码和故障序号。此时再按 AUTO 则退出自诊断模式，恢复至系统原状态。

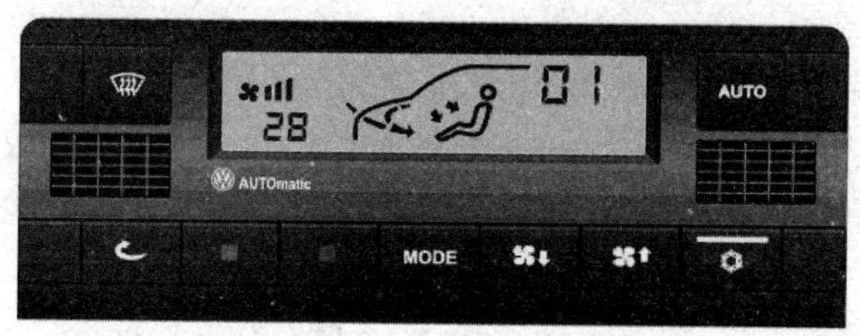

图 6—7　桑塔纳 3000 轿车自动空调面板

如果发生风门执行器与传感器故障，则在屏幕上显示“INSP”，成功进入检测模式后屏幕原设定温度处和原环境温度处均显示“00”。

按 或 进行翻页，显示上一个或下一个数值和序号，屏幕原设定温度处显示检测序号，屏幕原环境温度处显示相应数值（故障码），按 或 进行翻页，显示下一个或上一个数值和序号，屏幕原设定温度处显示检测序号，屏幕原环境温度处显示相应数值（故障码），按 AUTO 则退出检测模式，恢复至系统原状态。

检测序号——故障码：

00——软件版本。

01——01 温度执行器（不转，电位计短路/开路）。

02——02 内外循环执行器（不转，电位计短路/开路）。

03——03 中央执行器故障，除霜/脚部执行器正常（不转，电位计短路/开路）。

04——04 中央执行器正常，除霜/脚部执行器故障（不转，电位计短路/开路）。

05——05 中央执行器故障，除霜/脚部执行器故障（不转，电位计短路/开路）。

06——06 外界温度传感器（短路/开路）。

07——07 车内温度传感器（短路/开路）。

08——08 蒸发器温度传感器（短路/开路）。

09——09 阳光传感器（短路/开路）。

10——10 水温传感器（短路/开路）。

11——11 进风口温度传感器（短路/开路）。

②读取数据：如图 6—7 所示，按 ❁ 或 ↺ 进行翻页，显示上一个或下一个数值和序号，屏幕原设定温度处显示检测序号，屏幕原环境温度处显示相应数值，检测序号见下表。

检测数值表：

01——车内温度。

02——车外温度。

03——蒸发器温度。

04——水温。

05——阳光辐射（采样值的 1/20）。

06——进气口温度。

07——车速（采样值的 1/5）。

2）使用诊断仪进行自动空调的自诊断检查。可使用汽车故障诊断仪进行自动空调故障码或数据流的读取，也可依据引导性故障查寻进行检查诊断（大众专用诊断仪功能），见表 6—5。

表 6—5　　　　用诊断仪完成自动空调的自诊断操作

操作内容	操作步骤	图示
车辆自诊断：故障码的读取	1. 连接故障诊断仪（V. A. S 5052 A） 保证电路中所有熔丝正常，电压在 10 V 以上，蓄电池的负极连接牢靠，压缩机及发电机 V 带适当张紧。在关闭点火开关后，取下副仪表板上诊断插座的盖板，将故障诊断仪接到诊断插座上	
	2. 开机进入“车辆诊断和保养信息系统”页面	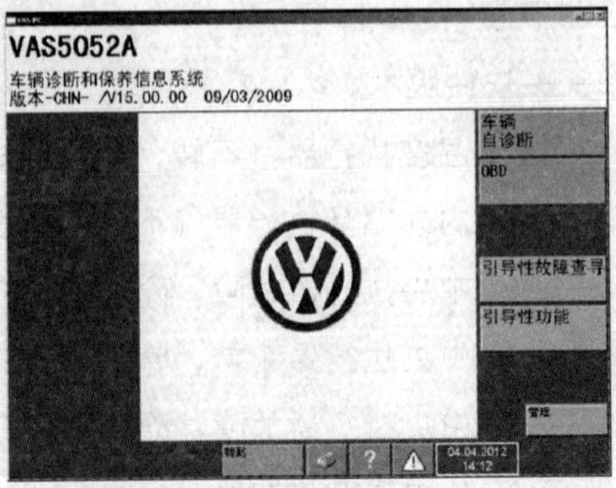

续表

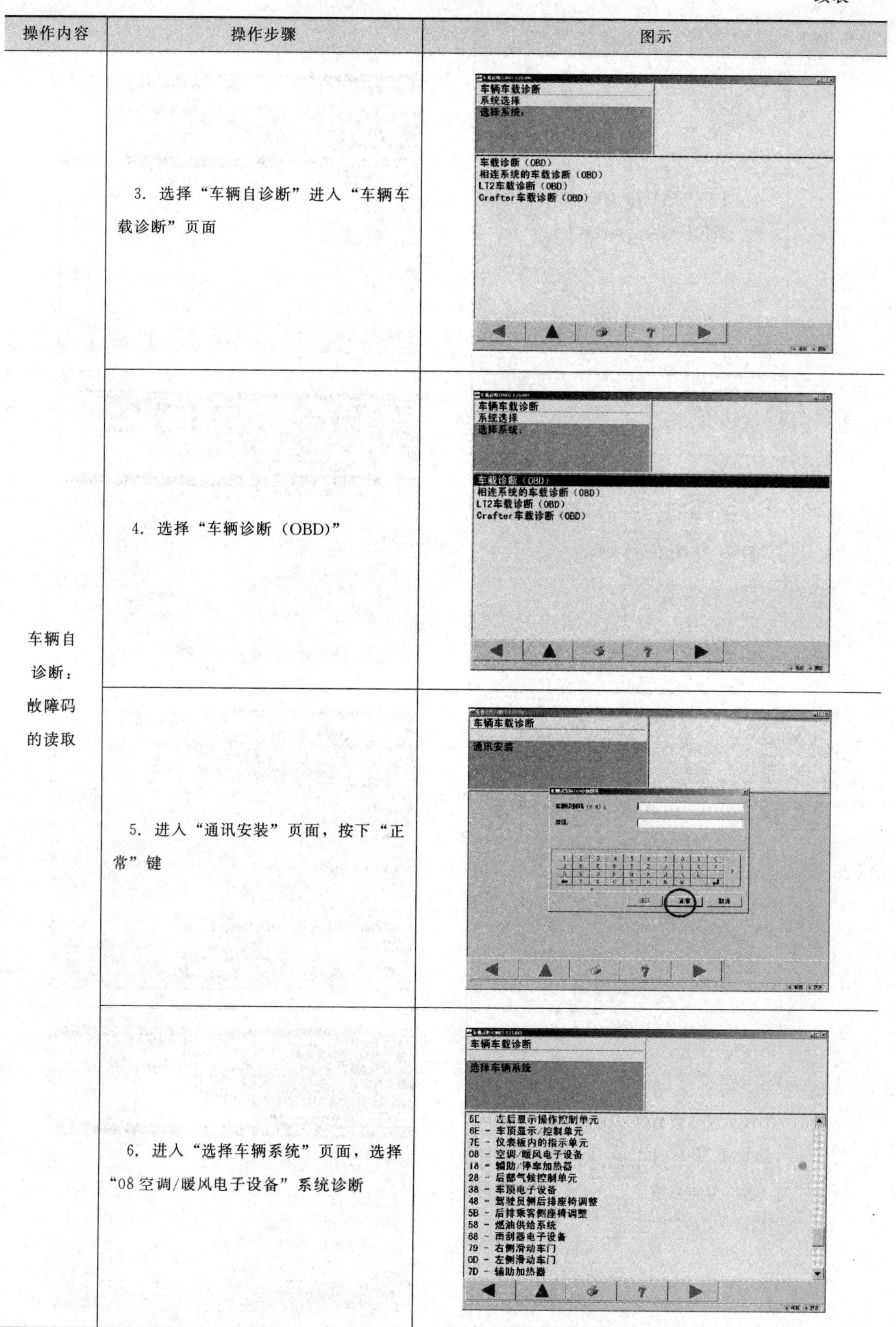

操作内容	操作步骤	图示
车辆自诊断：故障码的读取	3. 选择“车辆自诊断”进入“车辆车载诊断”页面	
	4. 选择“车辆诊断（OBD）”	
	5. 进入“通讯安装”页面，按下“正常”键	
	6. 进入“选择车辆系统”页面，选择“08 空调/暖风电子设备”系统诊断	

续表

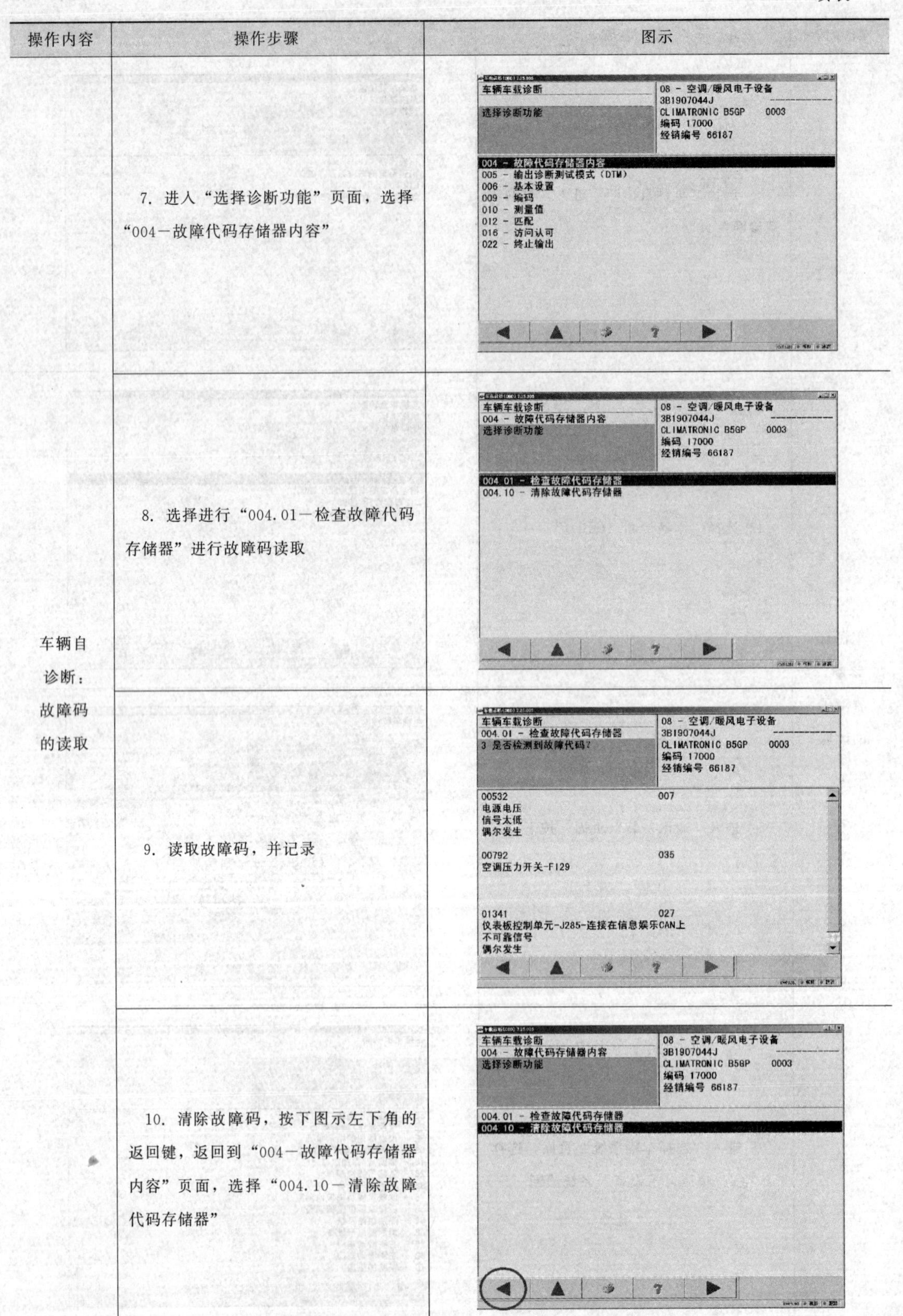

操作内容	操作步骤	图示
车辆自诊断：故障码的读取	7. 进入“选择诊断功能”页面，选择“004－故障代码存储器内容”	
	8. 选择进行“004.01－检查故障代码存储器”进行故障码读取	
	9. 读取故障码，并记录	
	10. 清除故障码，按下图示左下角的返回键，返回到“004－故障代码存储器内容”页面，选择“004.10－清除故障代码存储器”	

续表

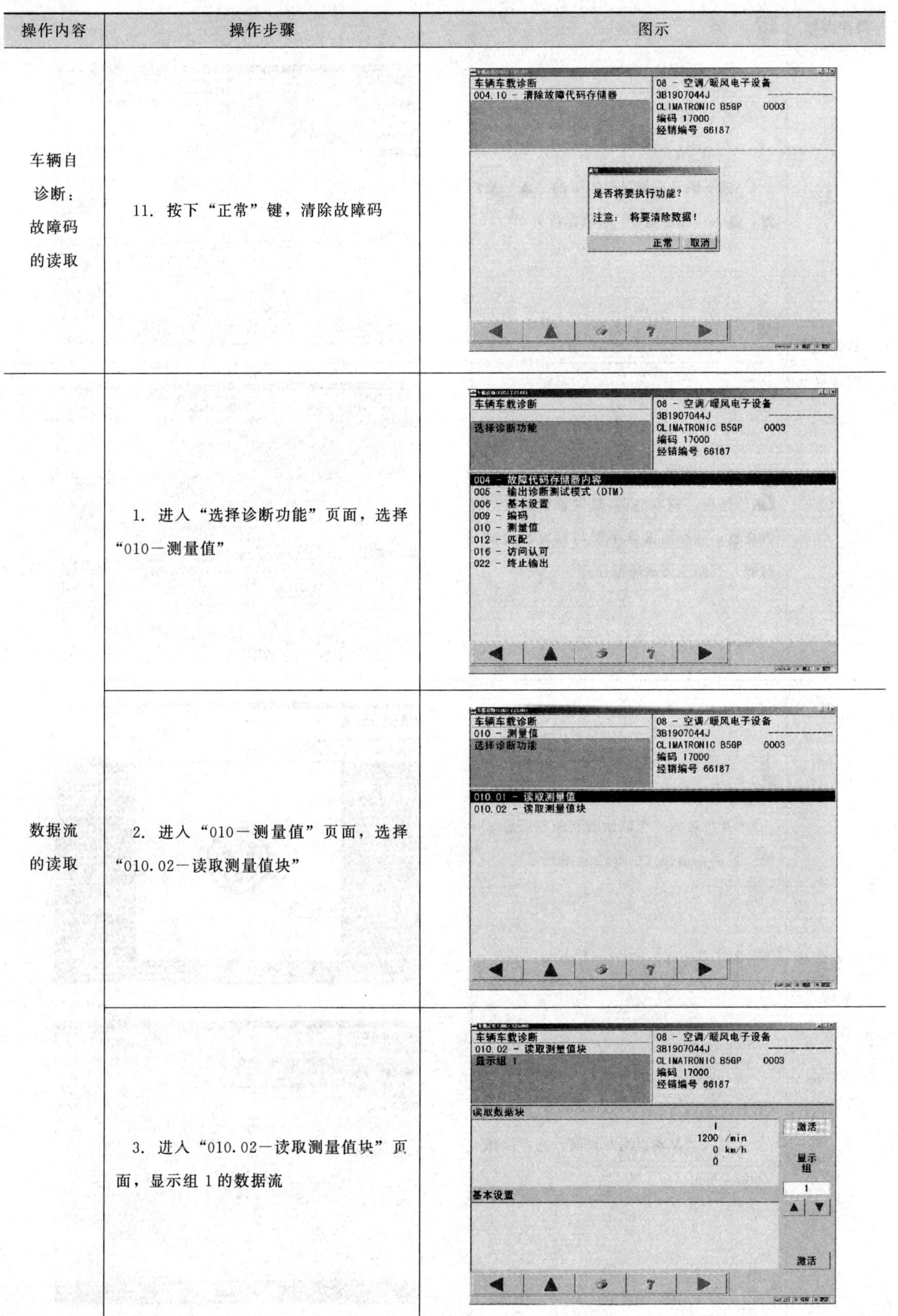

操作内容	操作步骤	图示
车辆自诊断：故障码的读取	11. 按下“正常”键，清除故障码	
数据流的读取	1. 进入“选择诊断功能”页面，选择“010－测量值”	
	2. 进入“010－测量值”页面，选择“010.02－读取测量值块”	
	3. 进入“010.02－读取测量值块”页面，显示组 1 的数据流	

续表

操作内容	操作步骤	图示
数据流的读取	4. 按下图示右侧显示组下的“▲”按钮，进入“显示组 2”的数据流页面	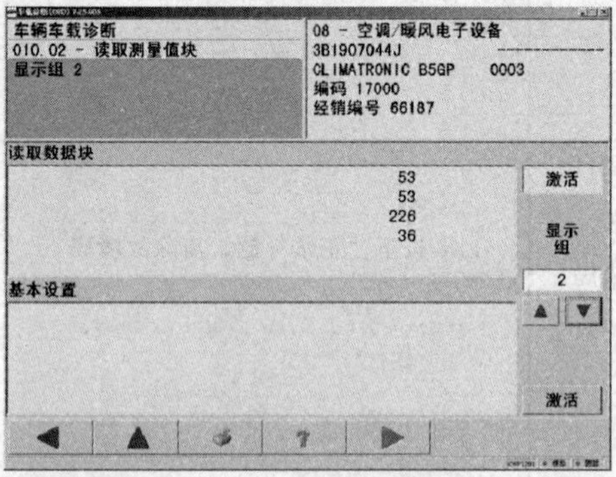 车辆车载诊断 010.02 - 读取测量值块 显示组 2 08 - 空调/暖风电子设备 3B1907044J CLIMATRONIC B5GP 0003 编码 17000 经销编号 66187 读取数据块 53 53 226 36 激活 显示组 2 基本设置 激活
	5. 依次按下图示右侧显示组下的“▲”按钮，调取空调/暖风系统的各组数据流，并查阅维修手册与标准数据流对照，判断空调故障部位	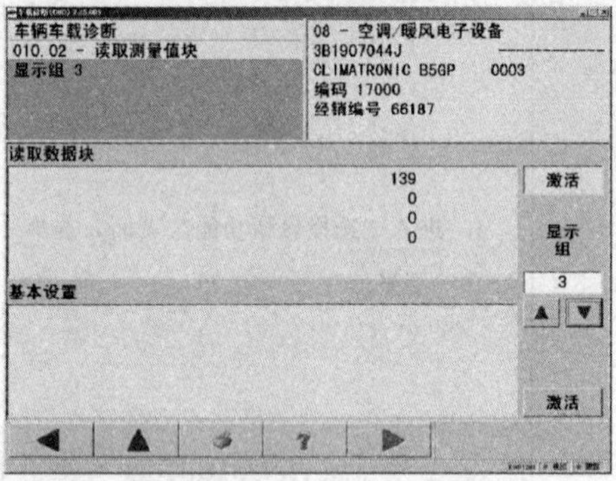 车辆车载诊断 010.02 - 读取测量值块 显示组 3 08 - 空调/暖风电子设备 3B1907044J CLIMATRONIC B5GP 0003 编码 17000 经销编号 66187 读取数据块 139 0 0 0 激活 显示组 3 基本设置 激活
引导性故障查寻	1. 开机进入“车辆诊断和保养信息系统”页面，选择“引导性故障查寻”	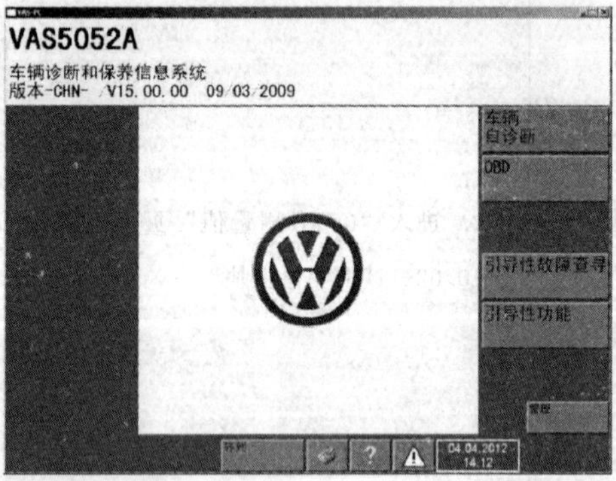 VAS5052A 车辆诊断和保养信息系统 版本-CHN- V15.00.00 09/03/2009 车辆自诊断 OBD 引导性故障查寻 引导性功能 04.04.2012 14:12
	2. 进入“车辆识别”页面，选择品牌 Volkswagen	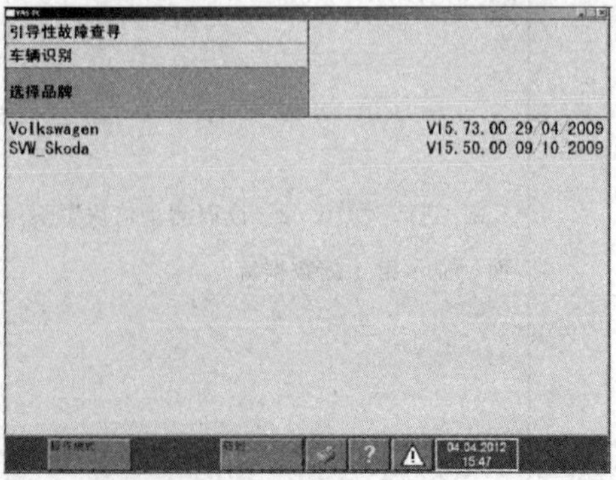 引导性故障查寻 车辆识别 选择品牌 Volkswagen V15.73.00 29/04/2009 SVW_Skoda V15.50.00 09/10/2009 04.04.2012 15:47

续表

操作内容	操作步骤	图示
引导性故障查寻	3. 选择轿车	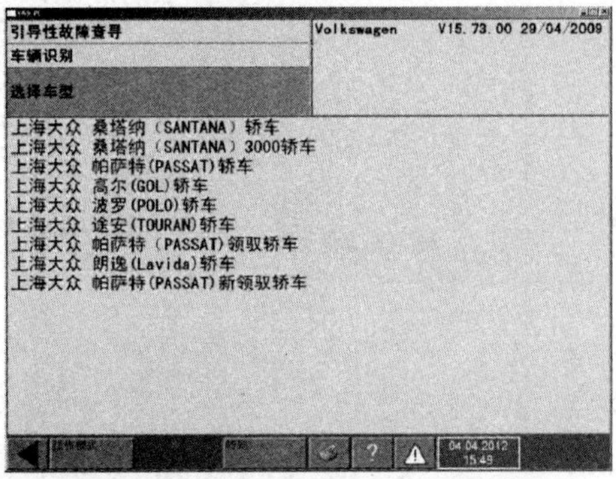 引导性故障查寻 车辆识别 选择车型 Volkswagen V15.73.00 29/04/2009 上海大众 桑塔纳（SANTANA）轿车 上海大众 桑塔纳（SANTANA）3000轿车 上海大众 帕萨特(PASSAT)轿车 上海大众 高尔(GOL)轿车 上海大众 波罗(POLO)轿车 上海大众 途安(TOURAN)轿车 上海大众 帕萨特（PASSAT）领驭轿车 上海大众 朗逸(Lavida)轿车 上海大众 帕萨特(PASSAT)新领驭轿车 04.04.2012 15:49
	4. 选择年款	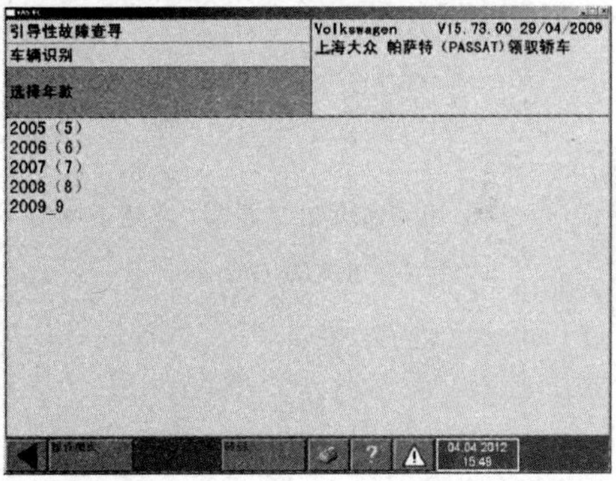 引导性故障查寻 车辆识别 选择年款 Volkswagen V15.73.00 29/04/2009 上海大众 帕萨特（PASSAT）领驭轿车 2005（5） 2006（6） 2007（7） 2008（8） 2009_9 04.04.2012 15:49
	5. 选择版本	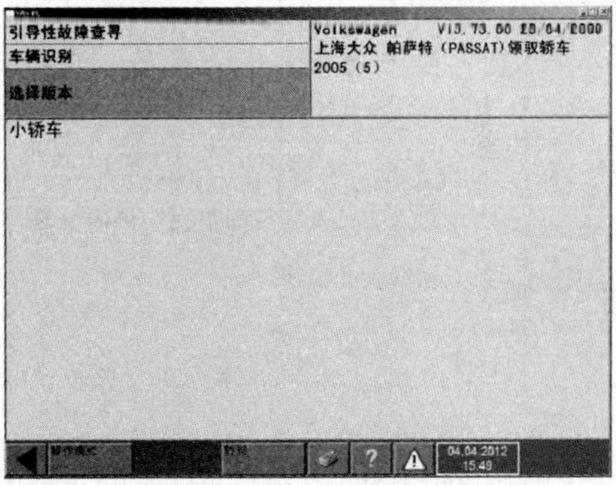 引导性故障查寻 车辆识别 选择版本 Volkswagen V15.73.00 29/04/2009 上海大众 帕萨特（PASSAT）领驭轿车 2005（5） 小轿车 04.04.2012 15:49
	6. 选择发动机代码	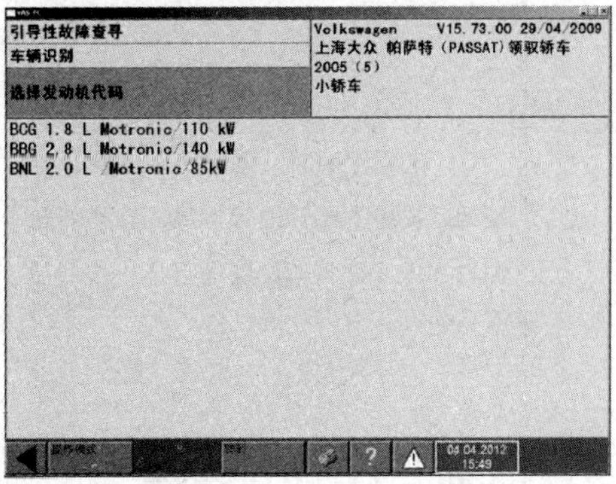 引导性故障查寻 车辆识别 选择发动机代码 Volkswagen V15.73.00 29/04/2009 上海大众 帕萨特（PASSAT）领驭轿车 2005（5） 小轿车 BCG 1.8 L Motronic/110 kW BBG 2.8 L Motronic/140 kW BNL 2.0 L /Motronic/85kW 04.04.2012 15:49

续表

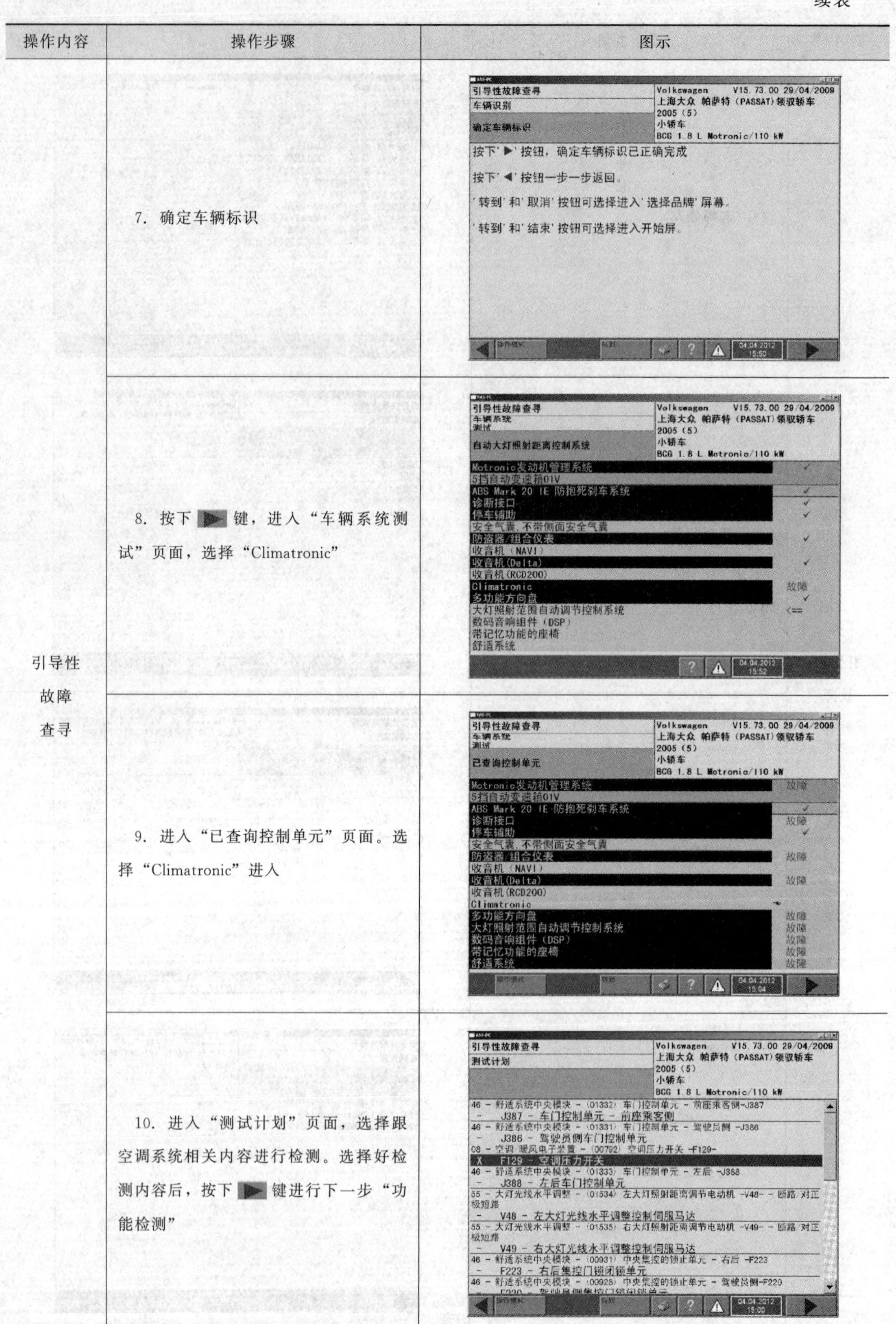

操作内容	操作步骤	图示
引导性故障查寻	7. 确定车辆标识	
	8. 按下 ▶ 键，进入“车辆系统测试”页面，选择“Climatronic”	
	9. 进入“已查询控制单元”页面。选择“Climatronic”进入	
	10. 进入“测试计划”页面，选择跟空调系统相关内容进行检测。选择好检测内容后，按下 ▶ 键进行下一步“功能检测”	

续表

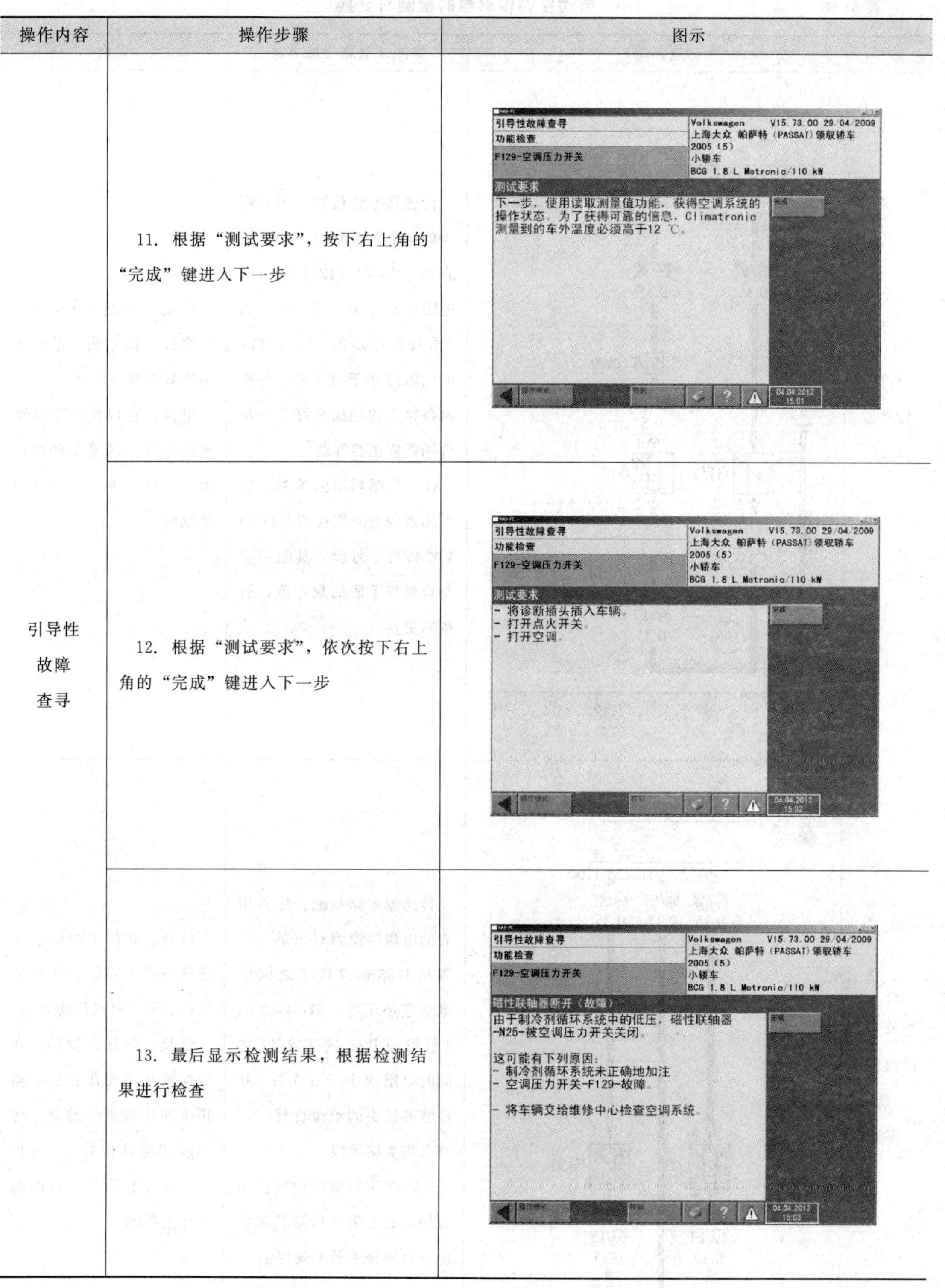

操作内容	操作步骤	图示
引导性故障查寻	11. 根据“测试要求”，按下右上角的“完成”键进入下一步	
	12. 根据“测试要求”，依次按下右上角的“完成”键进入下一步	
	13. 最后显示检测结果，根据检测结果进行检查	

实训 2：自动空调传感器的检测

帕萨特 B5 自动空调主要传感器部件及电路的检测与更换方法见表 6—6。

表 6—6　　自动空调传感器的检测与更换

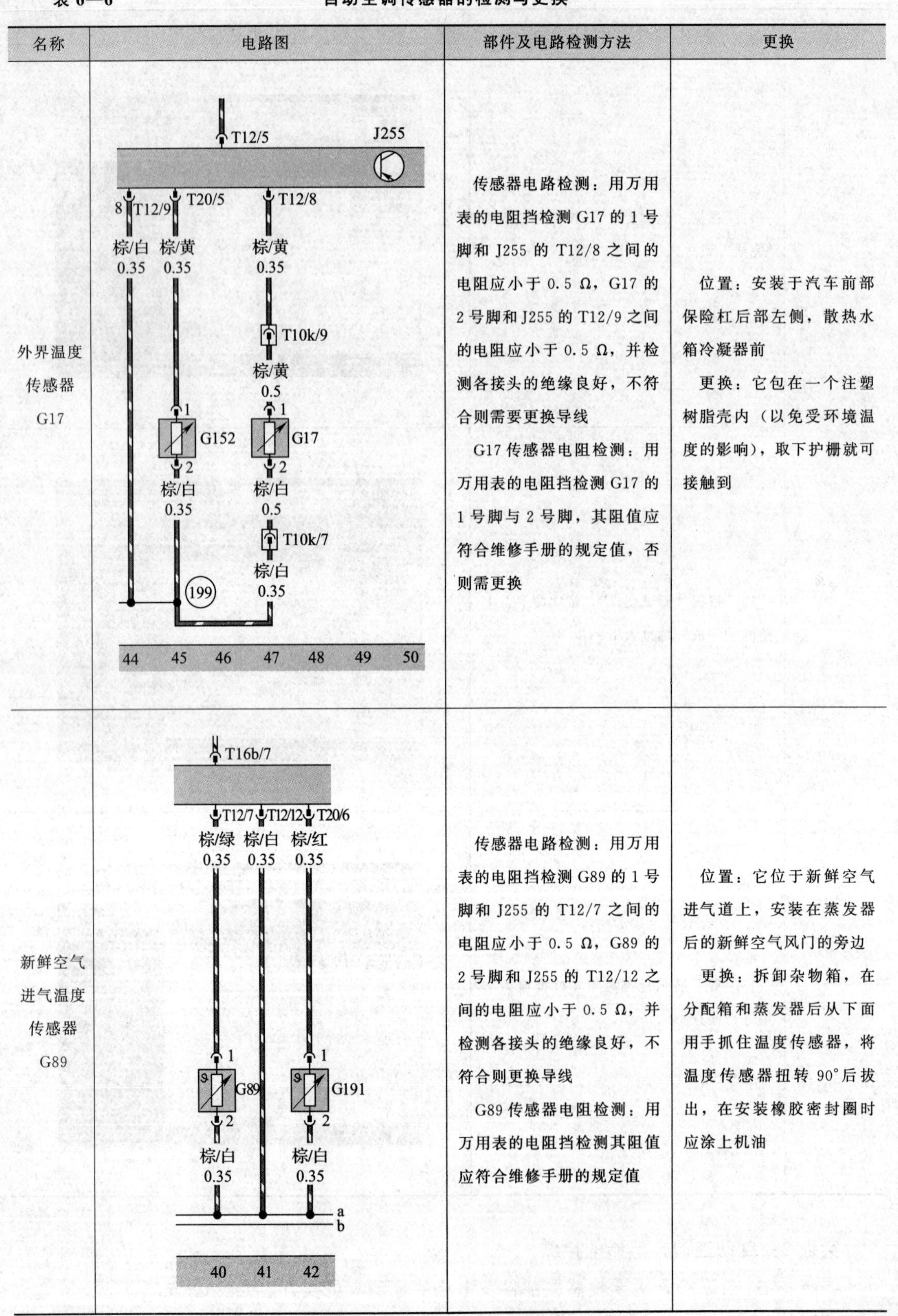

名称	电路图	部件及电路检测方法	更换
外界温度传感器 G17		传感器电路检测：用万用表的电阻挡检测 G17 的 1 号脚和 J255 的 T12/8 之间的电阻应小于 0.5 Ω，G17 的 2 号脚和J255 的 T12/9 之间的电阻应小于 0.5 Ω，并检测各接头的绝缘良好，不符合则需要更换导线 G17 传感器电阻检测：用万用表的电阻挡检测 G17 的 1 号脚与 2 号脚，其阻值应符合维修手册的规定值，否则需更换	位置：安装于汽车前部保险杠后部左侧，散热水箱冷凝器前 更换：它包在一个注塑树脂壳内（以免受环境温度的影响），取下护栅就可接触到
新鲜空气进气温度传感器 G89		传感器电路检测：用万用表的电阻挡检测 G89 的 1 号脚和 J255 的 T12/7 之间的电阻应小于 0.5 Ω，G89 的 2 号脚和 J255 的 T12/12 之间的电阻应小于 0.5 Ω，并检测各接头的绝缘良好，不符合则更换导线 G89 传感器电阻检测：用万用表的电阻挡检测其阻值应符合维修手册的规定值	位置：它位于新鲜空气进气道上，安装在蒸发器后的新鲜空气风门的旁边 更换：拆卸杂物箱，在分配箱和蒸发器后从下面用手抓住温度传感器，将温度传感器扭转 90°后拔出，在安装橡胶密封圈时应涂上机油

续表

名称	电路图	部件及电路检测方法	更换
仪表板温度传感器G56	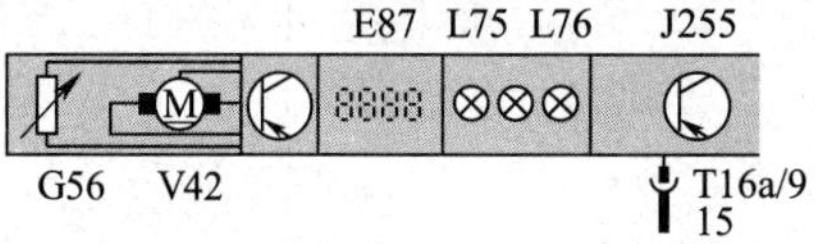 E87 L75 L76 J255 G56 V42 T16a/9 15	如有故障，可通过诊断仪读出故障码后，直接更换	位置：安装在仪表板上 更换：它与操纵和显示单元 E87 集成在一起。更换后应重新编码并做基本设定
中央出风温度传感器G191	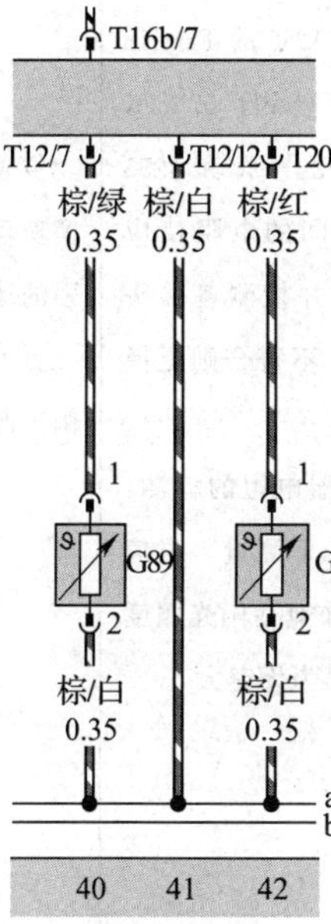 T16b/7 T12/7 T12/12 T20/6 棕/绿 0.35 棕/白 0.35 棕/红 0.35 1 1 G89 G191 2 2 棕/白 0.35 棕/白 0.35 a b 40 41 42	传感器电路检测：用万用表的电阻挡检测 G191 的 1 号脚和 J255 的 T12/6 之间的电阻应小于 0.5 Ω，G191 的 2 号脚和 J255 的 T12/12 之间的电阻应小于 0.5 Ω，并检测各接头的绝缘良好，不符合则更换导线 G89 传感器电阻检测：用万用表的电阻挡检测，其阻值应符合维修手册的规定值	位置：出风口 更换：拆卸收音机，拆卸控制单元 J255，拆卸中央饰板。拔下中央出风口温度传感器 G191 上的插头。将中央出风口温度传感器 1 旋转 90°，并从壳体中拔出
脚部空间出风口温度传感器G192	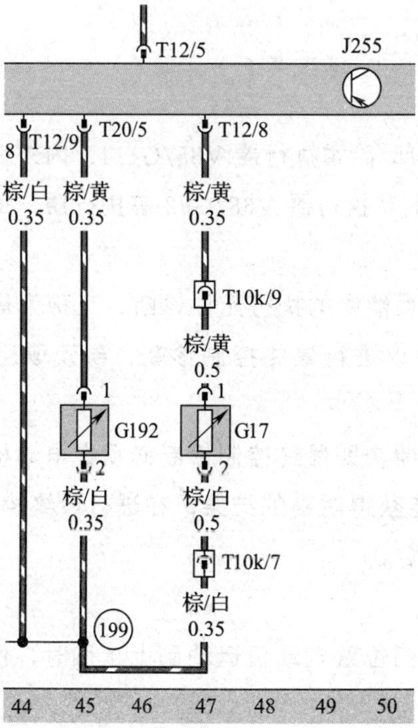 T12/5 J255 8 T12/9 T20/5 T12/8 棕/白 0.35 棕/黄 0.35 棕/黄 0.35 T10k/9 棕/黄 0.5 1 1 G192 G17 2 2 棕/白 0.35 棕/白 0.5 T10k/7 棕/白 0.35 199 44 45 46 47 48 49 50	传感器电路检测：用万用表的电阻挡检测 G192 的 1 号脚和 J255 的 T12/5 之间的电阻应小于 0.5 Ω，G192 的 2 号脚和 J255 的 T12/9 之间的电阻应小于 0.5 Ω，并检测各接头的绝缘良好，不符合则更换导线 G192 传感器电阻的检测：用万用表的电阻挡检测，其阻值应符合维修手册的规定值	位置：安装在脚部出风口 更换：拆卸驾驶室仪表板下面的装饰板，用手抓住温度传感器，将温度传感器扭转 90°后拔出，在安装橡胶密封圈时应涂上机油

续表

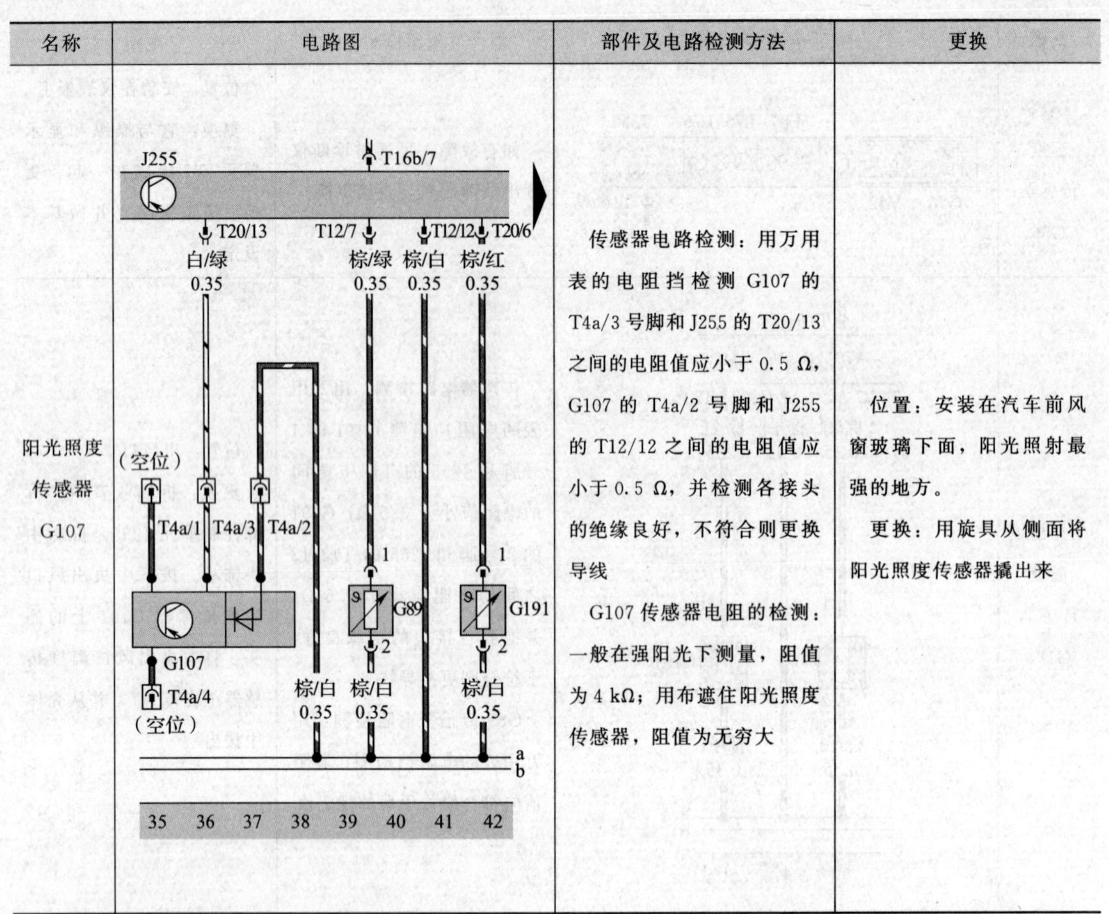

名称	电路图	部件及电路检测方法	更换
阳光照度传感器 G107		传感器电路检测：用万用表的电阻挡检测 G107 的 T4a/3 号脚和 J255 的 T20/13 之间的电阻值应小于 0.5 Ω，G107 的 T4a/2 号脚和 J255 的 T12/12 之间的电阻值应小于 0.5 Ω，并检测各接头的绝缘良好，不符合则更换导线 G107 传感器电阻的检测：一般在强阳光下测量，阻值为 4 kΩ；用布遮住阳光照度传感器，阻值为无穷大	位置：安装在汽车前风窗玻璃下面，阳光照射最强的地方。 更换：用旋具从侧面将阳光照度传感器撬出来

实训 3：自动空调执行器的检测

(1) 空调执行器的自诊断检查

以帕萨特 B5 自动空调为例，其执行器有脚部/除霜执行器 V85/G114、内外循环执行器 V71/G113、中央出口执行器 V70/G112、温度调节执行器 V68/G92 等执行器，每个执行器的安装位置及功能如图 6—8 所示。

各执行器的检查可采用诊断仪进行自诊断功能中的执行元件诊断，又称为最终控制诊断。如果空调存在故障，但读不到故障码，建议进行最终控制诊断，再读取空调的故障码。

1）执行元件自诊断检查条件。执行元件诊断，即最终控制诊断必须在电动机静止，点火开关打开和空调不运行的情况下进行。为了能获得明确的结果，在进行最终控制诊断时，在 E87 的显示屏上所显示的外界温度至少为 12℃。

2）执行元件自诊断检查步骤（见表 6—7）。

3）基本设定。空调基本设定的实质是让风门位置电动机运动到上止点时，使其电位计值被存储到空调控制单元 J225 中。

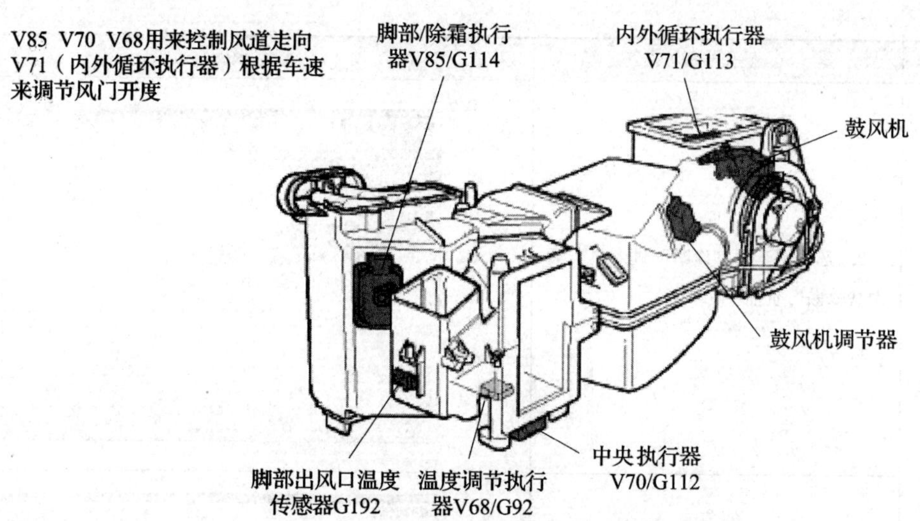

图 6—8　执行器的位置及功用

表 6—7　执行元件自诊断检查步骤

操作内容	操作步骤	图示
车辆自诊断（故障码的读取）	1. 故障诊断仪（VAS 5052A）的连接 保证电路中所有熔丝正常，电压在 10 V 以上，蓄电池的负极连接牢靠，压缩机及发电机 V 带适当张紧。在关闭点火开关后，取下副仪表板上诊断插座的盖板，将故障诊断仪接到诊断插座上	
	2. 开机进入“车辆诊断和保养信息系统”页面	

续表

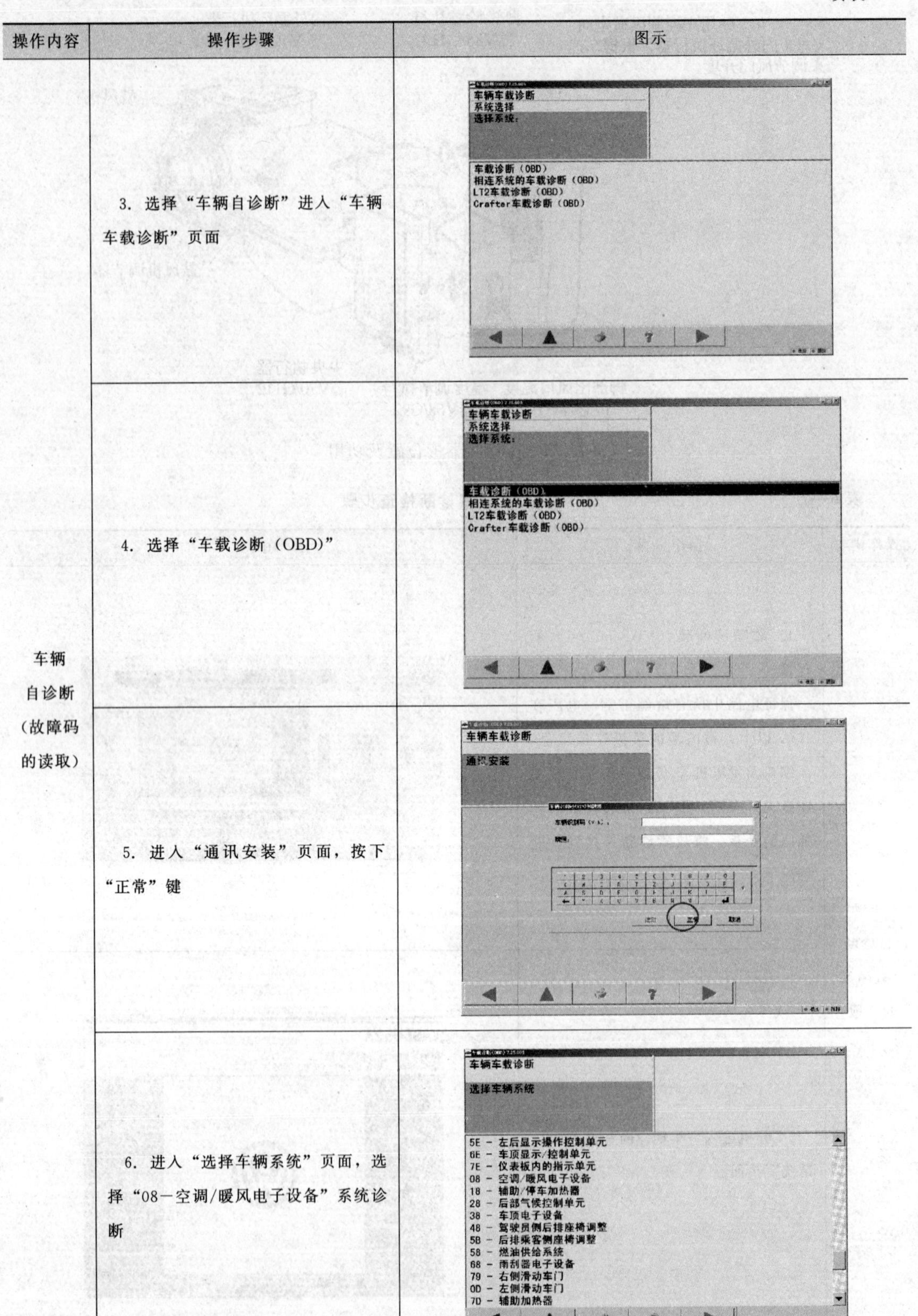

操作内容	操作步骤	图示
车辆自诊断（故障码的读取）	3. 选择“车辆自诊断”进入“车辆车载诊断”页面	车辆车载诊断 系统选择 选择系统： 车载诊断（OBD） 相连系统的车载诊断（OBD） LT2车载诊断（OBD） Crafter车载诊断（OBD）
	4. 选择“车载诊断（OBD）”	车辆车载诊断 系统选择 选择系统： 车载诊断（OBD） 相连系统的车载诊断（OBD） LT2车载诊断（OBD） Crafter车载诊断（OBD）
	5. 进入“通讯安装”页面，按下“正常”键	车辆车载诊断 通讯安装
	6. 进入“选择车辆系统”页面，选择“08－空调/暖风电子设备”系统诊断	车辆车载诊断 选择车辆系统 5E － 左后显示操作控制单元 6E － 车顶显示/控制单元 7E － 仪表板内的指示单元 08 － 空调/暖风电子设备 18 － 辅助/停车加热器 28 － 后部气候控制单元 38 － 车顶电子设备 48 － 驾驶员侧后排座椅调整 58 － 后排乘客侧座椅调整 58 － 燃油供给系统 68 － 雨刮器电子设备 79 － 右侧滑动车门 0D － 左侧滑动车门 7D － 辅助加热器

续表

操作内容	操作步骤	图示
车辆自诊断（故障码的读取）	7. 进入“选择诊断功能”页面，选择“005－输出诊断测试模式（DTM）”	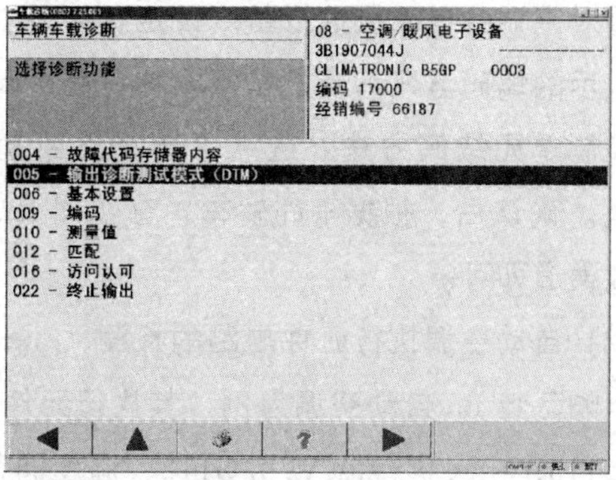 车辆车载诊断 选择诊断功能 08 - 空调/暖风电子设备 3B1907044J CLIMATRONIC B5GP 0003 编码 17000 经销编号 66187 004 - 故障代码存储器内容 005 - 输出诊断测试模式（DTM） 006 - 基本设置 009 - 编码 010 - 测量值 012 - 匹配 016 - 访问认可 022 - 终止输出
	8. 设备开始对执行元件进行自检	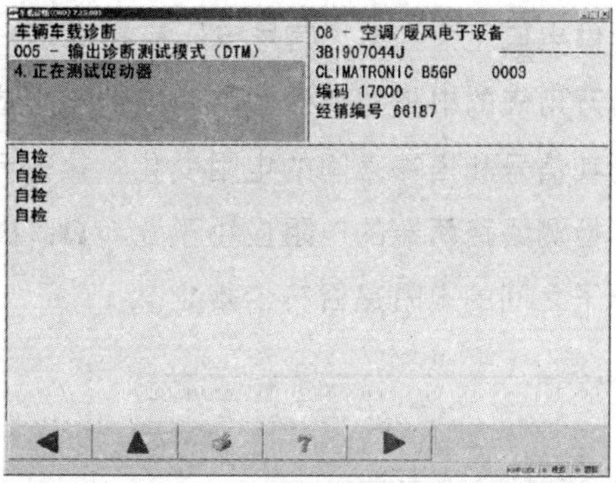 车辆车载诊断 005 - 输出诊断测试模式（DTM） 4. 正在测试促动器 08 - 空调/暖风电子设备 3B1907044J CLIMATRONIC B5GP 0003 编码 17000 经销编号 66187 自检 自检 自检 自检

自动空调在以下所示情况下都需进行基本设定：更换空调电子控制单元，并对空调电子控制单元编码后；拆装空调各伺服电动机后；拆装蓄电池后；无故障显示，但接通点火开关故障灯闪烁时。帕萨特空调系统基本设定的设定码为“000”。

基本设定方法：在“功能选择××”的状态下输入“04”，进入基本设定，输入通道号“000”，确认后，屏幕显示：

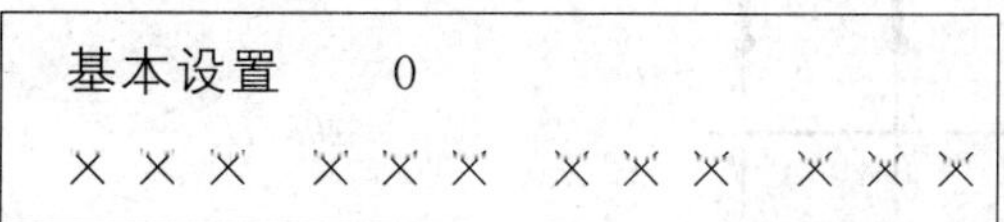

基本设置　　0

××× ××× ××× ×××

4个伺服电动机显示的动作在屏上显示跟踪，反馈值发生变化并不说明电动机有问题。下面是基本设定成功时诊断仪的显示：

基本设置：0

0　　0　　0　　0

如果基本设定完成，诊断仪显示不是全部为 0，可读取故障码来确定是哪个伺服电动机故障引起的。

4）控制单元编码。控制空调电子控制单元 J255 在安装后都必须编码，且在每次编码之后都需对空调各电动机进行基本设定。如果 J255 没有编码，则 E87 的显示屏闪光 15 s；如果所显示的编码与汽车或设备不相称，应按以下步骤对 J255 进行编码。

控制单元编码方法：进入“选择诊断功能”页面，选择“009－编码”，进入控制单元编码。确认后，根据不同轿车，查空调编码或按旧空调电子控制单元的 coding 码，输入五位数通道即可。

(2) 自动空调执行元件电路的检测

以帕萨特 B5 自动空调为例，其执行元件脚部/除霜执行器 V85/G114、内外循环执行器 V71/G113、中央执行器 V70/G112、温度调节执行器 V68/G92 的控制电路如图 6—9 所示，具体线路连接如图 6—10～图 6—15 所示。各执行器内有执行电动机及传感器两个部件，共 5 根线，其中 2 根线为执行元件的电动机线（极性变化），另外 3 根线为传感器电位计，传感器的供电电压为 5 V，信号电压应在 0.2～4.8 V 之间变化。传感器线路的检测，根据电路图用万用表的电阻挡检测线路两端的电阻应小于 0.5 Ω；传感器本身可以用万用表的电阻挡检测其信号和搭铁之间的电阻变化；执行元件电动机线路的检测，根据电路图用万用表的电阻挡检测线路两端的电阻应小于 0.5 Ω；执行元件电动机本身可以用万用表的电阻挡检测其两端子之间的电阻是否符合规定。

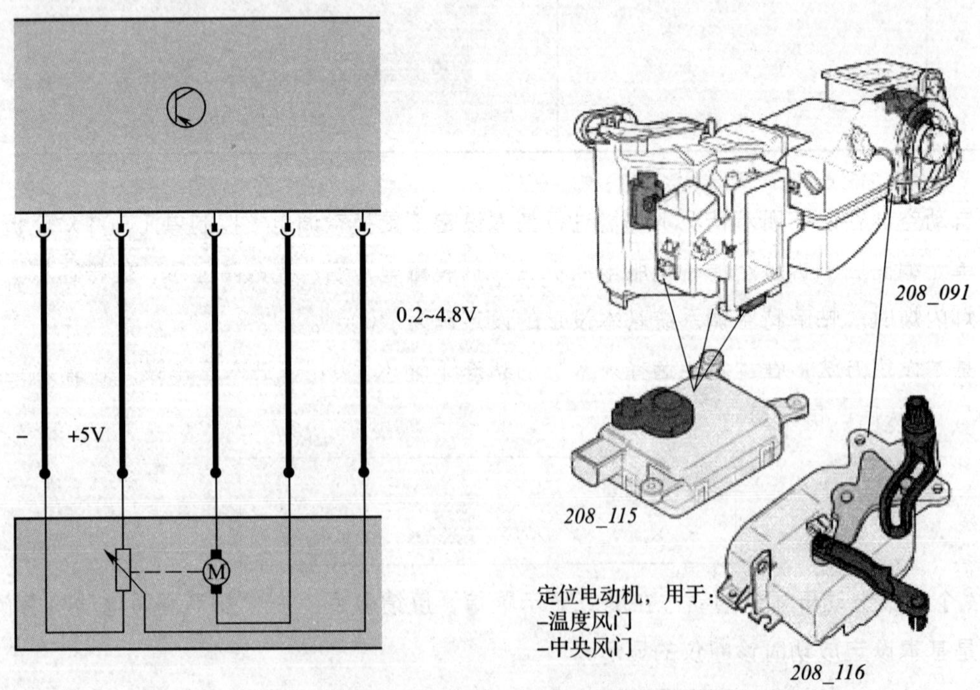

图 6—9　自动空调执行元件控制电路原理

自动空调控制单元、温度风门定位电动机（1～14）

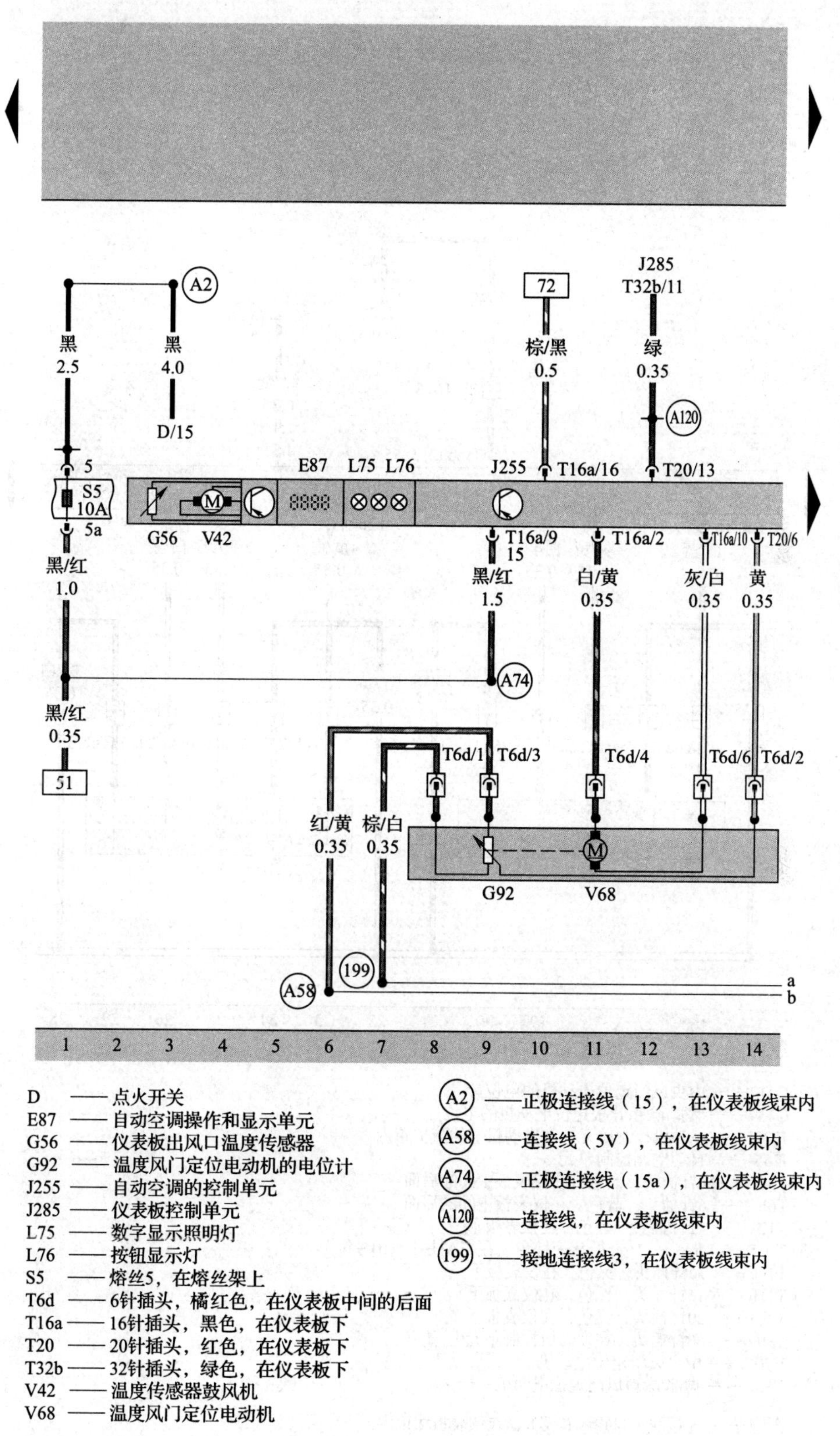

图 6—10　帕萨特 B5 自动空调电路（一）

自动空调控制单元、脚部/除霜及中央风门定位电动机、发动机控制单元控制压缩机的通断（15~28）

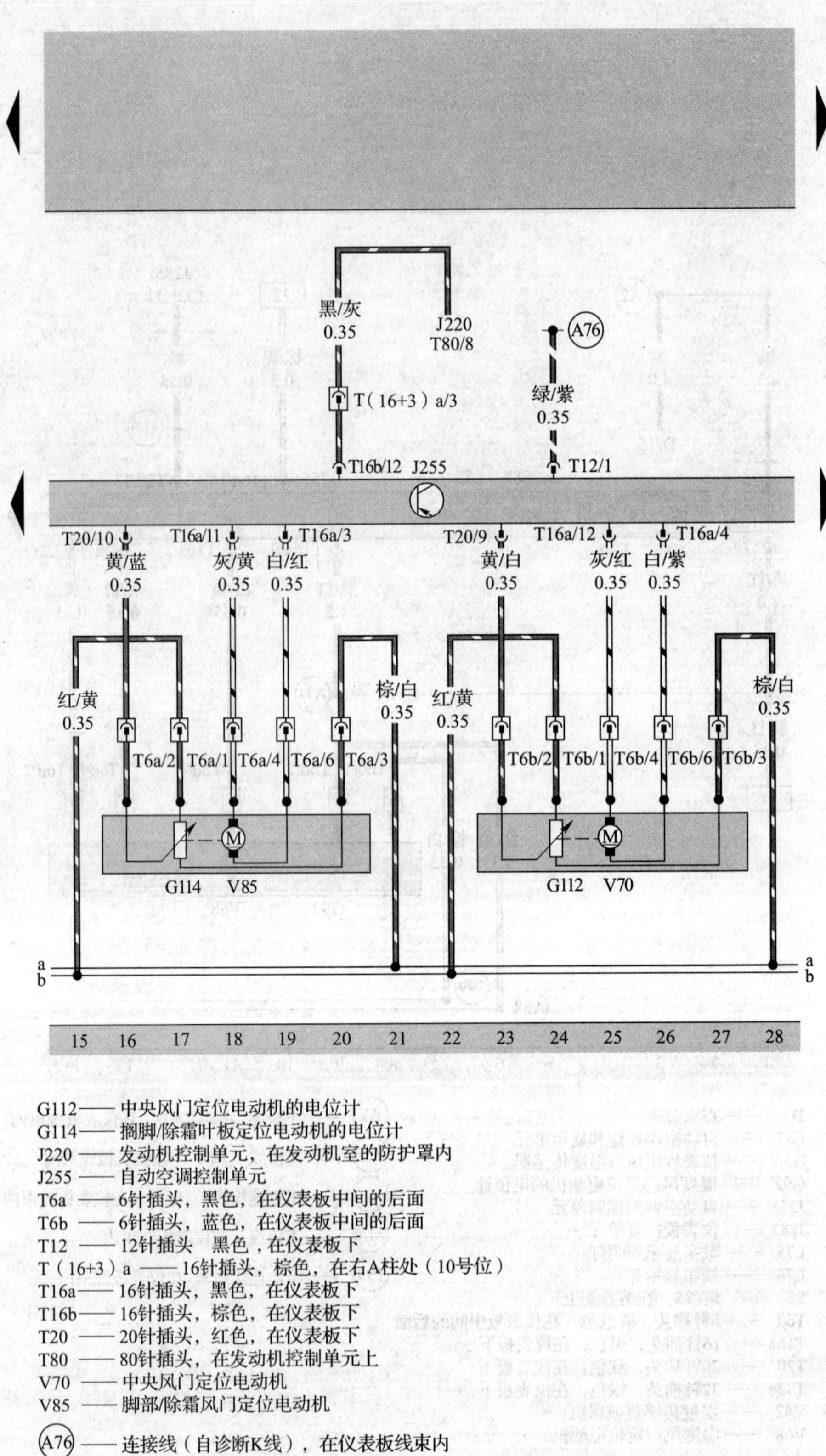

G112——中央风门定位电动机的电位计
G114——搁脚/除霜叶板定位电动机的电位计
J220——发动机控制单元，在发动机室的防护罩内
J255——自动空调控制单元
T6a——6针插头，黑色，在仪表板中间的后面
T6b——6针插头，蓝色，在仪表板中间的后面
T12——12针插头 黑色，在仪表板下
T（16+3）a——16针插头，棕色，在右A柱处（10号位）
T16a——16针插头，黑色，在仪表板下
T16b——16针插头，棕色，在仪表板下
T20——20针插头，红色，在仪表板下
T80——80针插头，在发动机控制单元上
V70——中央风门定位电动机
V85——脚部/除霜风门定位电动机

(A76)——连接线（自诊断K线），在仪表板线束内

图 6—11 帕萨特 B5 自动空调电路（二）

自动空调控制单元、送风风门定位电动机、阳光照度传感器、通风温度传感器（29～42）

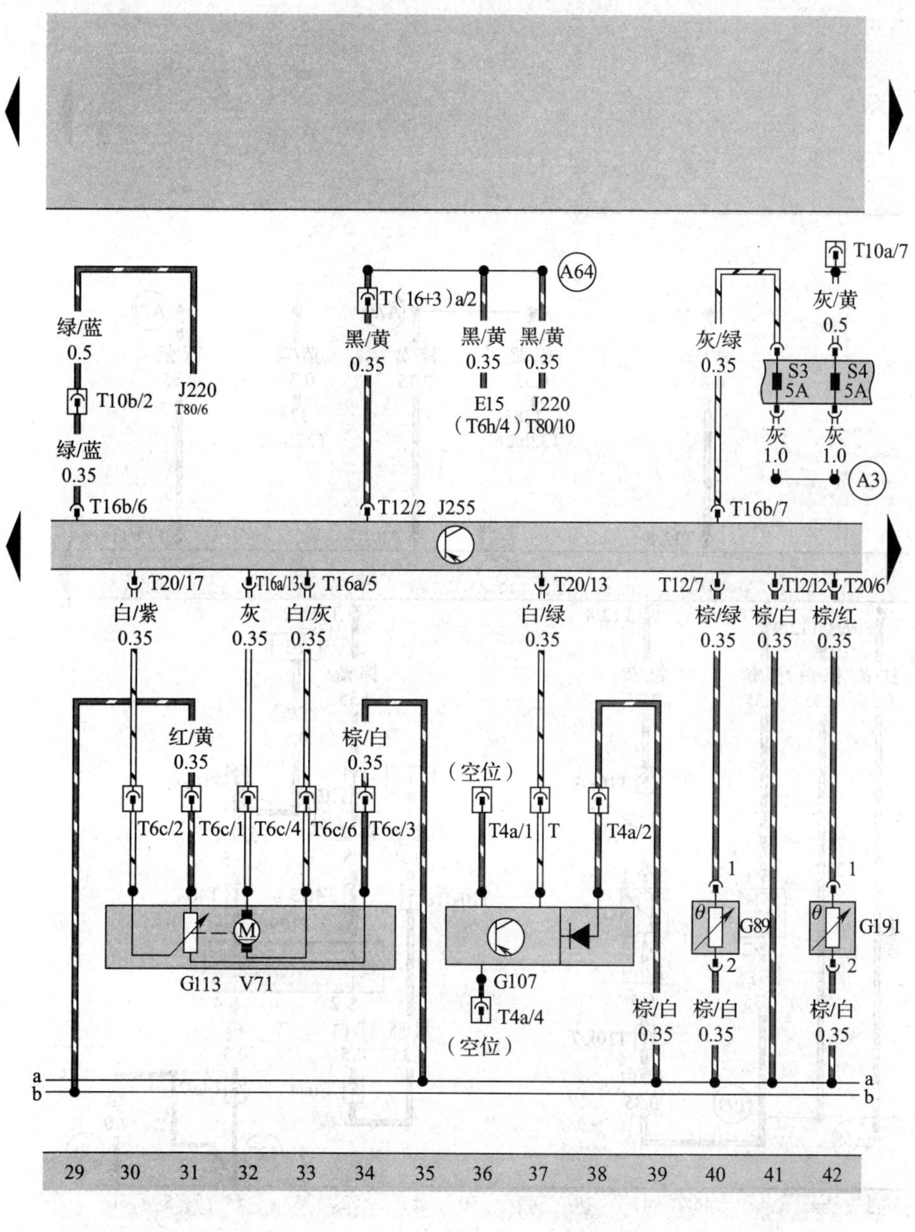

E15 —— 后风窗加热开关
G89 —— 新鲜空气进气温度传感器
G107 —— 阳光照度传感器
G113 —— 送风风门定位电动机的电位计
G191 —— 中央通风温度传感器
J220 —— 发动机控制单元，在发动机室的防护罩内
J255 —— 自动空调控制单元
S3 —— 5A，在熔丝架上
S4 —— 5A，在熔丝架上
T4a —— 4针插头，黑色
T6c —— 6针插头，黑色，在仪表板线束内
T6h —— 6针插头，黑色，在后风窗加热器开关上
T10a —— 10针插头，棕色，在A柱处（8号位）
T10b —— 10针插头，黑色，在发动机室控制单元防护罩内的左侧（1号位）
T12 —— 12针插头，在仪表板下
T16a —— 16针插头，在仪表板下
T16b —— 16针插头
T（16+3）a —— 16针插头，棕色，在右A柱处（10号位）
T20 —— 20针插头，红色，在仪表板下
T80 —— 80针插头，在发动机控制单元上
V71 —— 送风风门定位电动机
(A3) —— 正极连接线（58），在仪表板线束内
(A64) —— 连接线（怠速控制装置）

图 6—12　帕萨特 B5 自动空调电路（三）

自动空调控制单元、压缩机压力开关、外界温度传感器、通风温度传感器（43～56）

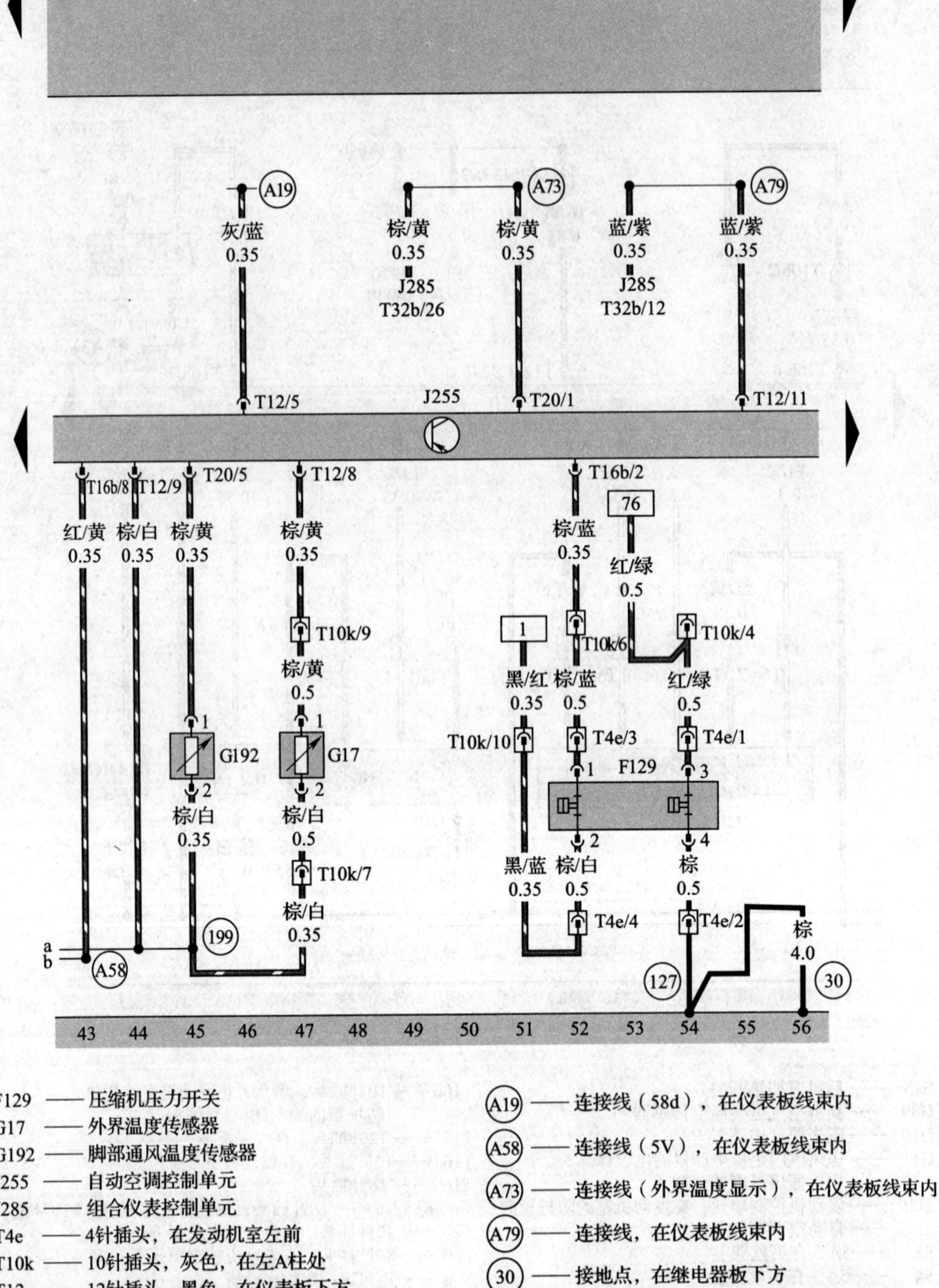

F129 —— 压缩机压力开关
G17 —— 外界温度传感器
G192 —— 脚部通风温度传感器
J255 —— 自动空调控制单元
J285 —— 组合仪表控制单元
T4e —— 4针插头，在发动机室左前
T10k —— 10针插头，灰色，在左A柱处
T12 —— 12针插头，黑色，在仪表板下方
T16b —— 16针插头，棕色，在仪表板下方
T20 —— 20针插头，红色，在仪表板下方
T32b —— 32针插头，绿色，在组合仪表控制单元上

(A19) —— 连接线（58d），在仪表板线束内
(A58) —— 连接线（5V），在仪表板线束内
(A73) —— 连接线（外界温度显示），在仪表板线束内
(A79) —— 连接线，在仪表板线束内
(30) —— 接地点，在继电器板下方
(127) —— 接地连接线，在压缩机线束内
(199) —— 接地连接线，在仪表板线束内

图 6—13 帕萨特 B5 自动空调电路（四）

自动空调控制单元、前新鲜空气鼓风机、控制电磁离合器的继电器、电磁离合器（57～70）

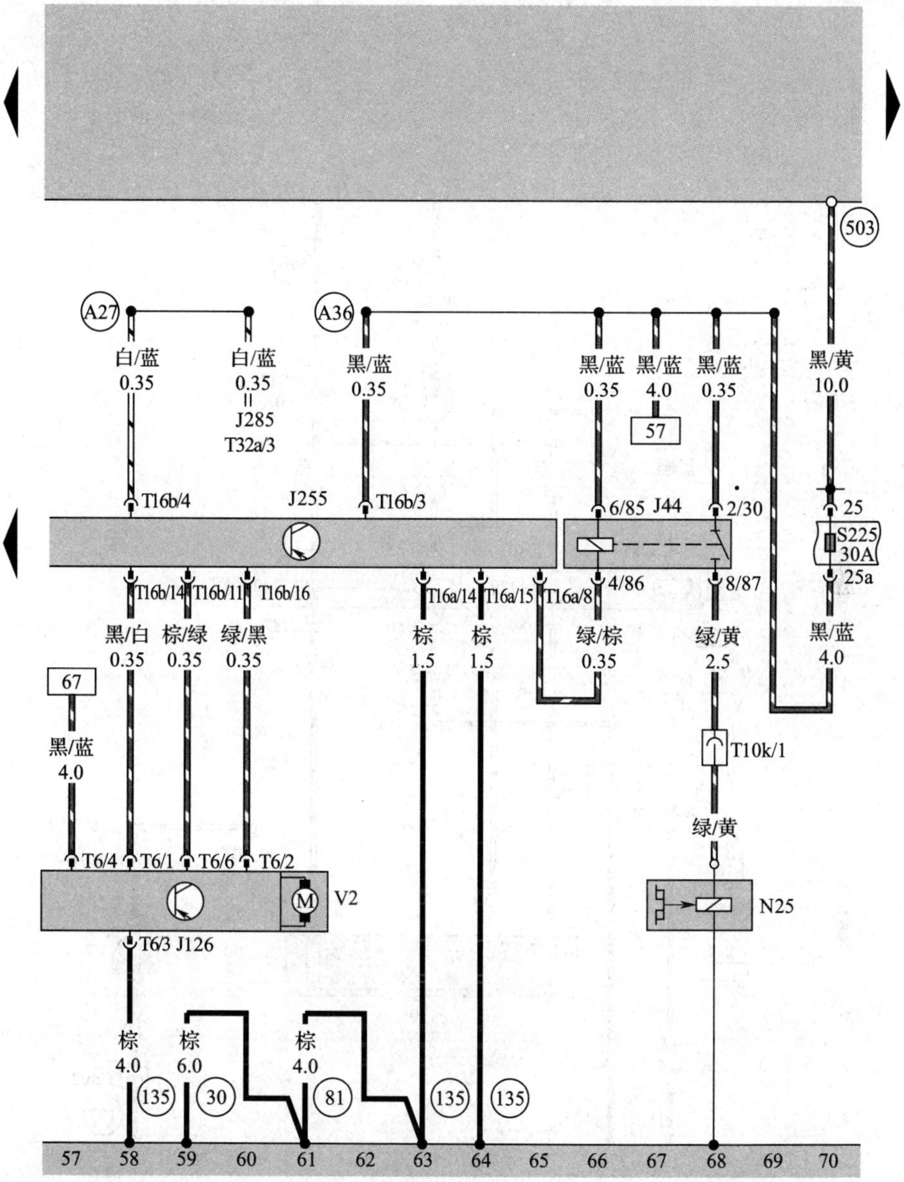

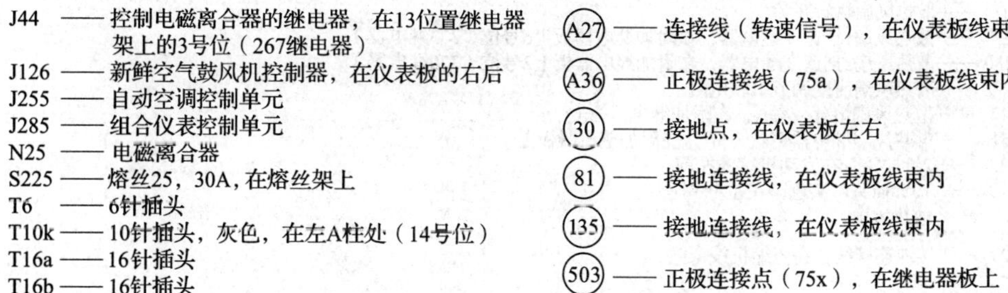

J44 —— 控制电磁离合器的继电器，在13位置继电器架上的3号位（267继电器）
J126 —— 新鲜空气鼓风机控制器，在仪表板的右后
J255 —— 自动空调控制单元
J285 —— 组合仪表控制单元
N25 —— 电磁离合器
S225 —— 熔丝25，30A，在熔丝架上
T6 —— 6针插头
T10k —— 10针插头，灰色，在左A柱处（14号位）
T16a —— 16针插头
T16b —— 16针插头
T32a —— 32针插头，蓝色，在组合仪表控制单元上
V2 —— 新鲜空气鼓风机

(A27) —— 连接线（转速信号），在仪表板线束内
(A36) —— 正极连接线（75a），在仪表板线束内
(30) —— 接地点，在仪表板左右
(81) —— 接地连接线，在仪表板线束内
(135) —— 接地连接线，在仪表板线束内
(503) —— 正极连接点（75x），在继电器板上

图 6—14　帕萨特 B5 自动空调电路（五）

散热风扇及速度控制继电器、风扇速度调节串联电阻、风扇热敏开关（71～84）

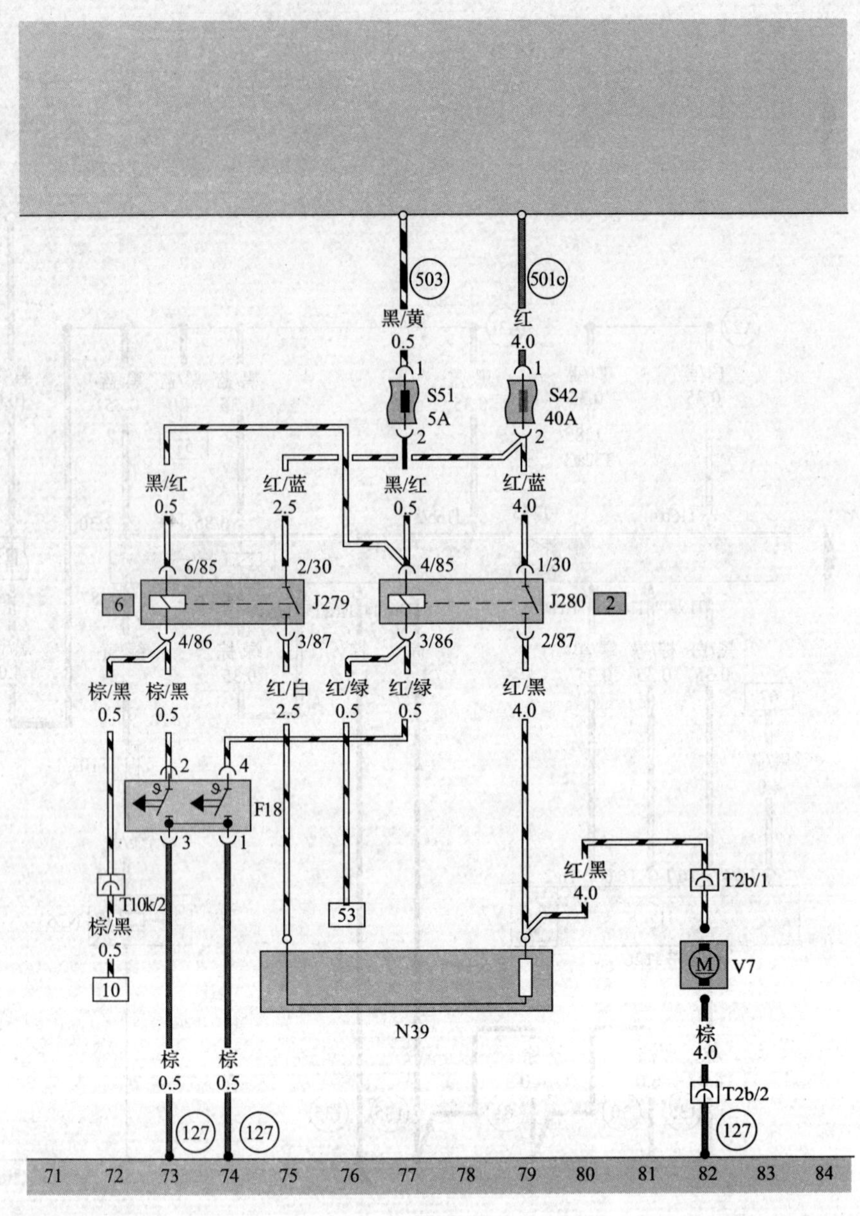

F18 ——散热风扇热敏开关
J279 ——散热风扇1挡速度继电器，在附加继电器板上6号位（373继电器）
J280 ——散热风扇2挡速度继电器，在附加继电器板上2号位（370继电器）
N39 ——散热风扇速度调节串联电阻
S42 ——散热风扇熔丝，40A，在附加继电器板上
S51 ——散热风扇继电器熔丝，5A，在附加继电器板上
T2b ——2针插头，在发动机室的左前
T10k——10针插头，灰色，在左A柱处
V7 ——散热风扇
(127)——接地连接线，在压缩机线束内
(501c)——正极连接点（30B），在继电器板上
(503)——正极连接点（75x），在继电器板上

图 6—15 帕萨特 B5 自动空调电路（六）

四、评价分析

学习活动过程评价表见表 6—8。

表 6—8　　学习活动过程评价表

<table>
<tr><td>班级</td><td></td><td>姓名</td><td></td><td>学号</td><td></td><td>日期</td><td>年　月</td></tr>
<tr><td>序号</td><td colspan="4">评价要点</td><td>配分</td><td>得分</td><td>总评</td></tr>
<tr><td>1</td><td colspan="4">能在教师的指导下完成车辆防护装置安装，并能正确识别空调类型</td><td>5</td><td></td><td rowspan="10">A□（86～100）
B□（76～85）
C□（60～75）
D□（60 以下）</td></tr>
<tr><td>2</td><td colspan="4">能查阅分析汽车自动空调控制电路</td><td>5</td><td></td></tr>
<tr><td>3</td><td colspan="4">能查阅自动空调控制电路，列举各组成元件</td><td>10</td><td></td></tr>
<tr><td>4</td><td colspan="4">能就车识别自动空调各控制元件</td><td>20</td><td></td></tr>
<tr><td>5</td><td colspan="4">能进行汽车自动空调自诊断检查</td><td>5</td><td></td></tr>
<tr><td>6</td><td colspan="4">能查阅资料列举故障原因并制定自动空调故障诊断维修方案</td><td>15</td><td></td></tr>
<tr><td>7</td><td colspan="4">能进行自动空调各元件的检测与更换</td><td>10</td><td></td></tr>
<tr><td>8</td><td colspan="4">能遵守劳动纪律，以积极的态度接受工作任务</td><td>10</td><td></td></tr>
<tr><td>9</td><td colspan="4">能积极参与小组讨论，发挥团队合作精神</td><td>10</td><td></td></tr>
<tr><td>10</td><td colspan="4">能及时完成教师布置的任务及工作</td><td>10</td><td></td></tr>
<tr><td colspan="5">总分</td><td>100</td><td></td><td></td></tr>
<tr><td>小结
建议</td><td colspan="7"></td></tr>
</table>

五、知识拓展

1. 有 CAN 线控制的自动空调控制原理（见图 6—16）

空气湿度传感器 G260 与雨量和阳光照度传感器一起安装在车内后视镜的镜脚内。(仅针对全自动空调）信号通过 LIN 总线传输至车载电网控制单元 J519，并从此处通过舒适系统 CAN 总线传输至全自动空调控制单元。

2. 上海通用别克君越自动空调

图 6—17～图 6—22 为上海通用别克君越的自动空调控制电路，其电路与帕萨特 B5 自动空调控制电路的区别如下：

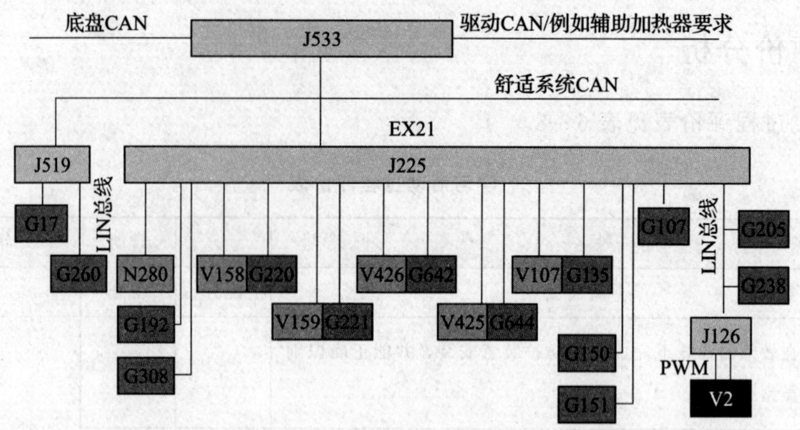

图 6—16 自动空调的联网

EX21—暖风装置/空调操作元件 G17—外界温度传感器 J126—新鲜空气鼓风机控制单元
G107—阳光照度传感器 J255—Climatronic 全自动空调控制单元 G135—除霜风门伺服电动机电位计
J519—车载电网控制单元 G150—出风口温度传感器左侧 J533—数据总线诊断接口
G151—出风口温度传感器右侧 G192—脚部空间出风口温度传感器 G220—左侧温度风门伺服电动机电位计
N280—空调压缩机调节阀 G221—右侧温度风门伺服电动机电位计 G238—空气质量传感器
V2—新鲜空气鼓风机 G260—空调的空气湿度传感器（新） V107—除霜风门伺服电动机
G308—蒸发器后面的温度传感器 V158—左侧温度风门伺服电动机
G642—空气分配电位计 V159—右侧温度风门伺服电动机
G644—新鲜空气/循环空气风门电位计 V425—新鲜空气/循环空气风门伺服电动机
G805—制冷剂循环回路压力传感器（新） V426—空气分配风门伺服电动机前

(1) 空调面板 HVAC 控制开关通过一条逻辑线送到空调 HVAC 控制模块 K33。

(2) 加了空气质量传感器 R108，信息是输出针脚产生的脉宽调制（PWM）信号。在自动模式下，一旦污染物浓度超过预设值时，HVAC 控制模块评估空气质量传感器的信息并关闭内循环风门。

(3) 增加了风窗玻璃温度和车内湿度传感器，两个数值被用作“暖风、通风与空调系统控制模块”应用程序的控制输入，计算乘客厢侧风窗玻璃结雾的风险系数，以及计算通过将空调压缩机电源降到最低来减少燃油消耗，从而避免结雾的能力。传感器也能在环境温度寒冷的条件下启动部分内循环模式提高乘客厢的加热性能，而不会引起风窗玻璃出现雾气积聚的风险。

(4) 加装了加热冷却液泵及辅助加热冷却液泵继电器，由发动机控制模块 K20 根据冷却液温度控制。

(5) 加装了空气温度传感器的数量，分为左上、左下、右上、右下，能更准确调节车室内设定的温度。

(6) 空调压缩机离合器继电器由发动机控制模块 K20 控制。

(7) 空调制冷剂压力传感器 B1 将信号送到发动机控制模块 K20，发动机控制模块 K20 通过 LIN 线送到空调 HVAC 控制模块 K33。

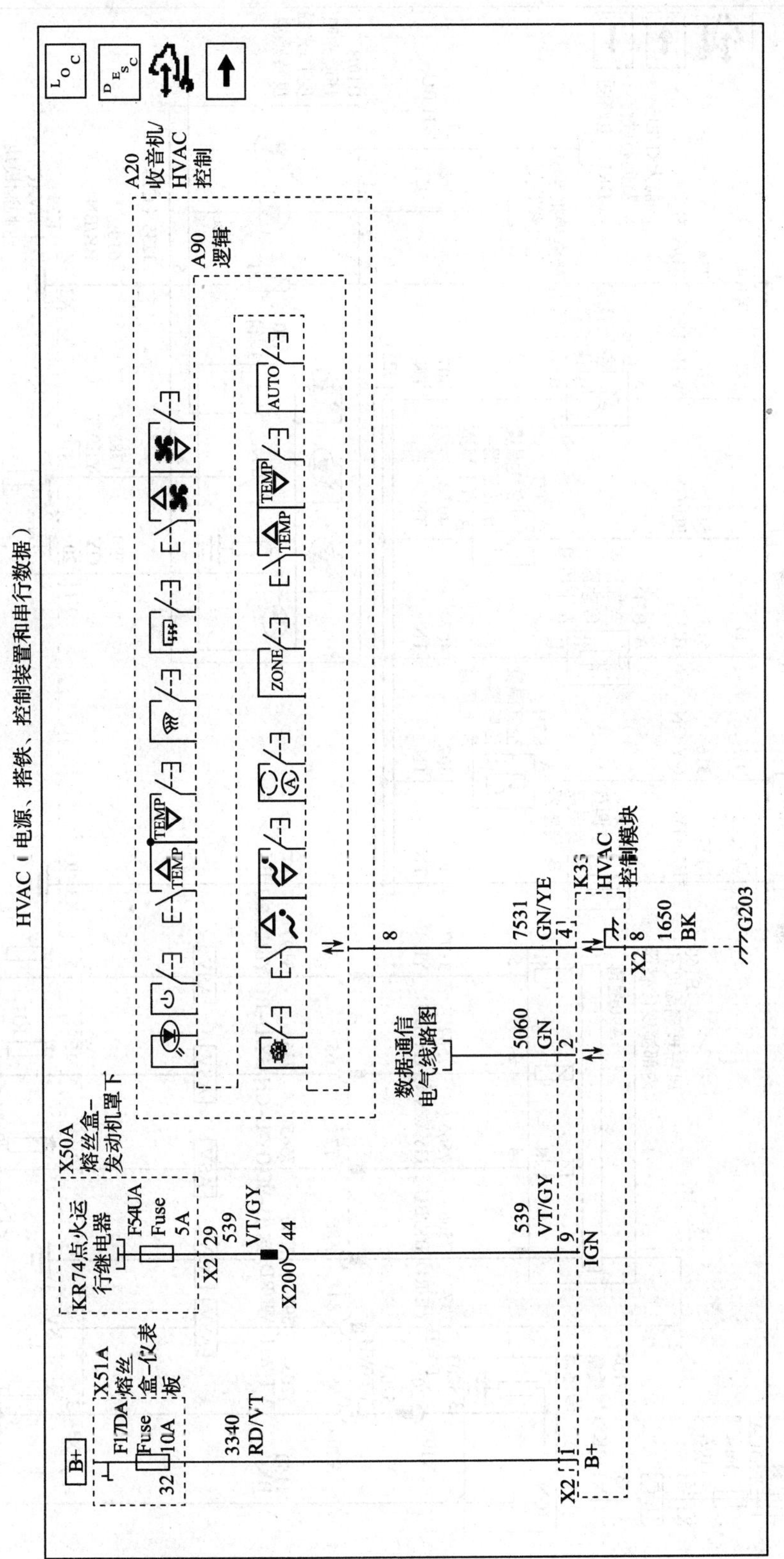

图 6—17　上海通用君越自动空调电路（一）

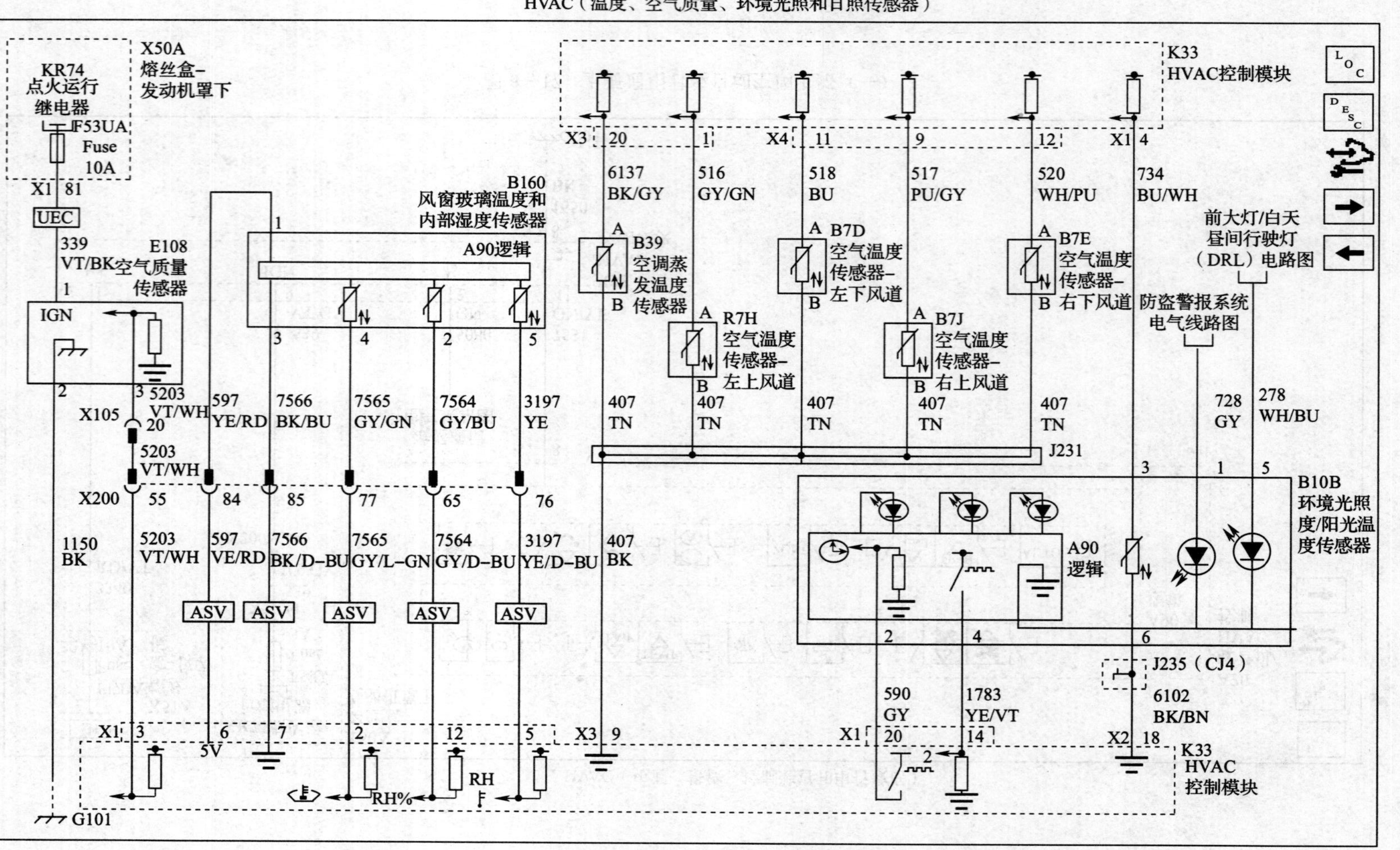

图 6—18　上海通用君越自动空调电路（二）

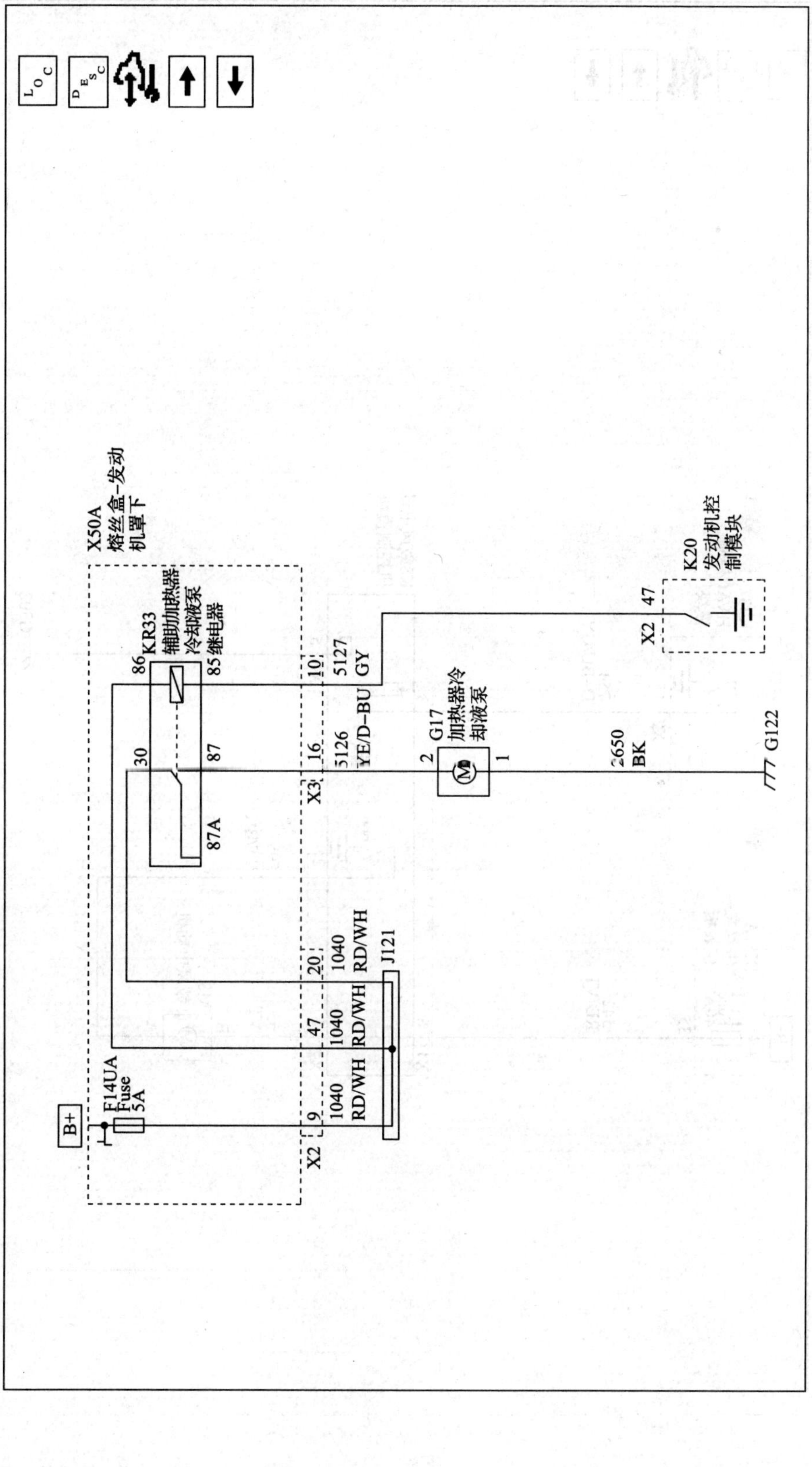

图 6—19　上海通用君越自动空调电路（三）

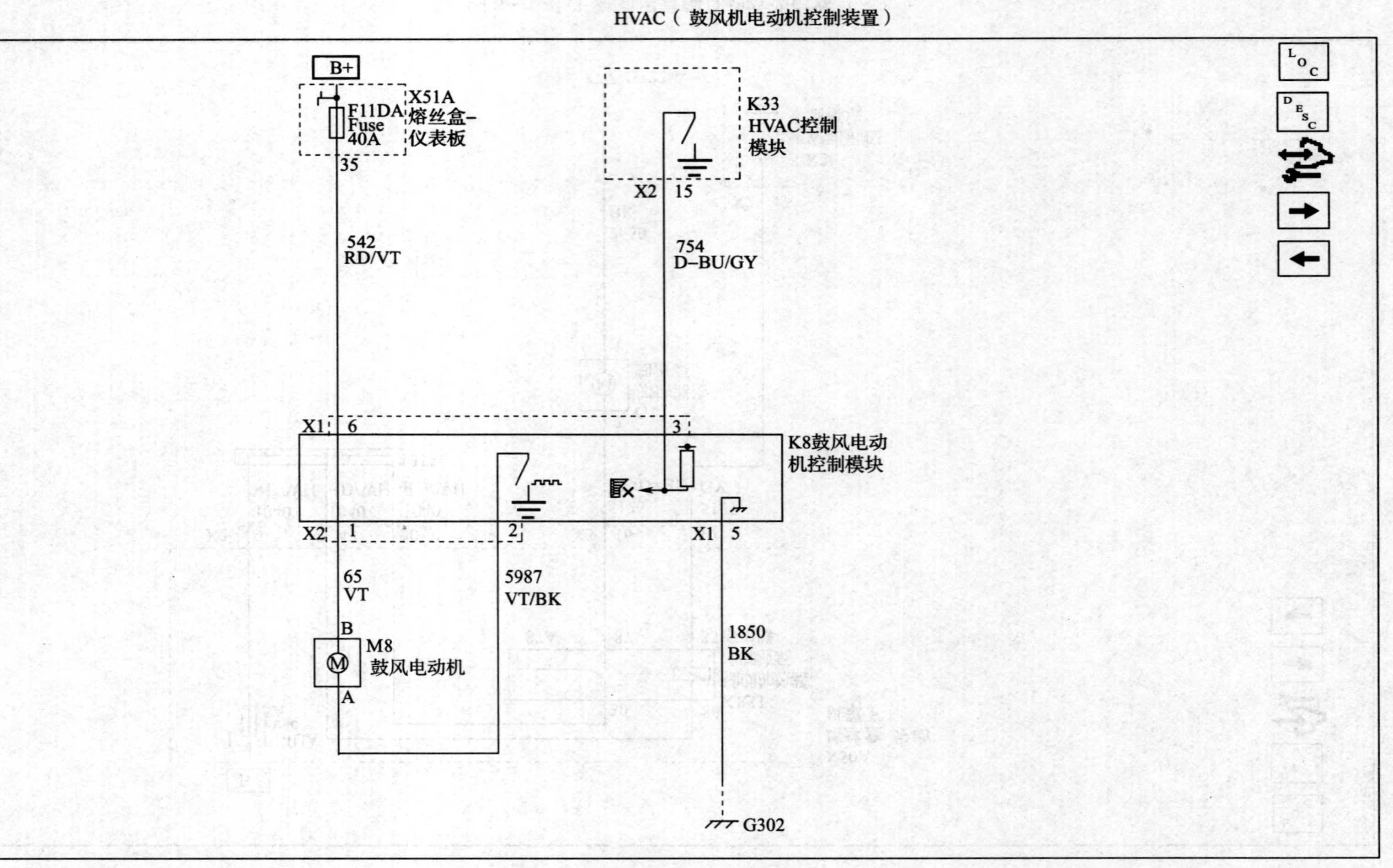

图 6—20 上海通用君越自动空调电路（四）

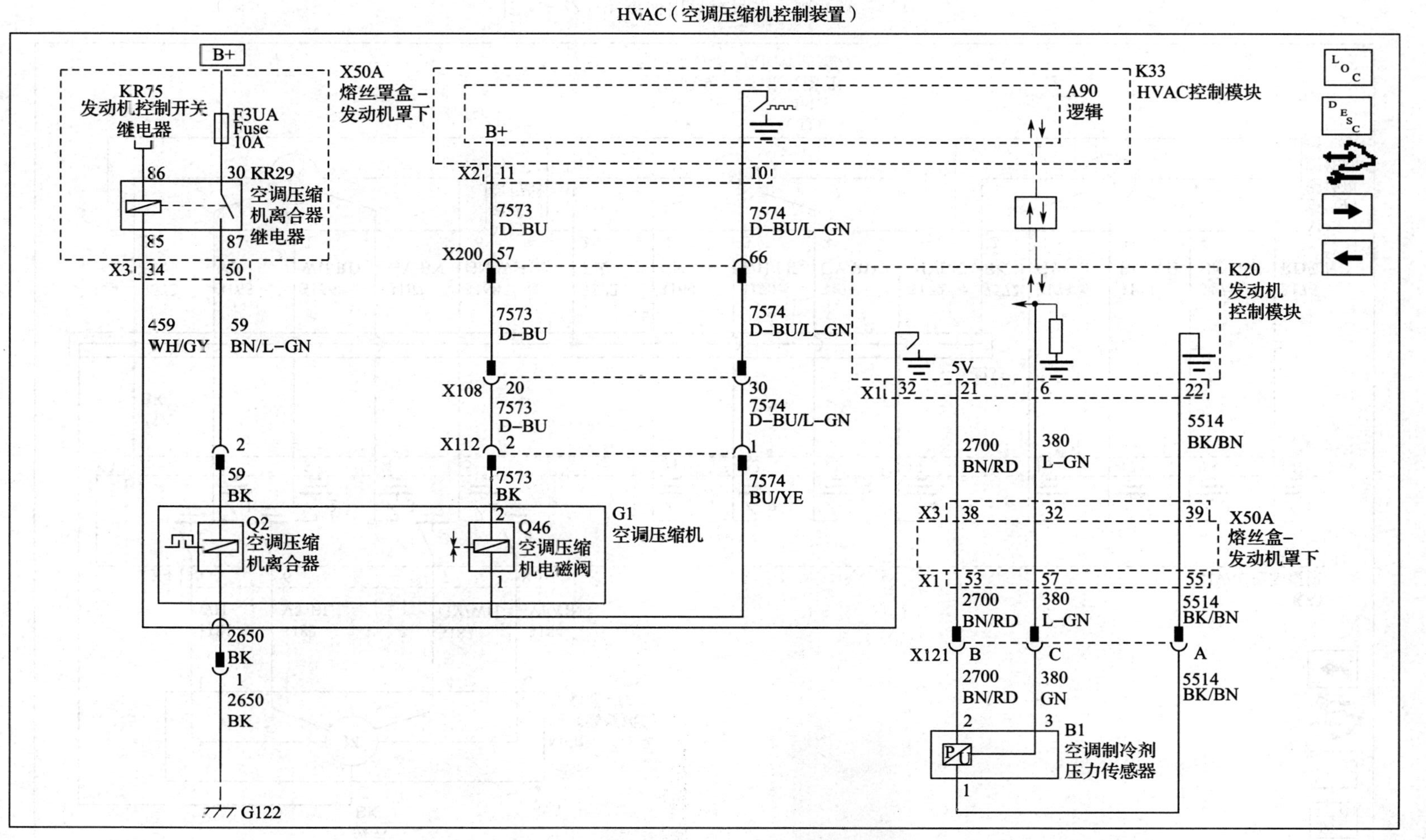

图 6—21　上海通用君越自动空调电路（五）

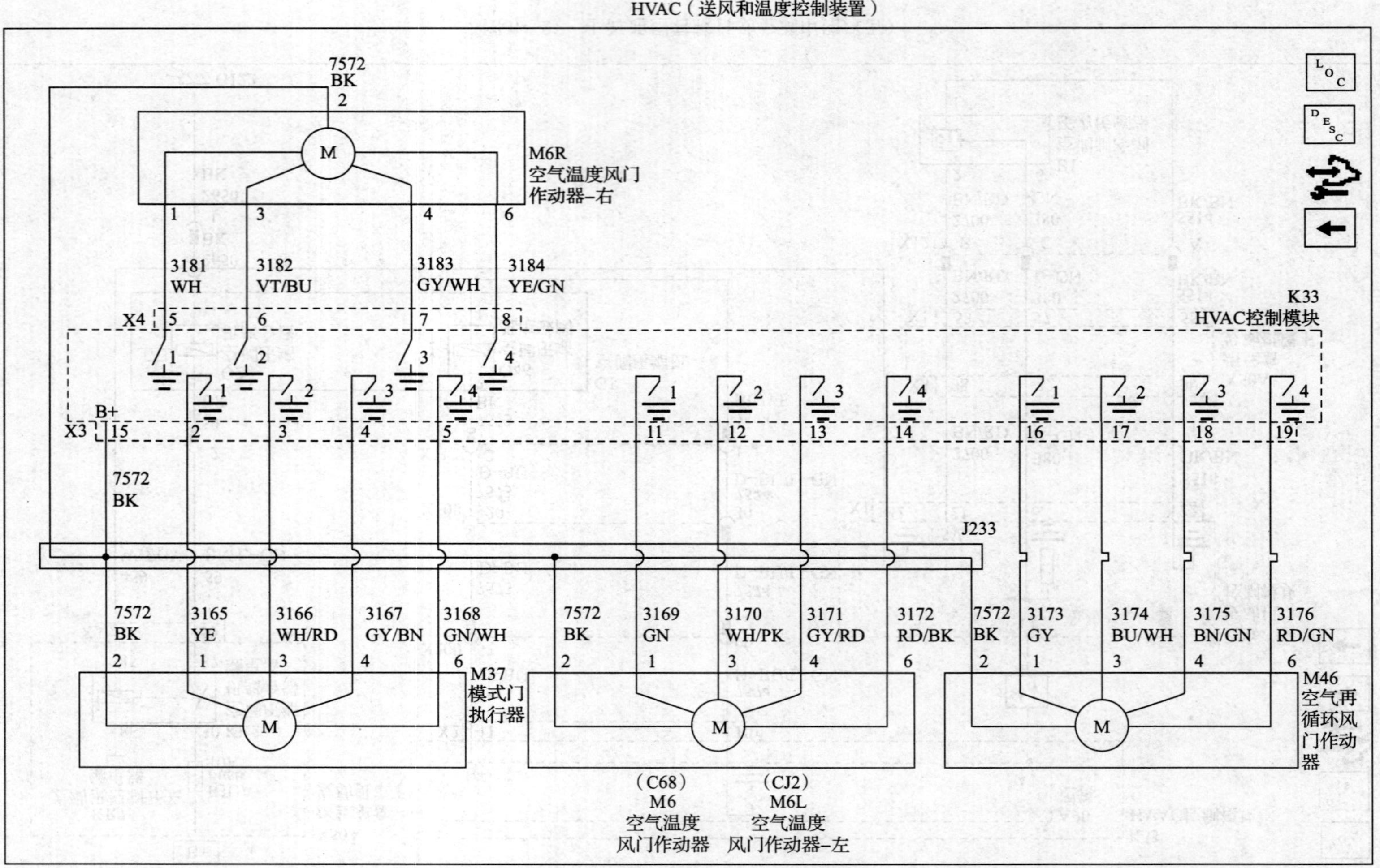

图 6—22 上海通用君越自动空调电路（六）